叶剑英元帅

纪学 ◎ 著

中国言实出版社

图书在版编目(CIP)数据

叶剑英元帅 / 纪学著 . -- 2 版 . -- 北京 : 中国言
实出版社, 2021.2
ISBN 978-7-5171-3743-6

Ⅰ. ①叶… Ⅱ. ①纪… Ⅲ. ①叶剑英（1897-1986）
- 生平事迹 Ⅳ. ①K827=7

中国版本图书馆 CIP 数据核字（2021）第 038208 号

出 版 人　王昕朋
责任编辑　代青霞
责任校对　张　丽

出版发行　中国言实出版社
　　　　　地　　址：北京市朝阳区北苑路 180 号加利大厦 5 号楼 105 室
　　　　　邮　　编：100101
　　　　　编辑部：北京市海淀区花园路 6 号院 B 座 6 层
　　　　　邮　　编：100088
　　　　　电　　话：64924853（总编室）　64924716（发行部）
　　　　　网　　址：www.zgyscbs.cn
　　　　　E-mail：zgyscbs@263.net
经　　销　新华书店
印　　刷　北京中科印刷有限公司
版　　次　2021 年 3 月第 2 版　　2021 年 3 月第 1 次印刷
规　　格　710 毫米 ×1000 毫米　1/16　20.25 印张
字　　数　326 千字
定　　价　82.00 元　　ISBN 978-7-5171-3743-6

纪学，本名吴纪学，1941年生，江苏邳州人。中国作家协会会员。曾任《解放军报》文化部主任、长征出版社副总编辑。出版诗集《东欧·东欧》、《险途之光》、《生命体验》、《纪学短诗选》（中英文对照）等7部，散文集、特写集《红纱巾下比基尼》《留住时间》《爱的悟语》等6部，长篇报告文学《朱德和康克清》《马上刀下》等5部，长篇小说《不是浪漫》等。有诗译成英文，有诗和报告文学在全军、全国获奖，享受政府特殊津贴。

目录

序曲

没叫叶剑英的时候

人在短暂而又漫长的生命途程中，总会遇到许多的大事或小事，需要适时果断地作出处置。如何作出处置，特别是对大事如何作出处置，则往往决定一个人的命运。当然，对于呱呱坠地的婴儿乃至最初的那段童稚年龄的孩儿来说，并不存在这个问题，即便是伟大的人物或英雄豪杰，来到人间的第一声哭喊、第一个动作，也不会是充满智慧的理智的选择。那些关于降生时和童年时的五彩光环以及种种迷离传说，都是后人出于某种用意而杜撰的，或寄托美好，或蕴含憎恶。

1897 年 4 月 28 日，广东省梅县偏僻山村雁洋堡一个叶姓人家，诞生的他们的头胎儿子也是这样。父亲叶钻祥虽然考中过武秀才，练得一身不错的武功，但一直没有用武之地，只得做酿酒、磨豆腐的小本生意，每逢圩日去镇上摆摊叫卖。母亲陈秀云是贫苦农民的女儿，从小没有读过书，嫁到叶家后，不但要辛辛苦苦操持繁重的家务，还要常给人打短工，以赚点微薄的收入贴补家用。他们为自己的长子起名叫叶宜伟，亲昵地称之为阿伟。这对贫苦善良夫妻身上耿直厚道、勤劳聪慧的品德，成了儿子少年时期耳濡目染的极好教材，在那幼小的心灵里刻下了深深的印痕。

那是一个黑暗浓重的时代，也是一个曙光初现的时代；那是一个充满怀疑的时代，也是一个激荡信仰的时代；那是一个以刀枪分裂的时代，也是一个用刀枪整合的时代；那是一个旧思想意图永远称霸的时代，也是一个新思潮顽强喷薄涌动的时代。西方的鸦片摇动了腐朽大清帝国的根基，使中国沦为半殖民地半封建社会，也把西方滴血的现代文明洒向古老的东方土地，给康有为、孙中山为代表的资产阶级改良派、革命派拓展了传播的空间。新的信息如同一股潜行的激流，正向着华夏大地和人民的心里急切地渗透。

生长在偏僻山村的幼小孩子叶宜伟自然不可能知道这些，就是走进私塾那间光线不足、地方狭窄的教室，学的也是"幼学""四书"等虽然背得烂熟但却很少弄懂内容的古文。到了1905年，雁洋堡办起了初级小学怀新学堂，开设国文、算术、常识、唱游等新课程，学堂的先生都是思想新颖的青年。尽管叶宜伟学习用功，成绩也好，但对一个8岁的孩子来说，新思想还是离他太遥远也太朦胧了。

横西村头大水角的一棵大榕树下，才是叶宜伟的真正课堂。大榕树的干很粗，几个人手拉手都围不过来，繁茂的枝叶像撑开的巨伞，遮住方圆百米的地面。这里傍着梅江渡口，叶家在此开了个小店铺，主要卖仙人掌和味酵，因味酵清凉解暑，所以生意不错。那些穷苦人、教书先生、账房先生们，在榕树下歇脚吃茶，也闲聊扯谈，讲些"三国""西游""水浒""说岳"的故事——魏、蜀、吴的争雄斗智，孙悟空降妖镇魔保唐僧取经，梁山好汉的杀富济贫，岳母"精忠报国"的刺字，都让叶宜伟听得入迷。至于咒骂洋人"洋鬼子"、清政府"红帽子"，叶宜伟和他的小伙伴们似乎从中听出了什么是对什么是错，因而玩起了"捉红帽子""打洋鬼子"的游戏。

叶宜伟是个听话的孩子。他点着"竹精子"夜里读书，放学后上山打柴，帮父亲做活，帮妈妈烧饭、收拾碗筷。他也是个活泼好动的孩子。梅县素有"足球之乡"的美称。叶宜伟不但爱踢足球，还自制过足球，因为足球很少，孩子们就把烂布、碎棉花捆成团当球踢，弹性小又易散。叶宜伟看到商店里有一种用竹皮做的球，便和小伙伴们砍来一根竹子，细心地破成竹篾，编成和足球一样大的圆筐，再将棉花、碎布塞到里面去，踢起来和足球差不多，又轻又软，还有弹性。

叶伟宜还喜欢踢毽子。踢毽子不但要有体力、耐力，还需要技巧。叶宜伟可以单脚踢，也能双脚踢，前脚尖踢后脚跟接，或者两条腿盘着踢。小小的毽子，在他的脚上踢、打、奔、弯，上下翻动，犹如飞舞的蝴蝶、闪闪的流星，引得过往的大人也驻足观看。

图为叶剑英故居：广东梅县雁洋堡下虎形村老屋。

　　叶家门前有一个莲塘，塘内清水粼粼，塘边绿草茵茵。叶宜伟非常喜爱这一池清水，每天都跑到这里来玩耍。黄昏降临，日头落下西山，叶宜伟和小伙伴们又来到莲塘边。他看到有一块大木板，就呼喊着："来呀，咱们划船！"小伙伴们应声而上，七手八脚地把木板推下水，叶宜伟跳到上面去学大人划船。但当木板摇摇晃晃地向塘里划去时，他就再也控制不住了。

　　有个孩子大声喊："阿伟，木板会翻过去的，你快趴下！"

　　叶宜伟趴在了木板上，用手使劲划水，可木板还是不听他的话，越漂离岸越远。

　　小伙伴们害怕了，急忙喊来他的父亲。叶钻祥飞跑过来，跳进塘中，抓住木板将儿子拖到了岸上。

　　叶钻祥是一位严厉的父亲，对儿子的要求十分严，不过却极少打骂。这一次险情确实使他生气了，猛地打了儿子两巴掌，训斥说："你不会游泳，怎么能到水里去玩呢？"

　　叶宜伟没有哭，低头站着。是怕小伙伴们笑话，还是在品味父亲的话，就只有他自己知道了。

社会在急剧变动，新思潮掀起的浪头，冲击着旧的秩序。天翻地覆的变化，冲击着中国，冲击着梅州，也冲击着叶宜伟的视觉和心灵。

1911 年 4 月 27 日，黄兴等人领导了广州黄花岗起义，死难烈士中就有叶宜伟尊敬的老师林修明。这位毕业于日本体育学校的体育老师，夏天上课时总是让学生列队面向太阳，顶着火辣辣的日头，说："你们以后都是要投笔从戎的，真正的军人不能怕风吹日晒！"

林修明的举动，林修明的牺牲，在叶宜伟的心中引起了很大的震动。他看着林老师的遗物和照片，悲痛中夹进了复仇，也夹进了迷茫。

10 月 10 日，武昌新军的几千名士兵联合起来，分三路攻打总督府，经过三天的激战打败了清军。这就是有名的辛亥革命的开端——武昌首义，也称武昌起义。随后各省地纷纷响应，梅县也不例外。

在 15 岁的叶宜伟从三堡学堂毕业走进县城务本中学时，中华民国在南京正式宣告成立，孙中山就任临时大总统，一个月后，清皇帝被迫退位。中国从此结束了封建制的统治，开始了新的纪元。

那些天，"清朝覆灭了""民国成立了""拥护孙中山大总统"的热烈欢呼声，师生们演讲的慷慨激昂声，使初入务本中学的叶宜伟大开眼界，心头掠过一缕缕清新的春风，荡起一道道波动的涟漪。

务本中学的前身，是外国传教士与梅县地方人士合办的"务本中西学堂"，校址在梅县县城的北门岗。不是官办的学校，自然也就不受官方的限制，所以务本中学的教师和学生，能自由地接触外面的新鲜思潮，谈论政局变化，每周一次的"演讲会"上，学生们都可以上台发表演讲。叶宜伟不但参加这样的演讲会，还邀约同学到校外梅江河畔的八角亭举行演讲活动，慷慨激昂地抒发少年情怀。

可是没过多久，局势就有了变化，学校也跟着发生了变化。

袁世凯在北京就任临时大总统，随之又复辟帝制。反动的统治总是想把包括教育在内的一切都变成驯顺的工具。他们把务本学堂改为官办的县立梅州中学，官方派来的校长是清代的廪生，推行的是旧教育制度。接着，又将官立中学堂、东山初级师范学堂合并过来，由县立改为省立，增加学费，为培养有钱有势的富家子弟服务。这种状况，遭到了地方贤达和华侨界人士的强烈反对。

原来的校长叶则愚及教师叶菊年、邓少楼等人愤而离校，在地方贤达的支持下，创办了私立的东山中学，叶宜伟和一些同学便转到这里读书。

就读于东山中学的叶宜伟，还是如饥似渴地读书。他读《百子全书》《史记》《三国志》，他读《昭明文选》《古文辞类纂》《红楼梦》《西游记》《三国演义》《水浒传》等古典文学作品以及唐诗、宋词、元曲等。值得注意的是，他这时已开始直接阅读孙中山的著作，如同盟会的《革命方略》《中华革命党宣言》等宣传孙中山学说的小册子和当时的进步报刊。优秀的古代文化，崭新的现代思潮，悄悄地在叶宜伟的心中融合着、发酵着，并在实际行动中闪露出最初的端倪。

东山中学成立了学生自治会，叶宜伟被选为会长。初选为会长时，他为自治会起草了一个主旨：

> 昔人有言："天下兴亡，匹夫有责。"今日之学生，即将来之公民。学校所以养成有用之才，为将来利国福民。故学生在校，即当锻炼其身心，增进其学识，以实利为归。非从前之学究之熟读书本，博取无谓之功名而已。学生自治可以适合以上要求，辅助学校之不建。此本会成立之主旨也。

这个主旨，被写进了第一个《学生会章程》。为保证其贯彻执行，叶宜伟又在老师的指导和同学的帮助下，在学生会里设立了国文、英文、数学、理化、科学、社会等研究社以及演说会、游艺会、新剧社等组织，举办运动会，出版《东山月刊》等。一时间，校园内的魁星楼里，校门口的状元桥前，东山上的千佛塔下，都成了学生吟诗论文、写生作画的场所，少年学子们朗诵爱国诗词，评论民族英雄，纵谈天下大事……那欢快场景，那奔放豪情，流荡着青春的朝气和情怀。

不过，这样的日子不可能永远下去。就要从东山中学毕业了，叶宜伟和同学好友李巨昌、丘宏铨、肖人凤、温维伦等人来到了油岩。

此处离东山中学2.5公里远，危崖突兀岩石，绿树掩映红花。秋阳朗照，秋色绚丽，引起了即将毕业学生的无限感慨。

温维伦喜欢作画。他打开画板，很快就勾勒出油岩的全景，大家品评了一番。

　　即将走出学校大门的少年们，谈论最多的还是以后怎么办。油岩的美好传说，启示着他们。传说从前岩孔里流出来的水，可以充当油炒菜。住持和尚贪心不足，就把岩孔凿大，神仙不满意住持和尚，油便断流，变作的清泉也是点点滴滴。

　　谈起这个故事，叶宜伟颇有感慨地说："这个故事寓有戒贪的道理，可以警示世人。"

　　喜欢写诗的丘宏铨说："是啊，我们就以这个'贪'字联对吧？"

　　李巨昌、肖人凤等人也赞成，齐声说："好，就从你开始。"

　　丘宏铨沉思一会儿，说："油自石中流，贪念萌时旋化水。"

　　李巨昌接着道："岩从山半起，尘心净处且参禅。"

　　轮到叶宜伟了，他没有接着对对联，而是说："如今国难当头，正是'风驰电掣蔡家军，大遁小逃袁氏党'，这样的时候，我们怎么在这里参起禅来了？"

　　人们表示赞同，接着便议论起时政。从袁世凯的复辟帝制，到接受日本人提出的丧权辱国的"二十一条"……风华正茂的少年们越说越激动，禁不住慷慨激昂起来。

　　"我这里想了一首诗，请诸兄赐教。"叶宜伟说。

　　"快说出来听！"几个人几乎同时说。

　　叶宜伟清清嗓子，吟诵道：

> 放眼高歌气如虹，
> 也曾拔剑角群雄。
> 我来无限兴亡感，
> 慰祝苍生乐大同。

　　丘宏铨："我没记住，你再说一遍。"

　　叶宜伟又念了一遍。

　　肖人凤："全诗意旨宏深，格调雄健，首句尤好，如将'气如虹'改'气吐虹'，似乎更好一些。"

　　叶宜伟沉思一会儿，高兴地说："我用的是皮日休的'更如日月气如虹'，你用的是李白的'逢时吐气思经纶'。'如'改'吐'，可谓绝妙！"

诗中流露的，是一个 17 岁少年的志向，但要把这一志向变为现实，还有着很远的距离。而首先降临到他头上的，却是被开除学籍。

东山中学第一届学生就要毕业了，省教育司通知梅县各中学举办学生成绩展览会。任学生自治会会长的叶宜伟和许多教师、学生都主张大张旗鼓地办展览，但校长却不同意，他嘴上说的是用太多人力会影响毕业考试，其实心里想的是怕私办学校超过官办学校会惹来麻烦。

叶宜伟和丘宏铨等人没有理解校长的苦衷，他们代表学生自治会去拜见校长，说："我们东山中学在梅城一向受压，校长先生，这次为何不把成绩拿出来，叫他们看一看呢？"

校长："你们年轻不懂事，我们的成绩压倒别人，人家就会借口找岔子，说这个不符合章程，那个违反了制度，学校就办不下去了。"

年轻气盛的学生仍不示弱。

丘宏铨："我们要是管他们那一套规章制度，就不用反对官办校长，也不必到东山来了！"

叶宜伟："校长如果觉得不便，就由我们学生自治会出面好了。"

这些话刺痛了校长的自尊心，他不高兴地说："这个学校是你们当家，还是我当家？"

叶宜伟立即说："现在民主共和了，办好学校，大家都有份！"

"放肆！"校长说，"赶快回去，规规矩矩上课，谁再闹事，就以开除论处，休想拿到毕业文凭！"

校长的用意，终于未被学生们接受，叶宜伟、丘宏铨等学生还是热热闹闹地搞起了展览。

校长大发雷霆，作出了开除叶宜伟、丘宏铨的决定。

叶宜伟气愤地冒着大雨搭船回到了雁洋。

父亲听完儿子讲述了前后经过，什么话也没有讲。

母亲嗔怪地说："犟种！"

叶宜伟发誓在家自修，准备一有机会就到省城广州或北京、上海去继续读书。当打听到上海有个"南洋公学"招收南洋华侨子弟时，便决心到那里去上学。

叶宜伟的祖父叶福智以挑担叫卖糊口，共有 5 个儿子，依次为铭祥、钦祥、鉴祥、锡祥、钻祥。他们先是挑担叫卖，后来前 4 人相继出走南洋谋生。叶钻祥虽然留在家乡经营小本生意，也时时往返雁洋和南洋之间，为华侨和眷属传信带物。

决意到上海读书的叶宜伟想到了这些关系，怀着热切的希望给三伯父叶鉴祥写了一封信，陈述想法和要求。三伯父的儿子叶宜桐回信说：4 个伯父在南洋向来各自谋生，直到最近才凑一点款子准备租一个锡矿，如果挖到矿有钱赚，就送他到上海去读书；如果挖不到矿，就让他到南洋帮伯父做生意。

叶宜伟盼望的是前一种结果，可得到的竟是第二种结果。堂兄在第二封信上写道："天有不测风云，人有旦夕祸福。伯父们收容来的锡矿，惨淡经营，本来是有希望的，谁知近来大雨连绵，冲毁了矿基。一句话，锡矿赔本破产，赚钱全成了泡影。你的事，如何料理，为兄已无能为力，请你自己拿主意吧！"

这对叶宜伟是一个沉重的打击。不过，他还是决定到南洋去。"既然父兄们能走南洋，我为什么不能？"在眼前处境下，首先是去闯一闯，找一条谋生的路，然后再作打算。小小的雁洋，已关不住逐渐长大了的心。

父母亲舍不得儿子离开，又得为儿子以后的前程着想，总不能把儿子拴在这里啊！天下的父亲母亲，都是这样充满舍不得又情愿舍的矛盾心情。

母亲把儿子送到码头。儿子给母亲磕了 3 个头。

父亲将儿子送到汕头，将其托付给一位熟悉要好的"水客"，请他一路上费心照顾。

船开了，叶宜伟站在船头，看到瘦弱的父亲仿佛在冷风中发抖，眼中流出了大滴的泪水。

海水滔滔，波涛汹涌，轮船踏波履浪地前进。

清晨，朝阳用万道霞光为大海镀上一层绯红色。叶宜伟伏在船舷边，嗅着带咸味的海风，默默注视着小山似的浪头……

傍晚，西天流彩，闪闪烁烁的波光在海水上漂浮。叶宜伟伏在船舷边，看日头缓缓溶进水里，望月光从漫空向下泼洒……

叶宜伟喜爱山水名胜，不论在三堡学堂还是东山中学，他常和同学们一起流连山水，吟诗唱和，抒发情怀。可在这驶往南洋的路上，他的心里却如同水天相连的大海，渺渺茫茫，想不清等待自己的是什么样的命运。

"水客"看到青年人迷恋眼前的景色，无奈地摇摇头，那意思是说，真是不知道前路的艰难啊!

"阿叔,我们还要多久才能到新加坡?"叶宜伟看到"水客"叔叔走过来问道。

"水客"叔叔:"至少还要 10 多天,这海上的路,没个准儿。"

叶宜伟:"阿叔,我们华人在南洋是怎样生活的,日子好过吗?"

"水客"叔叔:"孩子,咱们中国人在哪里都是做苦力的。新加坡、马来亚(注:现为马来西亚)那些地方,多是靠华侨辛苦开发的,这一点连英国的总督也不得不承认,可大多数华人还是很穷呀!"

叶宜伟:"那就是说,穷人在南洋也是受欺负了?"

"水客"叔叔:"怎么说呢?我们华侨在那里都是白手起家、奉公守法的,可是那些'红毛鬼'外国佬,总爱找岔子,什么抽税呀,罚款呀,变着法儿欺负你。所以,华人真正靠办实业发财的很少。你到南洋看一段就清楚了。"

叶宜伟对"水客"叔叔的话半信半疑。四伯父叶锡祥就不错嘛。他前几年回家乡时,穿得阔气,花钱大方,走路昂着头,说话声调高,不发财怎么能那样呢?

轮船经过新加坡、马来西亚的首都吉隆坡到达怡保,叶宜伟的伯父们都在这里。

怡保是马来西亚有名的矿都,街道虽然不那么整齐,但是楼房相连,商店林立,车辆拥挤,一片热闹景象。

叶宜伟跳下巴士,深深呼出一口气,告别"水客"叔叔,按照信上的地址找到东门附近的一条小巷。这里坑坑洼洼,连个路灯也没有。三伯父住的是又矮又破的平房。

叶鉴祥从小就和五弟叶钻祥的感情好,看到叶宜伟如同见到亲弟弟一样,紧紧抱在怀里,流着泪水说:"阿伟呀,你还是小时候的模样!"

"伯父好吗?"叶宜伟边问边打量着室内。

陈旧的房子,摆着一些破烂的家具,和他刚下车时看到的热闹景象相比,完全是天上地下,心里不由得一沉。

叶鉴祥似乎猜出了侄儿的心思,说:"不要看这鸦鹊屋了,这就是我住的地方。"

叶宜伟:"宜桐哥也住在这里吗?"

叶鉴祥点点头，锡矿破产的阴影又笼罩了过来："这次我们几兄弟租个锡矿，本打算赚点钱，不料想是人家挖过的老矿，又是露天的，一场暴雨全塌了，老本赔进去不算，连挖矿工的工钱也开不出去了。"

堂兄叶宜桐和叶宜伟一起上过学，两人感情好，他在一家公司当小职员，进门后听到了父亲的话，就说："阿伟，先住下来，再想办法谋个差事做。"

连着几天，叶宜伟拜望了大伯父叶铭祥、二伯父叶钦祥、四伯父叶锡祥。

二伯父叶钦祥小时练过棍棒，有一身武艺，但却不得志，便怒而来到南洋，现在做着小本生意，孩子又多，日子过得艰难，见了侄儿的面就说锡矿破产的事，唉声叹气："这日子真难过啊！"

大伯父叶铭祥说："我们叶家祖宗几代都没有出过做官的，你就不要去想了。"

叶宜伟解释说："阿伯，我是想多读一些书，为我们的国家做点事情。"

叶铭祥："读书要有钱。你看我们谁有钱。我劝你还是打消读书的念头，和我们一起做生意吧。"

叶宜伟把希望寄托在四伯父叶锡祥身上，没想到第一眼看到的四伯父是挑担卖牛肉丸子的，他说："你都看到了，我也就不再说什么了。你若是没有活干，就来和我一块卖牛肉丸子吧。"

叶宜伟："阿伯，我要是卖牛肉丸子，何必跑到这里来呢？"

叶锡祥以为侄儿瞧不起自己，不高兴地说："那好，你就看着办吧！"

叶宜伟胸中燃烧的希望火苗，被一阵又一阵的冷风冷雨吹打，现在完全破灭了。不过这也让他清醒起来，伯父们是不能出钱供他上学的。

眼前的生活怎样维持？

堂兄叶宜桐打通关节，求人说情，把堂弟推荐给一个公司，但没有被录用。接着又介绍他到附近的明德小学去当一名国文教员。为了吃饭，叶宜伟同意了。生活，逼着他干不愿干的事。这位19岁的青年，陷入了苦闷和彷徨之中：以后的路怎么走呢？

正是这时，云南督军唐继尧派人到达南洋，招收华侨子弟入云南讲武堂学习，叶宜伟打听清楚后毅然报名并被录取了。

如果说来南洋的主意还有父母的参与，那么这次完全是他自己决定的。

第1章

——

追随孙中山

1. 讲武堂改名

经过香港，绕道越南海防、河内，叶宜伟来到昆明，跨进了云南讲武堂的大门，在登记学生的花名册上，他把自己的名字由"宜伟"改为"剑英"。

名字虽然只是一个人的符号，但有时也显示一个人的理想、信念和志气。"宜伟"改成"剑英"，显然是取"剑胆英武"之意，表明他对"剑"这种古老兵器的喜爱，再和他在东山中学读书时写的"倚天万里须长剑""也曾拔剑角群雄"等诗句联系起来，就更好理解了。

"叶剑英"这个名字，就这样第一次出现在云南讲武堂第12期的学生花名册上。

云南讲武堂是清朝末年设立的，光绪年间叫过武备学堂、新操学堂、陆军速成学堂、陆军小学堂等名字，宣统元年（1909年）正式叫云南讲武堂。和历朝历代的末世一样，统治者总想培养栋梁之材，以支撑将倾的大厦，结果却是造就了自己的掘墓人。当初清廷创办讲武堂的初衷是出于编练新军，对付民族民主革命，培养维护反动统治的工具，但从这里走出的人，都成了推翻清廷的中坚力量。云南讲武堂的两任校长蔡锷、唐继尧及后来成为中国人民解放军元帅的朱德等讲武堂师生，响应武昌起义，参加昆明重九起义。当袁世凯背叛民国称帝后，又是蔡锷、唐继尧等人首举义旗，反对帝制，护国护法，出师讨袁，对于维护辛亥革命成果起到了重大作用。当时，唐继尧、赵康时、方声涛、罗佩金等教官都毕业于日本的士官学校，所以讲武堂完全沿袭日本士官学校的方法进行管教和训练，纪律严明，要求严格，讲求绝对服从。

叶剑英进入讲武堂时，蔡锷已经去世，独揽云南省军政大权的是唐继尧。因为自己是唐继尧派人从南洋招来的学生，所以叶剑英第一次见到这位云南都督时，心里不免怀着敬畏之情。

唐继尧身着蓝色将军服，佩戴上将军衔，足穿油亮带刺的马靴，在校长郑开文和各队长官的前呼后拥下走上了讲台。

唐继尧用严厉的目光扫视着笔直站在他面前的学生们，脸上有一种明显的得意之色。他组织护国军讨伐袁世凯期间，南洋华侨资助过他巨额的军费，为战争的胜利奠定了物质基础，而要想扩大军队，先取广西、广东，进而称霸中原，还需要南洋华侨的财力和人力，这些来自南洋华侨的子弟，不就是他手中的一笔财富、一支力量吗？

大概因为这个吧，唐继尧首先像一位历史教员，喋喋不休地讲起了云南的历史，从楚时顷襄王率兵进到滇池，说到诸葛亮出师南征，从吴三桂在云南割据叛乱，说到他同蔡锷一起挥军起义、讨袁护国……

立于学生队中的叶剑英，虽然也听出了唐继尧话中炫耀、吹嘘的意思，但还是有些佩服这位都督渊博的历史知识，立正站着，凝神静听。

"我们云南为何能偏师出中原，节节取胜，你们知道吗？"唐继尧提高了嗓门。

这一句问话，更是吸引了所有学生的目光。

唐继尧是不需要别人回答的，他继续说："这就是因为有我们讲武堂将校师生的英勇善战。讲武堂师生能够这样英勇善战，又全赖学校以东洋日本为师，督导有方，培训有术。本校向以日本士官学校的宗旨为宗旨，全校学生都要服从铁的纪律，这就是严格专制，绝对服从。"

对唐继尧讲的许多东西，当时的叶剑英并不完全明白，但他大多是赞成的。他读过《三国演义》等历史书，对诸葛亮的南征、吴三桂的降清又反清，对袁世凯称帝、蔡锷护国等都是知道的。

可是时间不长，叶剑英对唐继尧的看法就改变了。

袁世凯称帝不久就一命呜呼，继任总统黎元洪与国务总理段祺瑞争夺权力，赶跑复辟的张勋，毁弃孙中山1912年颁布的《临时约法》，拒绝召开国会，想以武力建立独裁统治，于是孙中山又掀起护法运动，进行护法战争。唐继尧表面上响应护法运动，暗地里向段祺瑞政府妥协，支持桂系军阀陆荣廷剥孙中山的职权。

唐继尧的这一切，都依靠在云南讲武堂培植的亲信和骨干。为了更严密地控制讲武堂，他让亲弟弟唐继虞当校长，打击拥护孙中山的长官和师生，亲手制订校规不许学生阅读其他书籍和报刊，封锁外界消息，禁止谈论政治问题……对这些，叶剑英从心里不赞成，并慢慢产生了反感。

唐继尧自称是王阳明的信徒，常到讲武堂讲王阳明的学说，什么"万事之理不外乎心"呀，什么"心即理也""心外无理""心外无物"呀，并要学生多读王阳明的著作。

叶剑英知道王阳明这个人，也读过王阳明的文章，但不熟悉王阳明的哲学思想。他便特意到图书馆借了一套王阳明的《王文成公全书》，在课余时间认真地阅读。

一天，唐继尧又到讲武堂来讲王阳明的"知行合一"说，讲着讲着，突然问学生："阳明先生的学说深如瀚海，敝人略说一二，不知诸君领会没有。如有不明者，可以发问。"

沉默。学生们看着，谁也不吭声。

叶剑英站起来说："报告，学生有不明之处，想请教都督。"

人们的目光一下子都集中到了叶剑英的身上。

唐继尧看了看，问："你叫什么名字？是哪一科的？"

叶剑英："报告都督，我叫叶剑英，是炮科的。"

唐继尧点点头："好，你说吧。"

叶剑英："知和行的关系，是哲学的一大问题，自古以来中国的学问家们争论不休。孔夫子说：'生而知之''学而知之'。孟夫子说：'人之所不学而能者，其良能也；所不虑而知者，其良知也。'《墨经》上说：'知，材也，接也。知以目见，而目以火见，而火不见，惟以吾路知。'诸子百家对这个问题各持所见，不尽相同。请问，王阳明先生的'知行合一'的要者何在？是知先于行，还是行先于知？"

唐继尧抬头看看叶剑英，又低头翻了一会儿讲稿，反问道："你认为呢？"

叶剑英："谨遵都督教诲，学生以为王阳明的'知行合一'学说，是以知为行，以知代行，知源于行。"

"何以见得？"唐继尧问。

叶剑英："因为王老夫子说过：'一念发动处，便是行了。'可见，凡是思念之萌，情感之动，意志之决，在他看来都是行。"

唐继尧轻轻点点头，说："阳明学说可谓后继有人了。你还有什么不明之处？"

叶剑英："还有一事请教都督大人。"

唐继尧："说吧。"

叶剑英："请都督大人示教，王阳明先生的'知行合一'与孙中山先生的'知难行易'有何异同？"

这时已背离了孙中山学说的唐继尧，对叶剑英提出的这个问题不感兴趣，但又不好明显地表示出来，就挥挥手说："孙中山不能和王阳明比，他们的主张也不尽相同，敝人所说的是阳明学说，诸君要细心领会。今天就到此为止吧。"

唐继尧的不高兴，学生们看出来了，都为叶剑英捏一把汗。

不过，唐继尧并没有和叶剑英过不去，好像什么事情都没有发生似的，因而叶剑英得以继续在讲武堂学习。

学校的生活是紧张的。每个星期都要进行一次紧急集合和野外训练。第一次紧急集合时，叶剑英虽然动作麻利，可是绑腿打得不紧，没跑几步就松了下来；出发前未上厕所，在漆黑的夜里，憋着尿跑过翠湖、圆通寺、大观园、五华山的"逼死坡"，汗流浃背，十分狼狈。但想到过去在南洋的经历，想到以后上战场打仗，就觉得眼前的困难都算不上什么，完全应该也可以克服了。正如他在一封信中所说："当今天下混乱，乃英雄吐气之时。有胆识、有军事学问者为前驱，有文才有谋略者为后盾。"他是想通过这样的训练，成为有勇有谋之人。

当时的云南讲武堂，分步、骑、炮、工四科，由刘耀扬、林振雄、王柏龄、帅崇兴分任科长。叶剑英所在的炮兵科，除战术、筑城、兵器、地形、交通、操典、野外、勤务、射击教范、工程教范、军制、经理、卫生、马学、战时国际法、枪剑术、马术、实弹射击外，还有专门的炮兵技术训练等。众多的内容，繁重的学习，考验着叶剑英。

炮兵科科长王柏龄，由保定陆军速成学堂毕业后又赴日本振武学校读书，辛亥革命后回国，二次革命失败后再次入日本士官学校，毕业后回国任中华革命军东北军总司令部参谋，到云南讲武堂任炮兵科长兼管炮厂。叶剑英很尊重他，他也很欣赏叶的聪敏好学，常常让叶帮他整理教材，制作教具。他们之间这种互相信任的师生关系，在相当长的一段时间里对叶剑英起到了很大的作用。

骑兵科科长林振雄喜好马术，有一手精娴的劈刺术，叶剑英很崇拜他。林欣赏叶的学习卖力、成绩优秀，不时邀叶和他练习对刺。

这一天，林振雄正和叶剑英对劈时，走过来一个日本籍的中尉。他是校长唐继虞从日本带回来的副官助手，矮墩墩的身材，其貌不扬，但剑术很好。不知是见了劈刺手痒，还是借此炫耀，就上前说："林，我们比一比，怎么样？"

这个日本人有劈剑的癖好，劈术也好，打败过好几个教官，林振雄是知道的，可他不能拒绝，更不能退缩，便应战了。

结果，林振雄被打败了。

叶剑英接上去对劈，更没能取胜。

那位副官扬扬得意地说："这么大一个学校，好几百中国人，没有一个是我的对手！"

叶剑英感到受了莫大的侮辱，回到宿舍后对同室的朝鲜族同学金至顺说："金君，从明天起，我们两个一起练劈刺，一定要教训教训那个蛮横的日本副官！"

"好！我来做你的对手。"同样喜好剑术的金至顺痛快地答应了。

每天天不亮，叶剑英和金至顺就到操场上练劈剑。

每当这时，林振雄都会跑来指点……

几个月后，叶剑英找到日本副官说："我们比赛劈剑！"

日本副官："我们已经比过了，你敢同我比试劈刀术吗？"

叶剑英："就这么定了，比劈刀！"

比赛是在宽阔的教练场上进行的，由林振雄担任裁判，许多教官和学生闻讯赶来观看。

"各就各位，开始！"林振雄发出了口令。

日本副官双手举刀，猛力劈向叶剑英。劈刀明亮，在阳光下闪射寒辉。

叶剑英向旁边一闪，避开了刀锋。

日本副官腾飞向前，嘴里大喊着"嗨"，快速地连劈了数刀。

叶剑英看到对方是想速战速胜，就不慌不忙地左躲右闪，身姿和脚步稳健而轻盈。

日本副官急了，猛挥猛劈，刀法开始紊乱。

叶剑英看准了这个机会，将刀对准对方的要害部位重重地劈了过去。

日本副官步步后退。

叶剑英步步进逼。

突然，日本副官猛地一个腾跳，手中的刀凌空直劈下来。

叶剑英迅速闪过刀锋，趁着对方双脚落地未稳之际，快步向前，刀尖直指日本副官前胸。

日本副官以刀挡架。

叶剑英以刀稳稳按住。

一片欢呼声中，比赛结束了。

那位日本副官双手捧着他的劈刀，走到叶剑英面前，深深鞠了一躬，说："送你作个纪念！"

叶剑英也弯弯腰，双手接过劈刀，说："谢谢！"

2. 寻找

1920 年年初，叶剑英从昆明回到了故乡广东雁洋堡。

在云南讲武堂毕业时，云南督军公署授予他炮兵少尉军衔，并想派他到南洋去做宣抚特使，招收新学员，但叶剑英拒绝了。是南洋给他留下的印象太伤感，还是思念故乡和亲人太心切？这二者的原因都有，但又都不是主要的，最根本的是他想跟着孙中山去打败洋鬼子和军阀。

这时的孙中山，已被桂系军阀陆荣廷、莫荣新排挤到了上海；北洋军阀分裂为皖系段祺瑞，直系冯国璋、曹锟、吴佩孚，奉系张作霖等，还有各地的大小军阀，为了争夺地盘而互相厮杀，建立 8 年的中华民国被搞得乱七八糟，人民生活在战乱之中。

叶剑英的家就是其中之一。他的父亲患肺炎卧病在床，因弟妹尚小，母亲日夜操劳也难以维持家计，只有靠借贷度日。父亲不停咳嗽，母亲眼窝深陷，弟弟叶宜导瘦瘦的，两个妹妹顺英和彩英脸色蜡黄。看到这种情景，叶剑英见到亲人的喜悦，顿时被一种凄凉感吞噬了不少。

在家陪着父母和弟妹住了些日子，叶剑英就走到丙村培基学校。这个学校的校长丘宏铨，是他在东山中学同时被开除的同窗好友。从丘的口中，叶剑英知道了孙中山护法失败后避居上海，接见全国学联代表，出席学生集会，发表演讲，通电营救被捕的爱国学生，并在福建组建粤军。分别几年的两个同学，仍像过去一样倾心交谈，为军阀割据愤慨，为孙中山的活动兴奋，为时局的混乱担忧。在这里，叶剑英还读到了《孙中山学说》《三民主义》等孙中山的著作及《建设》《星期评论》等刊物，同时探听消息，寻找实现理想的时机。

潮梅镇守使刘志陆，既是梅县人，也毕业于云南讲武堂，他拥护过孙中山，此时正是占领广东的桂系军阀莫荣新的下属。他的副官从丙村学校一位教师口里听到叶剑英的情况后，他就想见一见年轻的同乡兼校友。

叶剑英告别父母，抱着试探的心情到达汕头，见到了刘志陆。这位急于要扩充人马的镇守使，当即请叶剑英留在他的参谋处。

叶剑英没有答应。他从交谈中弄清了莫荣新让刘志陆扩军的目的，是防止远在漳州的陈炯明的粤军。他的心里不由得一愣，这支粤军不是孙中山组建的吗？

3年前，孙中山在广州组织军政府就任中华民国军政府陆海军大元帅时，省长朱庆澜向孙建议，将所辖警卫军改为省长亲军，任命陈炯明为司令，归大元帅府管辖。孙中山以此为基础建立粤军，就欣然同意了。这时，北洋军阀福建督军李厚基派兵侵入广东汕头地区，广东督军莫荣新为保两广地盘，缓和与孙中山的关系，便命陈炯明为"援闽"粤军总司令，率警卫军进攻李厚基。

孙中山对这支军队非常重视，前往视察，发表讲演，批准全体官兵加入国民党，派邓铿、许崇智等国民党的重要军事人员相助，同时在经济上给以接济，购买武器，改善装备。

这支军队打败李厚基，占领汀州、漳州、龙岩等20余县，部队也扩大到2万多人，编为两个军：第1军军长由陈炯明兼任，有李炳荣、洪兆麟、熊略、罗绍雄、邓本殷5个支队；第2军军长许崇智，有吴忠信、关国雄、蒋国斌、谢文炳4个支队。莫荣新看到"援闽"粤军越来越壮大，就招兵买马加以提防。有军队才能保住地盘和权力。

提防忠于孙中山的军队，必定不是革命的。叶剑英的心里已打定了前去漳州投奔"援闽"粤军的主意，不过嘴里不能说出来。他客气地辞别刘志陆，连夜离开汕头，赶到了漳州。

位于漳州城郊的"援闽"粤军驻地，是一排排砖石结构的平房。破旧的门窗，累累的弹痕，无声地述说着不久前发生在这里的激烈争战。操场上的士兵，却队列整齐，步伐雄壮，焕发出昂扬的革命精神。

叶剑英看着，心里涌起一阵欣慰。自己的选择没有错，连日来奔波跋涉的疲劳也减去了不少。

可是，门卫却挡住了他："干什么的？"

叶剑英说："我是到这里来投军的。"

门卫："你认识哪位长官？"

叶剑英："都不认识。"

门卫："那我怎么通报呢？"

"援闽"粤军的参谋长邓铿是梅县人，叶剑英是前不久听说的，所以他告诉门卫："那就请你报告邓参谋长，说梅县家乡来人求见。"

门卫打量了一会儿，口气变得稍微缓和一点，说："先生，邓参谋长不在这里。"

叶剑英："那就请你通报值日的长官。"

从里面走出一位官长模样的人，说："我就是值日官，邓参谋长不在，就请回吧。"

邓参谋长是真的不在，还是值日官和门卫不愿通报，叶剑英无法确认。但是，他不愿离开。好不容易找到了，怎么能轻易放弃呢？他继续耐心请求，值日官和门卫仍然不予通报，双方僵持在门前。

这时走过来一个30多岁的军官，见此情景，问道："怎么回事？"

值日官说："报告长官，这位先生要找邓参谋长，可参谋长不在，让他走他却不走。"

那人转向叶剑英："你找邓参谋长有什么事？"

叶剑英："我是来投军的。"

那人打量了一会儿叶剑英，说："你跟我来。"

说来也巧，这人是粤军总司令部兵站总监张禄村，是专门接待到漳州投奔粤军的人，他把叶剑英领到会客室，听了叶剑英的介绍，又看了递过去的云南讲武堂的毕业证书，就将其安排在总司令部做见习官，算是参谋人员。

过了一段时间，叶剑英感到无事可做，就要求到部队去教炮。已经当了军务处长的张禄村便派他到旅长熊略的预备队去当见习教官。

不久，"援闽"粤军分左、中、右三路回师广东，叶剑英随熊略部参加中路。他向熊略提议用"广东人不打广东人"的口号实行攻心战，打垮了刘志陆丰顺、紫金的部队，逼近了汕头。

熊略对叶剑英说："你提出的'广东人不打广东人'的建议，对瓦解刘志陆部的军心起了很大的作用。"

叶剑英："因为我去漳州之前，到刘部去过，他们要留我，我没有答应，所以知道刘部粤籍官兵多，就向旅长提了建议。"

熊略："是呀，中山先生知道了此事，就让陈司令、邓参谋长派熟人去策反刘志陆的部队，我想让你去。"

叶剑英："我可不懂得怎样做呀！"

熊略："你去那里先找熟人关系，然后相机行事。"

叶剑英："我去！"

受命后的叶剑英，打扮成归国华侨，只身到达汕头，打听到刘志陆部的炮兵连长赖顺成是他在云南讲武堂12期炮科的同学，关系非常密切，就约他到一家大酒楼里畅叙别后情景。酒酣之时，叶剑英亮出了自己的身份，说："顺成老弟，你也是拥护孙中山先生的，炮口要是对准他，就成为罪人了！"

"那我该怎么办呢？"赖顺成问。

"当机立断，掉转炮口。"叶剑英说。

赖顺成在学校时，就十分相信叶剑英的话，再加上他也不满意刘志陆，思考了一会儿，说："我信剑英兄的，你就吩咐吧。"

叶剑英举起酒杯，说："好，一言为定！"

"当"的一声，两个在敌对双方部队的昔日同学，轻轻碰了酒杯，一饮而尽。

随后，赖顺成让叶剑英作为自己从海外归来的"表兄"住进连队，并联络了另一位炮兵连长。

当粤军向汕头发起进攻时，叶剑英和赖顺成指挥桂军的两个炮兵连，将炮弹射向了刘志陆的司令部。

接着，叶剑英又奉大元帅府参谋长吴铁城之命，策动桂系第 2 军陈得平师掉转枪口，为粤军收复广州立了大功。在这次策反中，叶剑英认识了接近孙中山的吴铁城和陈策，并得到他们的赏识。所以，收复广州后，吴担任军政府副官长，便将叶留在副官处。后来又在陈策手下任职。

尽管这时的叶剑英还没有机会面谒孙中山，但他已经在孙中山的领导之下了。

1921 年 5 月 5 日。

清晨，晴空万里，碧天如洗。广州的市民们敲着锣鼓，舞着龙狮，汇成欢腾的洪流，向观音山下涌去，参加中华民国非常大总统孙中山的就职典礼。叶剑英也在这人流之中，心情兴奋，脚步轻捷。

当身着大礼服的非常大总统孙中山走上讲台时，顿时欢声雷动，万众沸腾。叶剑英凝眸注视着孙中山，静静聆听孙中山的就职宣言，看威武雄壮的各路军队步伐整齐地通过主席台，接受非常大总统的检阅，心里有一种说不出的激动。从离开云南讲武堂，到投奔粤军，不就是为了跟随孙中山打倒军阀，完成统一全国的伟业吗？现在，有了非常大总统，以后就可以这样做了。

但是，叶剑英太天真了。他初出茅庐，毕竟太年轻，何况对政治内幕知道得又那么少，

图为 1921 年时的叶剑英。

怎么能想到粤军总司令陈炯明与孙中山之间的矛盾越来越尖锐，已经到了公开反对孙中山的地步呢？

人是会变的。一旦有了政治欲望、手中又握有实权的人，为了达到某种目的，就会朝着相反的方向变。陈炯明就是这样的一个人。他出生于广东海丰县一个经商的大户人家，毕业于广东政法学堂，早年热心国是，参加同盟会，从事辛亥革命。二次革命失败，他拥戴桂系军阀岑春煊，与孙中山领导的"中华革命党"对立。护法运动时，他又转而投靠孙中山。孙中山没有看到他出尔反尔投机行为里隐含的野心，非常信任他，说他是"可资依靠"的"革命将领"。"援闽"粤军从福建打回广州后，陈炯明即控制了广东的军政大权。孙中山当大总统后，陈更是不满，公开扬言孙可暂不就职，要孙以总统名义到欧美各国作政治活动，其目的就是取孙中山而代之。

对陈炯明的野心，叶剑英是逐步看清的。他一方面极为气愤，另一方面又非常担忧。军政大权都掌握在陈炯明的手里，该怎么样对付他呢？他常常到小马站的曾家祠去，和要好的熟人一起议论。

小马站位于广州市的一条僻静小巷内，这里的东江学舍，是海外华侨筹建的小公寓，云南讲武堂几年来陆续毕业返粤又没有事做的华侨学生，都在此闲居，不收住宿费。叶剑英不时约一些谈得拢的同学到附近的曾家祠相聚，或饮酒作诗，或纵论时事，久而久之，此处就成了一些青年人排解烦恼、抒发情怀的地方。

叶剑英又一次到小马站时，见到张国森等人都在这里。

叶剑英在小马站的第一个知己是云南讲武堂第13期骑科毕业生、他在东山中学时的同学赵益坚，两个人志同道合，成为知己。赵益坚应友人之约到广东从军任职后，就遇到了张国森。

张国森又名张猛，他的父亲张云田是兴中会、同盟会的老会员，在1907年孙中山领导的镇南关起义中不幸牺牲。张国森从越南归国考入了云南讲武堂第13期，毕业后在云南军士教导队当见习官，是随军来到广州的。

他们相遇不久，就相交甚深。张国森说："还是老弟你看得准，唐继尧这个人果然靠不住，当今之世，只有跟着孙中山先生才有出路。"

叶剑英说："可是如今广东又出了第二个唐继尧，眼看着军阀当道，国家又要多难了！我们这些人只有投身军旅，到战场上去拼杀，才能剪除军阀，使孙先生的三民主义得以实施，中国才会有希望。"

看到叶剑英心事重重的样子，张国森急问："发生什么事了吗？"

叶剑英摇摇头，说："这样下去，早晚要出事的。我们只能眼睁睁地看着，毫无办法！"

张国森说："你诗中的豪气到哪里去了？"

那是一个雷电交加的雨夜，他们两个人久久交谈。叶剑英触景生情地写了一首诗："雨撼高楼醉不成，纵横豪气酒边生。会将剑匣拼孤注，又向毫锥泪绮情。入世始知身泛泛，结交俦侣尚平平。愁多无计寻排遣，澎湃声传鼓二更。"

叶剑英："诗怎么敌得过枪炮呢？现在可是个有枪即为王的年代啊！"

张国森："那我们就拿起枪操起炮，和他对着干！"

叶剑英："谈何容易！连中山先生都得让他几分。"

张国森："我拜见了孙大总统！"

"是吗！你是怎么拜见的？"叶剑英的眼里顿时流溢出兴奋和羡慕的光彩。

"副官长领我去的。"张国森说。

副官长是指何克夫，他是接替吴铁城担任军政府副官长的。何克夫是张云田的老战友，他见到烈士的后代、老战友的儿子，就格外给予关照。

上午，张国森去找何克夫，正巧何有事要报告大总统，便带着他一起走进了孙中山的办公室。

叶剑英："大总统对你说了什么？"

张国森："大总统听了副官长的介绍，就握住我的手，有些伤感地说：'你父亲在镇南关战役中攻打西炮台为国殉难，英勇壮烈。时至今日，民国尚未统一，内乱外侮，国无宁日，想起你父亲他们那些牺牲的同志，我真感到汗颜！你是烈士的后代，又懂军事，应该继承父志，为革命效力！'"

叶剑英颇有感慨："大总统说得对。我们都是讲武堂出身，学了不少军事本领，应该为铲除军阀割据、保卫中华民国效力，可是如今却报国无门，空发慨叹！"

张国森忙说："我对大总统说了，有许多同学从讲武堂毕业就赋闲了。他说：'当今正是国家用人之际，我也早就告谕陈总司令，要他招贤选能，充实壮大军队。像你们这样的人才，怎能弃之不用呢？你们自己也可以'请缨北伐'嘛！'"

几天前，他们聚会时，叶剑英就提议先向大总统上书，当时有人赞成，说孙先生看到上书会有良策；也有人怀疑，觉得陈炯明兵权在手，大总统不能轻易罢免他。由于意见不统一，就搁置下了。现在听到孙中山"请缨北伐"的话，叶剑英高兴地说："好哇，我们给大总统上书'请缨北伐'！"

"剑英兄是文武全才，就由你执笔吧。"有个同学建议。

"不行，不行！"叶剑英忙说，"国森兄熟悉，还是他来执笔。"

张国森："就别客气了，谁不知道你在东山中学起草的学生自治会章程就得到师生的交口称赞！拿出你'把剑长歌气压轩'和'会将剑匣拼孤注'的豪情来，我给你当下手。"

"那我就试试。"叶剑英对张国森说，"咱们今夜不睡觉，一定写出来，然后再请诸兄审订。"

夜深了，轻风徐吹，星月闪烁。叶剑英和张国森两个年轻人精神振奋，完全没有睡意。他们时而商量，时而奋笔，时而修改，把沸腾的热血和激情，全都洒在了纸上，变成向孙中山的急切倾诉。

天亮后，一封致孙中山大总统的公开信草稿拿了出来，张国森出面召集在广州的20多个云南讲武堂的学生讨论修改，一致通过。信是这样写的：

孙大总统钧鉴：

乃者大盗移国，粤土自私。近以吾粤市政各局，抵押自肥。公设娼妓，败坏风化。开烟开赌，毒害人民。包庇走私，扰乱金融。国家税收，尽入私囊。军政大权，霸为私有。投靠军阀，卖党求荣。置人民于水深火热之中，陷国家于危急存亡之时。敬请大总统先行讨贼，底定后方，然后北伐。伏乞早日鞭策，我等愿作先驱，誓灭国贼。不胜厚幸，待命之至。

这封信发出的第二天，张国森、叶剑英等20多人被召进越秀山的总统府内，总统府秘书长马君武对他们说："同学们的信大总统阅后极为称赞，批复说：'请缨北伐，壮志可嘉，着陆军部核办，全部录用。'大总统本想亲自接见同学们，因公务繁忙，命君武代为慰劳！"

张国森、叶剑英等人认真地听着。

马君武举起信问张国森："这是你的文笔吧？"

张国森推推叶剑英："是这位同学起草的。"

"写得好！写得好！言简意赅，文笔犀利，历数盗国罪行，痛快淋漓！"马君武握着叶剑英的手说，"诸君不愧是归侨青年军人，热心爱国，请缨北伐，壮哉此举！大总统已批转陆军部，请候佳音。"

但是，陆军部长陈炯明本来就不听大总统孙中山的，况且又看出信中所骂的"大盗"和"贼"都是指的他，所以极为生气，拒不录用上书的人，孙中山也无可奈何。

恰在这时，滇军军长黄裴章和叶香石到广州，得知张国森、叶剑英等人的艰难处境和报效国家的愿望，十分同情，亲自去找陈炯明，并将此事报告新任的滇军总司令顾品珍，滇军总司令部正式发函给粤军总司令部，请其委用云南讲武堂毕业生张国森、叶剑英、邓炽、吴孟义等24人。需要滇军支持"联省自治"的陈炯明，才让粤军总参谋长兼第1师师长邓铿录用张、叶等人。

邓铿亲自热情接见张国森、叶剑英等人，一个一个询问年龄、籍贯、所学专业，又介绍了第1师的情况，说："本来打算组建一个炮兵团，因为缺乏人才和火炮，所以没有成立起来，你们谁是学炮的？"

叶剑英站起来，说："卑职是炮科毕业的。"

邓铿："你是梅县人吧？"

叶剑英："是的，卑职是雁洋堡的。"

"我家在金盘堡，咱们是老乡啊！"邓铿说，"可惜我师的炮兵最弱，大总统正在从国外购置大炮，很快你就会有用武之地，成为一名炮兵指挥官的。"

张国森："报告师长，叶剑英不但懂炮，还会劈刺，在云南讲武堂打败过日本副官，还写得一手好文章，给孙大总统的信就出自他的手笔！"

邓铿想了想问："去年我们返粤讨桂时，听熊略旅长说，有个姓叶的讲武堂毕业生去汕头、香港做桂军的策反工作很成功。你们可认识他？"

张国森："那个人就是叶剑英。"

邓铿："为什么不早说呢？"

叶剑英："只做了一点小事，没什么好说的。"

这引起了邓铿的兴趣，对两次策反的事，他印象太深了，不由得对叶剑英另眼相看。所以，谈话之后他把叶剑英和张国森留在司令部当见习参谋，其他人被派到部队去当见习教官。

没过多久，即 1921 年 6 月下旬，孙中山下令讨伐陆荣廷，总司令陈炯明指挥的"援桂"军分三路向广西进发，取得节节胜利。贺县一带的桂军沈鸿英部却突袭粤北小北江各县，邓铿奉孙中山之命，率留守广州的第 1 师前往迎击，叶剑英和张国森随邓行动。当各部队和广州大本营失去联络时，叶、张二人奉邓铿的命令，带领几个电话兵沿途检查电话线路，发现被敌军切断，就组织小分队打退敌兵，并派兵把守。由于前后方联络畅通，保证了 1 师部队击溃沈鸿英部，取得战斗的胜利，受到孙中山的奖励。

邓铿对叶剑英更重视了，先派他到教导团去当教官，接着又命他到组建不久、急需整顿的工兵营去当教官。

工兵营营长邓演达，广东惠州人，父亲虽是清末秀才，但以教书为生，家境贫寒。他毕业于保定军官学校工兵科，受邓铿的影响，秘密参加同盟会，是孙中山的忠实拥护者。对于叶剑英的到来，邓演达表示热烈欢迎，他们一起谈孙中山的三民主义，谈部队的精神教育和军事训练，并办起一个军民联营的织染厂，不但解决了工兵的资金，还改善了装备器材。

3. 保卫大总统

正当叶剑英和邓演达在工兵营干得红火的时候，却接到了随孙中山出行的任务。

原来，"援桂"战争进行得很顺利，出师后连克梧州、平南、南宁和桂林，桂系军阀头子陆荣廷逃往国外。孙中山便决定乘胜北伐，并组织大本营随行，到大本营任职的吴铁城、陈策就推荐了叶剑英作为大总统的随员。

在梧州，叶剑英亲耳聆听了孙中山的演讲。孙中山讲到，辛亥革命后中华民国即为官僚武人所摧残，讲到革命党要以德服人而不以武力服人……

听过讲演之后，叶剑英和陈策进行了推心置腹的交谈。

叶剑英："大总统讲得鞭辟入里。我觉得陈总司令非常骄横，是大总统说的最大的官僚武人，为什么对他一味姑息呢？"

陈策是海南琼山人，毕业于广东海军学校第 15 期，长期在军政府海军舰队任职，是孙中山的忠实信徒。他虽然很欣赏叶剑英的见解，但又只能以大局为重，说："大总统向来宽大为怀，以诚待人。这次'援桂'之役，是孙先生费了好多口舌才说服他出征的,现在出师北伐,也只好再以宽容动员他相助了。"

对于血气方刚的年轻人来说,激情往往胜于理智。叶剑英理解陈策所说的大局,兵权掌握在人家的手里,怎么可能不宽容呢?可他仍然有他的看法:"大总统所说吾党以德服人是正确的,但是不能放弃武力,'官僚武人'就是以武力摧残吾党革命的,我们也要以武力相对。孙先生过去也说过,要建立有主义的军队。有了这样的军队,就可以保证做到以德服人了。"

陈策说:"你的话很有见地,孙先生既然说了,就会朝着这个目标奋斗的,我们跟随孙中山,就一定能取得北伐胜利,完成统一大业。"

叶剑英略有所思地点着头。

在桂林,叶剑英又见到了时任警卫团营长的叶挺、张发奎,并与他们结下了友谊。

叶挺是广东惠阳人,出身于农民家庭,上学时就受到民主思想的影响,参加"援闽"粤军后任第1师司令部少校参谋。叶剑英就在那里和他相识并成为挚友的。

叶挺一见到叶剑英就开玩笑说:"老弟,我请你吃狗肉!"

11月的桂林,天气已经冷了,两个志同道合的人边吃狗肉边喝酒。

叶挺说:"你在工兵营干得好好的,邓演达很赏识你,你怎么又到这里来了?"

叶剑英说:"是吴铁城、陈策他们推荐的,我也想开开眼界,长长见识。能跟着大总统北伐,为打倒军阀、统一全国出力,也是我的心愿。"

叶挺喝一大口酒,夹了一小块狗肉放进嘴里,慢慢地嚼着,好一会儿才说:"也有道理。你现在大本营幕僚处,参与参谋作战命令等事宜,究竟怎么样,北伐能成功吗?"

叶剑英:"我看困难很多,因为军中离心因素很多。《孙子兵法》上说'上下同欲者胜',现在的危机就是上下不同心。你看看,连总司令都不和大总统一心,怎么能打胜仗呢?"

叶挺点头赞同,说:"还得再看一看。能不能成功,确实得看军队的。"

又谈了一会儿,叶剑英说:"咱们去看看3营张营长吧,我和他还不认识呢。"

"好!"叶挺说,"那可是个革命的狂热分子。"

张营长就是张发奎，字向华，和叶挺同岁。他是粤北始兴县一个农家子弟，曾在广州工艺局作学徒，从武昌陆军预备学校毕业后加入粤军。在返粤驱桂战役中任督战队长，这次北伐时担任警卫团3营营长。

在一间屋内，叶挺、叶剑英、张发奎3人围着一盆炭火而坐。盆中的木炭不时炸出响声，火星飞溅。3个青年军官的谈话，也像盆中的炭火，越燃越旺。

这样的时候，这样的地点，又同为年轻军人，话题自然离不开正在进行的北伐。他们从广州说到梧州，从梧州说到桂林，从南方的陆荣廷，说到北方的段祺瑞、吴佩孚、张作霖、孙传芳……

张发奎兴致极高，声音很大，说："顺天者昌，逆天者亡。革命大潮是谁也阻挡不了的。我坚信北伐会马到成功！你们相信不相信我的预言？"

叶挺听着，脸上露出微微的笑容。

叶剑英的目光正好和张发奎的目光相遇，便说："革命潮流是不可阻挡的，我赞成你的看法。北伐能否马到成功，还得看各路人马是否齐心努力。"

张发奎急着说："老弟，你的悲观是不是太早了一点？你这样看都有什么根据？"

叶剑英看看叶挺，又转向张发奎："老兄想必看到了，在咱们这支北伐军里，粤、赣、滇、黔各军都是一条心吗？就说咱们粤军吧，都一条心吗？如果掌握实权的人在后院放一把火，恐怕北伐都难以进行，还怎么'马到成功'呢？"

叶挺睁大了眼睛。

张发奎身子一动，想说什么，可张了张嘴又没有说出来。熊熊的炭火照着他胖胖的脸膛，他在心里还是很佩服叶剑英的见解的。

叶挺忙说："剑英老弟讲得还是有道理的，不过也不能太悲观了。"

张发奎目不转睛地看着闪烁的炭火，琢磨着怎样把这个有识有胆的人弄到自己的身边来。他的这个目的，几年后终于达到了。

几天后，叶剑英接到通知，当他匆匆赶到孙中山落座在王城大本营的行辕正厅时，见到了胡汉民、李烈钧、许崇智等粤军的首脑以及陈策等人。

孙中山和夫人宋庆龄走进会场，和与会人员一一握手。当孙中山走到面前时，叶剑英握住他的手，报告说："卑职叶剑英。"

孙中山停住脚，询问道："你就是那个同张国森等人一起请缨北伐，又同吴铁城、陈策等策反陈得平师的青年人吧？"

陈策在一旁说:"正是他。"

孙中山:"年轻有为!年轻有为!"

叶剑英:"谢谢大总统夸奖!"

孙中山:"你是国民党员吗?"

叶剑英:"是。"

孙中山:"国民党员要做北伐的先锋,你有信心吗?"

叶剑英:"有道伐无道,成功在望。卑职只有一个担心:号令不一,人心不齐,难以全胜。"

孙中山:"你的担心不无道理。你以为怎样才能取胜呢?"

叶剑英:"古人说,'令之以文,齐之以武,是谓必取'。"

孙中山:"说得好!说得好!"……

这是一次商量军事的会议。会前,孙中山和胡汉民、许崇智、李烈钧等多次分析,确定了一方面联合张作霖、段祺瑞等对付曹锟和吴佩孚,另一方面通过会晤劝说陈炯明北伐,为此确定在桂林进行整军。

孙中山讲了怎样对各路军进行军事教育,怎样用三民主义造就新军队,怎样统一号令、齐心出征,最后说:"我讲的这些,就是刚才那个青年人所引的《孙子兵法》上的治军名言,'令之以文,齐之以武'……"

陈炯明与孙中山的矛盾越来越尖锐了。

1922年5月4日,因陈炯明已要求辞职,孙中山任命李烈钧为北伐军总司令,许崇智为总指挥,陈策为海防司令,分3路出兵讨伐北京徐世昌政府,他自己则亲赴韶关督师。

在北伐军连战皆捷、攻克赣州、威逼南昌之际,陈炯明的亲信、粤桂边防督办叶举率50余营驻桂粤军移防广州,要求恢复陈炯明粤军总司令之职。孙中山接到廖仲恺的报告,即刻乘火车赶回广州。

听到孙中山要回广州的消息,陈炯明在惠州百花洲公馆,制订了谋杀孙中山的计划,一是杀害于途中,二是杀害于火车站。这两计都未达到目的后,就部署了公开的叛乱。

孙中山是6月1日回到广州的,6月16日清晨叶举部队断绝交通,占领要害机关,以4000士兵包围了观音山前的总统府和孙中山住的越秀楼,严严实实地控制着架空栈桥。一时间枪声炸响,火光熊熊,浓烟弥漫,炮弹不时在总统府院内爆炸，发出巨大的声响。

情况万分紧急！

秘书林植勉和参军林树巍强架着孙中山冲出包围，奔向长堤天字码头。

天字码头驻守着海军陆战队，司令为陈策，叶剑英是营长。

听到枪声和炮声，叶剑英找到陈策说："陈司令，从炮弹落点判断，是在总统府方向，到底发生了什么事情？"

陈策也很着急："通往总统府的电话线已经断了，情况还不明。"

叶剑英："我们应该派人去接应大总统。"

"好！"陈策说，"我派几个分队从不同方向去接应大总统，你亲自带一个连在码头边守候着，我先到宝璧舰上去做好准备。"

叶剑英立正回答了一个"是"，立即跑步回到营里。

枪炮声更加激烈，浓浓的硝烟味一阵阵扑向天字码头，朝空中散去。叶剑英带领的一个连队，警惕地守在码头边。透过弥漫的烟雾，他机敏的目光观察着通往总统府方向的道路。

有几股叛军先后打过来，都被叶剑英指挥的连队击退。有人想追击，被叶剑英制止了，他说："我们的任务是等候大总统，保护他登舰前往安全的地方。"

孙中山终于来了，脚步尽管从容镇定，但却很疲惫。

叶剑英迅速迎上前，配合卫兵护送大总统乘着小艇，登上停泊在江中的宝璧舰。下午，在海军司令温树德等人的建议下，孙中山又转登永丰舰（后来改成中山舰）。这艘舰的吨位大，钢板厚，火力强，速度快，便于进攻和退守。

由于广州卫戍司令魏邦平告密，叶举调集大炮部署在珠江两岸，孙中山即下令各舰向白鹅潭进发。已经升任大本营中校参谋的叶剑英，和宝璧舰舰长李芳一起，指挥全体官兵破浪前行。

在接近白鹅潭的时候，孙中山命令各舰开炮轰击大沙头、白云山、沙河、观音山、五层楼等处的叛军。叶剑英不但指挥，还亲自操炮、瞄准，一发发炮弹在观音山爆炸，顿时升起团团浓烟烈火。

叶举部署在长堤、珠江岸边和瘦狗岭的部队，也一齐向孙中山的舰队开枪开炮。一发炮弹首先击中永丰舰，紧随其后的宝璧舰也连中两发炮弹，甲板上起了火。叶剑英和李芳从容地站在甲板上，边指挥炮手开炮还击，边命令舵手全速前进，终于到达白鹅潭。

孙中山率领的永丰、永翔、楚豫、豫章、同安、宝璧、广志等舰刚到达白鹅潭，叶举的部队即集中炮火猛轰舰队。

入夜之后，整个白鹅潭陷入一片火海之中。枪弹、炮弹划出一道道亮光，落在军舰四周，爆炸溅起的浪花向四处飞溅开去，落在人们的脸上和身上。

叶剑英命令宝璧舰紧紧靠拢永丰舰，做好应付各种不测的准备。他的用意十分明白，那就是一旦永丰舰上出现意外，可以随时接应大总统孙中山，保卫其安全。他对士兵们说："严密监视，防止敌人偷袭旗舰。"

叶剑英的担心不是多余的。夜色迷蒙的岸上，晃动着一小股敌军，正向永丰舰发射炮火。叶剑英发现后，叫上几个士兵，说："跟我上小艇！"

小艇离开宝璧舰，悄悄接近敌人，突然发起猛烈进攻，将其击溃，保证了永丰舰没有遭到偷袭。

局势越来越危急。恰在这时，海军司令温树德又被陈炯明巨金收买，公开背叛孙中山，使形势更加严峻。

被困在永丰舰上的孙中山，电令李烈钧、许崇智等迅速班师返粤，急电在奉化祭奠其母逝世一周年的蒋介石："事急盼即来此。"李烈钧、许崇智的远水不解近渴，蒋介石很快到永丰舰上，陪在孙中山左右，但因兵力不足，也只能在陈炯明、叶举部队的重重封锁中，焦急地等待着。

时间一天天过去，滚滚奔流的珠江水，在早晨太阳、黄昏落日的照射下，泛着殷红的血色。

时值盛夏，骄阳似火，无遮无拦的军舰晒得像蒸笼一样。多日被困在水面上，士兵们身上白色的海军服变成了黑黄色，汗味和鱼腥味掺杂在一起，散发出难闻的气味。因为被封锁，给养无法补充，缺米又少盐，军心日渐不稳，不时有人开小差。宝璧舰的船体本来就小，又骤然增加了陆战队的人员，更加拥挤。白天烈日照晒，夜里蚊虫叮咬，官兵们的处境越来越艰难。

叶剑英既是大本营的参谋，又兼管着海军陆战队，奉命率领宝璧舰和陆战队的官兵担负巡逻任务，日夜巡查在南起白鹅洞、北至沙面的珠江上。

侦察的情报说，陈炯明装修了 32 艘钢板小艇，招募 300 名敢死队员，准备偷袭孙中山的舰队。叶剑英奉陈策之命，带几艘小船前去破获。

夜色朦胧中，叶剑英和他率领的几条船隐蔽机警地行驶在珠江上。江风徐吹，水浪喧哗，两岸的房屋和树木隐约可见。他伏在船边，敏锐的目光扫视着水面和岸边，溅起的水花打湿了他的衣裳。

突然，从东歪炮台方向驶出的几只小船，闯进了叶剑英的视线。他马上警觉起来，小声命令："立即熄灭我们船上的灯火！"

灯火熄灭了，有几个人围到叶剑英的身边，有人说："是几条小船。"

叶剑英悄声说："来头不对，密切监视。"

一个军士说："可能是几条民船，到广州城里去办货的。"

叶剑英："不对！民船为什么坐得那么满，排列得那么整齐？很可能是来偷袭我们的。"

船越来越近，叶剑英的疑心也越来越大。他让一只船绕到那些船的右边堵截其退路，让自己坐的船停止前进，做好射击准备。

距离更近了，可以看得清船上坐的是荷枪实弹的士兵。

果然是来偷袭的，叶剑英心里想着，嘴里发出了命令："射击！"

顿时，密集的子弹射向敌船，击中钢板时发出叮叮当当的响声，夹杂着中弹士兵的惨叫声，在夜空里回响，非常凄厉。

那些小船掉头往回走时，又遭到预先绕到后边的那只船的阻击，有人跳水逃走，有人当了俘虏。

原来，这是陈炯明新购买了数十枚水雷，趁着夜暗来炸永丰舰的。

好险啊！当叶剑英将缴获的水雷连同俘虏一起送到大本营时，心里还这样想。孙中山安全无恙，叶剑英感到欣慰。

又是一个拂晓，已经巡逻一夜的叶剑英，仍然精神饱满地率艇行驶在江面上，迎面碰到一只民用小船从沙面方向驶来，一个学生模样的人挥着手高声大喊："我要见叶营长！我要见叶营长！"

叶剑英听到是熟悉的梅县乡音，便让他上了船。

"我是来送信的。"那人说着递上一封信。

叶剑英接过信，读后脸色大变，气愤地喘着粗气。那是一位同乡、粤军一个姓张的参谋长的信，劝他反戈一击投靠陈炯明。

"你还有什么事吗？"叶剑英正色问。

"还有这个。"那人递过一张香港银行的支票。

叶剑英正想撕掉，舰长李芳走了过来，便顺手递给他："你看看！"

李芳一看笑了，说："这礼送得真是时候，我们舰上的给养正困难呢。"

叶剑英对那人说："你回去告诉那个姓张的，支票我收了，只是不打收条。我叶某铁心跟随孙大总统革命到底！"

一个多月的时间过去了，无论官兵们如何艰苦奋战，形势的发展仍然对孙中山不利。他指望返粤的北伐军屡屡失利，不得不向江西和湖南退却。眼看待援无望，孙中山只好于 8 月底在蒋介石、陈策等人陪伴下，乘炮舰转道香港去了上海。

叶剑英没有去上海，而是留在宝璧舰上。

陈炯明进到广州后，叶剑英便悄悄前去香港避居。

4. 参与办黄埔军校

1924 年，中国历史揭开了新的一页。

这一年的春天，孙中山在广州召开改组国民党的第一次全国代表大会，与 1921 年 7 月 1 日成立的中国共产党进行第一次合作。共产党人李大钊、毛泽东、瞿秋白等出席了这次大会，会上通过的宣言，接受了中国共产党提出的反帝反封建主张，确定联俄、联共、扶助农工三大政策。会后，孙中山下令创办陆军军官学校，因地点在黄埔岛上，故称黄埔军校，时任第 8 旅参谋长的叶剑英被调到军校工作。

1922 年 10 月，许崇智指挥的北伐军打败军阀李厚基，攻克福州，孙中山将北伐军改为讨贼军，许崇智任东路讨贼军总司令，蒋介石为参谋长，下辖 3 个军 12 个旅。叶剑英离开香港投奔讨贼军，被委任为总部参谋，第 8 旅旅长张民达向许崇智要了叶剑英去当他的参谋长。

叶剑英是怀着恋恋不舍的心情前往黄埔军校的。

他不愿离开第 8 旅，不愿离开张民达。在一年多的时间里，他和第 8 旅的官兵参加讨伐陈炯明的战斗，取得了一个又一个胜利。尤其是在博罗的言岭关，他协助旅长张民达调遣部署兵力，迂回进攻敌人防守薄弱的山道，亲自指挥炮兵连续猛烈轰击，一举夺回言岭关，接着又攻取河源，激战惠州，据守石滩，保护大本营和孙中山安全返回广州。

那是多么痛快淋漓的生活啊！所以，他想留在拼杀的第一线。但是，军人必须服从命令，他不想去也得去，张民达想留他也留不住。

张民达送别时说："没办法呀！孙中山、廖仲恺先生要我去当广州市公安局局长，我辞谢了，怎么能再拦住不让你去呢？"

"需要时我再回来。"叶剑英说。

黄埔岛位于广州市区南20公里的珠江中，是北通广州、南连虎门、控制珠江口的要地。黄埔军校就建在这里原有的广东陆军学堂和海军学堂旧址。

叶剑英一踏进军校大门，就看到了邓演达、王柏龄、林振雄等人，惊喜地说："你们都在这里呀！"

"没想到吧？"林振雄说，"还是邓、王二位推荐你来的呢。"

叶剑英笑着说："你们可把民达旅长给蒙了，他说是廖先生要调的，他不好阻拦。"

邓演达说："自然是廖先生批准的。"

交谈中叶剑英才知道，陈炯明叛变后，邓演达先去上海拜见孙中山，后随东路讨贼军征战。王柏龄是去年应蒋介石电邀来到广州任高级参谋的，林振雄则是这次直接从云南讲武堂调来军校的。

"有你们这些老师、长官们在此，我可就轻松多了。"叶剑英说。

"可不能轻松。"王柏龄说，"现在急着要办的事多着呢，如草拟学校章程、制订教学计划、聘请教员、招考学生等。你就和我一起干吧。"

原来，现在的黄埔军校还只是个筹备处，蒋介石为筹委会委员长，下面分设教授、教

图为1924年时的叶剑英。

练、管理、军需、军医等部，王柏龄分管的是教授部。

邓演达说："剑英和我一起。"

"还是和我一起吧。"林振雄也说。

争抢的结果，叶剑英还是到教授部给王柏龄当了助手。

师生之情，战友之情，激励着叶剑英全身心投入筹建黄埔军校的忙碌之中。

正当筹建黄埔军校的工作紧张进行的时候，蒋介石两次向孙中山请辞黄埔军校筹委会委员长之职，离开广州去了上海。孙中山在蒋介石的辞职书上批复："务须任劳任怨，百折不回，从穷苦中去奋斗，故不准辞职。"亲发电报，并派邓演达专程去请，同时委派廖仲恺负责军校的筹建。所以，这时候黄埔军校的筹建工作继续进行，不过所有的一切事情，都得请示廖仲恺才能解决。

3月初，广州的天气已经很暖和了，花香树绿，阳光明媚，葱茏的花木中小鸟鸣叫，蜂飞蝶舞。一条小艇驶离南堤，在珠江上航行，艇上坐着邓演达和叶剑英。邓演达去奉化未请回蒋介石，要向廖仲恺回复，叶剑英奉王柏龄之命，去向廖仲恺报告筹备情况。

廖仲恺、何香凝夫妇随孙中山、宋庆龄夫妇住在大元帅府院内的副楼里，并在此办公。邓演达、叶剑英进到楼内，就受到了廖仲恺的热情迎接。他亲切的目光落在两位年轻人身上，把他们迎进客厅，说："欢迎你们到这里来给我讲军校的筹备情况。"

坐下之后，邓演达说："有些事情不知如何办好，特来请廖先生示下。"

廖仲恺："蒋先生不在，大元帅让我代管，有什么问题就说吧，咱们一起商量。"

"蒋先生走后，筹备处的工作一直没有停止。"叶剑英说着，具体地汇报了近一段工作的进展情况。他知道廖仲恺很忙，所以紧紧抓住重点问题，讲得言简意赅。

"好嘛！这一段是你们在挑大梁，辛苦了！谢谢你们和筹备处的同志们！"廖仲恺满意地说，接着又以征询的口气问，"对下一步的工作，你们还有何设想？"

邓演达颇为担忧地说："我这次奉总理和先生之命去请蒋（介石）先生，他还是执意不回，眼下李（济深）师长又不能来筹备处主事，王（柏龄）高参还是想到上海去找蒋先生回来主持。军校的事宜，只有全靠廖先生出主意、拍板了。"

廖仲恺说："我相信蒋先生是会回来的，即使他不回来，我们的事业也还要办下去。"

话中透出对蒋介石的不满，是非常明显的。

叶剑英很受鼓舞。他这是第三次面对面听廖仲恺讲话了。第一次是他刚离开第8旅到军校筹备处报到前去拜见廖，廖尽管忙得团团转，还是热情接待，问寒问暖。第二次是蒋介石辞职并宣布军校停办后，廖仲恺亲自到筹备处，因为邓演达去了上海，他就先和林振雄、叶剑英等人单独交换意见，然后召集全体人员开会，讲了为什么孙中山决心要办军校，如何重视，劝大家留下来办好军校。那语气是肯定的，充满了必胜的信心。现在，他仍然如此。

"现在急需的事情，首先是修订学校的办学章程，我们带来一份初稿，请先生过目。"邓演达说着，双手将办学章程送给廖仲恺。

廖仲恺接过去，边翻边看。

叶剑英的目光落在那份草稿上，那是邓演达、王柏龄、林振雄和他等人呕心沥血、日夜辛劳制订出来的。由于王柏龄看到蒋介石辞职，也就三心二意，所以把很多实际工作都推到了叶剑英的肩上，因此他也就什么事情都得操办。这份办学章程也是这样，因此他十分关注廖仲恺的态度。

"你们还有什么困难吗？"廖仲恺放下初稿，慢慢呷了一口茶，问道。

邓演达说："其次，最大的困难还是经费欠缺。校舍虽然初具规模，但还要继续整修，添置器材、图书等也需要一笔款子。"

廖仲恺又呷了一口茶，说："这个办学章程，我马上送总理过目。至于经费，我正在全力筹集，苏俄顾问契列帕诺夫、捷列沙夫、波里亚克等人也会帮助我们想办法。他们已经答应给200万现款作开办费，还将送一批军械给我们。"

邓演达、叶剑英凝神听着，并低头记在本子上。

"选拔学生时，要注意那些愿为本党主义奋斗且诚实可靠能做事的人。"廖仲恺说着朝向叶剑英，"你谈谈看法嘛！"

叶剑英："我只在进讲武堂前当过几天小学教员，没有办过学校，缺少经验。从教授部的角度看，报考的学生很多，本校的入学考试委员会已经成立，需要确定考试的日期。当前最主要的有两个问题要解决：一是对各方面推荐来的教官和长官，要请先生亲自考核选定。特别是教官，一定得拥护孙先生，执行党的办校方针，有真才实学，堪为师长，不然就会滥竽充数，教不出好学生，那就背离了大元帅办军校的初衷。"

确实，黄埔军校筹办后，国民党和共产党两方都推荐长官、教官和学生，李大钊推荐刚从旅欧支部回国的共产党员张申府，廖仲恺推荐周恩来等15名在国外学习归来的优秀学生。而国民党党内军内又分为左右两派，各派都想推荐自己的人到军校掌权。叶剑英看到了这一点故而含蓄地向廖仲恺作了报告。

廖仲恺听出了叶剑英话中蕴含的意思，鼓励地说："你继续讲下去。"

叶剑英："第二，就是拟订教学纲领和计划，确定课程，编写教材了。这些也得抓紧做，不然的话，开了学也无法上课。"

"你的意见很好。"廖仲恺说，"教官名单筹委会还要研究，再报总理最后核准。第三点，请你和择生（邓演达）协助茂如（王柏龄）加紧筹办。总理的意思是争取5月开课，离现在还有1个多月的时间，要一边筹备一边招生，先做起来。你看还有什么事？"

叶剑英小声对邓演达说："还是听听廖先生对课程设置和学习时间的意见吧？"

邓演达说："好，你讲吧。"

叶剑英面向廖仲恺，说："遵总理所教，军校的宗旨就是创造革命军，所以要培养学生有革命的志气。我们商量，学校应当重视政治课程，政治课与军事课应当规定一个比例，新生入校后先进行1个月的军人教育，再进行正规教育，学期定为1年，请先生定夺。"

"俄国的军官学校，军事和政治是并行而且并重的，两者不能偏废。"廖仲恺说，"我们的军校开始应当多学一点政治，可以考虑三分学军事，七分学政治，关键是培养革命骨干。至于学期，定为1年似乎太长了。我们要完成北伐大业，如果3年之内不能成功，我们国家就没有希望，所以学制要缩短。第1期还是以半年为限，怎么样？你们回去再请教请教苏俄顾问，听听他们有何意见。"

按照廖仲恺的意见，黄埔军校的筹办工作在紧张有序地进行。叶剑英参与拟订第1期的教育计划，协助王柏龄、邓演达组织教授部、教练部编写教材，准备招生事宜，还要自己担负课程的备课，整日忙碌不停。

4 月 21 日，许崇智偕同蒋介石由上海回到广州。

5 月 3 日，孙中山任命蒋介石为黄埔军校校长兼粤军参谋长。

6 月 16 日，黄埔军校举行开学典礼，孙中山到会致辞并阅兵。

教授部副主任叶剑英精神振奋，把全部精力投入了教学之中。他安排各学科术科的课程，沟通教官之间的联络，保障教学的正常进行，还亲自讲授兵器学课，决心为实现孙中山的建军目标而办好黄埔军校。

第 2 章

——

风起云涌

5. 与蒋介石争论

20 世纪初的中国，战乱频频，形势如同大自然的风雨阴晴，迅速交替变化，处于其中的人，就不能不为发展变化的形势所左右。

1924 年 10 月 23 日，直系将领冯玉祥发动"首都革命"，软禁了北京大总统曹锟，由此造成了冯玉祥、段祺瑞、张作霖三巨头又联合又争夺的北方局面。应冯玉祥之邀，孙中山偕夫人宋庆龄于 11 月 13 日乘永丰舰经上海取道日本，12 月 31 日到达北京。盘踞在惠州的陈炯明认为这是个好机会，就自任"救粤军总司令"，指挥叶举、洪兆麟、刘志陆、尹骥、李易标、熊略、杨坤如等部，号称 7 个军 10 余万人，于 1925 年 1 月 7 日下令反攻广州。

广州留守政府当即发布命令，举行讨伐陈炯明的东征，即第一次东征。

这次东征的部队由许崇智的粤军、杨希闵的滇军、刘震寰的桂军、谭延闿的湘军以及黄埔军校的两个教导团组成。粤军总司令许崇智、黄埔军校校长蒋介石、政治部主任周恩来随军出征。叶剑英作为第 2 师参谋长也参加了这次东征。黄埔军校开课不久，叶剑英又被任命为第 2 师参谋长。东征开始前，2 师师长张民达专门通过廖仲恺让叶剑英回到 2 师去协助他指挥作战。

东征军分为左、中、右3路。左路、中路为滇军和桂军，右路总指挥是张民达，叶剑英为参谋长，所指挥的部队，除他们的第2师以外，还有许济的第4师和黄埔军校的两个教导团，即何应钦任团长的教导第1团和王柏龄任团长的教导第2团。

在左、中路按兵不动的情况下，右路军的第2师在张民达、叶剑英的率领下走在最前面，首先扫清了石滩、石龙一带的敌人，乘胜攻克广九铁路线上的常平，在这里与蒋介石指挥的黄埔学生军会师，然后包围了敌人龟缩固守的淡水城。

淡水城泥土修筑的城墙又高又厚，有上、中、下3层射击阵地，高处并装有照明设备，城的四周为洼地，稍远有土山。整体看防御坚固，不论白天黑夜，都易守难攻。

叶剑英亲自勘察过地形，连夜与张民达一起拟订作战方案，并于第二天带着方案到龙岗去向蒋介石、周恩来和苏联军事顾问加伦将军报告，研究确定黄埔军由平湖、龙岗突然袭击城南，粤军进攻城的东北和西北，形成黄埔军两个教导团和粤军从三面包围攻打淡水城之势。

第2师在城西北方向。张民达、叶剑英率部从新围向淡水攻击前进。城内的敌人猛烈射击，嗖嗖的子弹如蝗虫般密集飞来。张民达、叶剑英冲在前面，勇猛攻打。入城后，叶剑英看到，在纷飞的弹雨中，周恩来正和学生军一起边战斗边鼓舞士气。

由于粤军与学生军协同作战，毙敌百余人，俘获熊略部旅长、团长等军官和士兵千余人，进占了淡水城。

可洪兆麟部又从沙坑方向潮水般反扑过来，王柏龄的教导2团顶不住向后退缩，教导1团3营营长王俊指挥不力，蒋介石见势不好，下达了撤退命令。

这时，张民达、叶剑英仍率警卫部队激烈反击，坚守在城内。何应钦因没接到撤退命令，仍率部抵抗。这两支部队终于打退敌人，守住了淡水。

下午，敌人又反扑了过来。

叶剑英飞马跑到北门教导1团，对何应钦说："何团长，左翼敌人已退去20里，我师正以一部迎击右翼敌人，请贵团火速前去接应。"

何应钦对叶剑英很客气，却不愿派兵接应："我团的守备任务已经完成，不便出击。"

叶剑英:"右翼敌人进攻很猛,如果右翼不支,这里也恐难挡得住,请何团长三思!"

何应钦:"即使出击,也得有蒋校长的命令。"

叶剑英:"眼下情况危急,团长可以机断处置。"

这时,传令兵前来报告:"团长,前边吃紧,请速派援兵!"

刚才还在犹豫不决的何应钦,此刻感到情况严重,便和叶剑英一起商定歼敌计划。随后两军协力作战,终于打退右翼之敌,其余敌人向平山一带溃去。东征军乘胜追击,占领了惠东的平山。

胜利了,战斗员们欢欣鼓舞,指挥员们却不能轻松,他们正为下一步的行动绞尽脑汁。

出师1个多月来,攻克淡水,夺取平山,受到重创的洪兆麟和叶举部溃退而去,但海丰、汕头、河源、惠州仍在敌人手里。敌人随时都会反扑过来,不彻底消灭他们,就不会得到安宁。可是先打哪里呢?东征军司令部在平山西十几里的小墟镇白茫花召开军事会议,许崇智、蒋介石、张民达、许济、叶剑英、何应钦、莫雄等人以及苏联顾问加伦、罗加觉夫参加了会议。

会上,以何应钦为代表的黄埔军校的军官们主张先打惠州。他们认为,惠州位于珠江三角洲的东北端,与淡水、平山成掎角之势,枕东江,凭西湖,三面环水,素称天险。惠州是东江的支撑点,只要打下惠州,东江就不攻自破了。从军事上看,这种观点不能说毫无道理。

第2师师长张民达、参谋长叶剑英,第4师师长许济以及旅长莫雄等人,则力主对惠州围而不打,先以主力东进攻取潮汕,再回军取惠州。

两种观点争论不下,谁也说服不了谁。

黄埔军校校长兼粤军参谋长蒋介石,坐在许崇智的身边,先是一直静静地听着,什么态度也不表示。

快到中午时,蒋介石才说:"攻克潮汕,这个意见好。不过要攻克潮汕,必须先攻克惠州。若先打潮汕,惠州之敌必倾巢而出,陷我于首尾应敌的处境。我军先打下惠州,就可以免去东征的后顾之忧。这是浅显的用兵之道,你们该是懂得的!"

"校长高论!"何应钦忙附和说。

叶剑英仍然反对,他说:"惠州城有'铁链锁孤舟,飞鹅水上浮。任凭天下乱，此地永无忧'之说，从来易守难攻，现在又有杨坤如的三四千人凭险防守。我军力量单薄，再加上连续战斗，官兵疲惫，后方的联络、供应均有困难，一时难以攻下。洪兆麟、叶举部尚有 2 万余人，也离我们不远。我若先打惠州，他们就会来援，我军就会更被动。要争取主动就得先追歼洪、叶部，直捣潮汕，然后回师，惠州自破。"

一个黄埔军校的军官说："惠州固然难攻，但以攻克淡水的精神，可一鼓破之。如果孤军深入潮汕，则难免有后顾之忧。"

叶剑英针锋相对地说："潮汕是陈炯明军队的根据地，我们集中兵力打下那里，他就没有了立足之地，这不能算是孤军深入，也不会有后顾之忧！"

第 3 旅旅长莫雄说："叶参谋长说得有理，我军应当先打潮汕。"

蒋介石看了莫雄一眼，完全是不屑一顾的神色。

张民达、叶剑英等人已猜到了蒋介石的心思，他是想让第 2 师等部队打惠州，黄埔军校的学生军靠兵船运输方便，先打海陆丰，占领汕头，夺得功劳。

张民达看到蒋介石的神色和目光，顿时火了，拍着桌子对蒋介石说："你也知道惠州是天险，肯定久攻不下，不但要付出大的牺牲，还会坐失良机。请许总司令让友军围困惠州，我军东出海陆丰！"

会场气氛立刻紧张起来。

加伦将军提出了一个折中的方案："学生军攻惠州，粤军打潮汕，这是两全之策。"

最后的决心，是由许崇智下的：右翼军举兵东下，进攻当面之敌。张民达、叶剑英率 2、4 师先攻打三多祝的洪兆麟部，得手后向潮汕进军；蒋介石率黄埔军校两个教导团的学生军，绕过三多祝迂回海丰，袭击叶举部。

两路军迅速行动，2、4 师一路在三多祝取胜，进到海丰城，又和学生军配合，收复惠来、揭阳、潮阳、潮安、汕头，占领兴宁、梅县。

这时，困守在惠州的杨坤如部，见大势已去，便自动献城，确实是不攻自破。

6. 家乡县长

草长莺飞的 3 月，东征军进占梅县，年仅 28 岁的叶剑英被任命为梅县县长。

梅县是叶剑英的家乡，怎样当好这个县长呢？他过去没有想过，现在也没有时间去想。孙中山在北京病逝了，军民们沉浸在悲痛之中。

叶剑英上任之后，顾不上进县政府的大门，就忙着组织悼念活动，到东山、丙村、学艺等中学去宣传孙中山的遗嘱，发表演讲。关心革命大业，为人民而献身。这是他对学生的勉励，也是他发自内心的声音。怎样化悲痛为力量，继承孙中山的遗志，是他多日来反复思考的问题。

天黑以后，县长叶剑英才走进县政府的大门。

这就是县衙啊！长长的通道，高高的大堂，让人觉得森严可怕。几年前叶剑英在县城上学时也曾从这门前经过，虽然是辛亥革命后，可门前仍是执杖的岗哨、凶狠的面孔。那时他不满意它对人民的欺压，但却没有想到自己也会以县长的身份走进这里。真是时势造英雄啊！

既然革命的大潮把自己推到了这个位置上，就要当一个为人民办事的县官。霎时间，叶剑英想到了包公，想到了海瑞，想到了"天下衙门朝南开，有理没钱别进来"的民谣，他久久地注视着，沉思着。

县大堂里，雕梁画栋的墙体已经残损。叶剑英看看字迹模糊的楹联："欺人如欺天毋自欺""负民即负国何忍负"，嘴角溢出嘲讽的笑容。

在二堂、三堂和舍院，叶剑英看到院落宽敞，绿树掩映，幽静典雅，他的眼前出现了山村的陋室，学校里狭窄阴暗的课堂，眉梢高高挑了起来。

在牢房前，叶剑英看到关在里面的人有男有女，衣衫破烂，眼中射出异样的目光……

叶剑英又回到大堂正厅，连夜找来几个旧县府的人员，询问县府特别是监狱的情况，接着让人送来旧卷宗，在灯下翻阅起来。

第二天，叶剑英到县衙上班，首先清理过去的冤假错案，不少人高呼着"叶青天"走出了牢狱。

"那个女子走了吗？"叶剑英问护兵。

昨天晚上，叶剑英看牢房时，见到一个披头散发的年轻女子哭诉说："冤枉啊，他们欺负好人！"

叶剑英问："你犯了什么法呢？"

女子只是流泪，低头抽抽咽咽。

旁边一个女看守说："她犯的是奸情。"

她是个童养媳，比丈夫大 10 多岁，在婆家挨打被骂，受尽折磨，邻家有个青年想娶她不成，两个人便私奔，被抓回来关进了监狱。

女看守说："快被逼疯了。"

叶剑英说："放了她吧。"

护兵说："昨天已送她走了，还给了她两块光洋，说不定已回到家了。"

叶剑英说："不知她以后怎么办。"

正说着有人来报告："县长，有位姓李的校长前来求见。"

来人是学艺中学的代理校长，叶剑英在东山中学读书时就认识，几天前还见过一面。他急忙起身，将李校长迎进屋，说："应该我先去看您的，您却先来了，真不好意思。"

"别这么说。"李校长说，"剑英，你刚上任，政务繁忙，我就直截了当说吧。学艺中学经费奇缺，现在已揭不开锅了，我没有办法才来找你求救！"

叶剑英相信李校长说的是实话。在这兵荒马乱的年代，当官的都中饱私囊，谁会想到学校呢？不久前林虎部的张鸣翔、黄伟两部，从县城溃逃时向县商会勒索了 2000 元，县长李吐麟逃跑时也带走了不少钱。如今他虽然当了县长，可手里并没有钱啊！

"县里没有钱，连军饷都告急，你看怎么办呢？"叶剑英如实说。

李校长理解叶剑英的难处，想了想说："那就只好征收屠宰税了。"

这是个老办法。叶剑英想到小时读书的三堡学堂，很大一部分经费来自于镇上卖肉的"牲口捐"，可潮州府的清兵常去勒索财物，弄得肉店老板们叫苦不迭，无法缴捐。学校困难，为此，他和几十个同学联合起来，在学校和群众的支持下，逼着清兵交出抢去的财物。从此，清兵们不敢再去，学校的经费也就有了保证。

想到这些，叶剑英果断地说："就按你说的，由政府通令征收生猪屠宰税，用来资助学艺中学。"

听说叶剑英当了县长，他的伯父、堂弟、子侄们就雇上一顶轿子，抬着他的母亲找到了县城。叶剑英想到自从父亲去世后他就没回家过，来到县城也没去看老人家，内疚地说："阿姆，我还没抽开身去看您，叫您辛苦了！"

母亲看到威风凛凛的儿子，兴奋地说："阿伟，是他们想借你的光，嚷嚷着要来谋个一官半职的。"

叶剑英虽然心里不满意这种做法，但还是十分热情地欢迎。他安排母亲和那些人住下，和他们叙话，自己出钱请他们吃饭，边吃边说："现在田里正忙，你们来这么多人会误事的。"

远房大伯说："阿伟，你现在当了县长，是叶家的荣耀。我们一是送你阿姆来看你，二是想让你在县城为我们找个差事做。"

叶剑英说："谁家出了个当官的，亲朋故旧都跟着沾光，那是封建官老爷们干的。如今是孙中山遗教的革命政府，不能像旧衙门那样安插自己的人，请你们谅解我。"

"你是县长，手里掌着大权，说一句话不就行了吗？"有人说。

"我们是新政府，不能用自己的人，我这个县长也得这么做。再说，有许多事你们也干不了。干不了的事硬去干，会把该办的好事办坏的。"叶剑英解释说。

接连几天，叶剑英终于把来人劝了回去。

有个堂叔临走时说："阿伟，你给我些钱造个新屋吧。"

叶剑英说："我自己没有钱，公家的钱我不能给你，新屋就先不要造了吧。"

可是，有个协助叶剑英管理财务的人，却挪用了100多块公家的钱准备为自家造屋。

那天他走在街上，有个老同学向他打招呼："宜伟哥，你如今当了县长，怎么连屋也不造呢？"

叶剑英笑着说："我哪里有钱造屋呀！"

老同学说："你没有钱造屋，有人怎么有钱呢？"

叶剑英听出话里有话，就问："你说的是谁呀？"

"我是随便说的，莫当真。"老同学搪塞过去了。

叶剑英一查，果然有这样的事。

这引起了叶剑英的警觉。古来如此，有人手里只要有一点点权，就会用它去为自己捞取好处，权力就是这样腐蚀人的。现在还是战乱时期，革命并没有取得胜利，就有人贪污公款，革命真的成功了，手中的权力更大更稳固，那会出现什么样的情况呢？太可怕了！

叶剑英立即召集县府的人讲话。他说："我们新政府的人只能为老百姓办事，不能像旧官吏那样贪污受贿。如果那样做，老百姓就会反对我们，赶跑我们，到那时不但没有了权力，连性命也会丢掉的。"

人们看着叶剑英，有的低下了头。

"孙中山先生讲的民权、民主、民生，就是为国计民生造福，做人民拥护的清官。清官就得清廉，能够守贫。别看'贫'字和'贪'字就那么一点不同，差别可大了！"叶剑英说着提高声音，加重了语气，"谁做贪官污吏是要法办的。我们这里也有这类事，我希望他把赃款交出来。"

叶剑英就是这样的清廉。赖宾庭向一个乡绅借款，还不起太高的利息跑到南洋去躲债，他的妻子提着几条鱼找到叶县长。叶剑英让她把鱼带回去自己吃，派人找来那个乡绅，劝其按正常利息先还本，那个乡绅最后只要了本。

因为叶剑英讲得好，做得也好，人们就非常信服他，报之以热烈的掌声。

会后，那个准备用公款造屋的人，立即将100块银圆退了出来，并向叶剑英作了检查。

叶剑英说："认错退钱是好的。在我们的新政府里，谁都要清清白白地做人办事，你必须改正错误，接受教训。"

掌权人最常遇到的是钱和情的缠绕。钱是诱惑，情是难却。叶剑英这个县长也面对这样的缠绕。

这天，一封告状信送到了叶剑英的手里，那是王寿山附近的乡民状告广福寺的和尚头。

广福寺的和尚头一直自称是佛祖再世，能治病救难，却在暗中欺压民众，敲诈勒索，强奸妇女。过去老百姓向县里告状，和尚头就用银圆买通官府，县长不但不惩办和尚头，还反治告状人的罪，老百姓有苦无处诉。听说来了革命的县长，他们便又一次联名告状。

对那个作恶多端、鱼肉乡里的恶僧，叶剑英也曾听说过，读了告状信更加气愤，立即让人前去调查。

调查的人刚派出去，300块光洋就摆到了叶剑英的面前。是啊，这白花花的银圆，曾买去了多少贪财者手中的权力，曾害得多少百姓继续含冤受屈！叶剑英对送礼的人说："那个和尚是好人就不会送礼了。你回去告诉他，要老老实实交代罪行，他用300块大洋是不能赎罪的。我是为人民做事的县长，别说300块，就是3万块也休想收买我！"

和尚头还是不甘心，又托人请叶剑英的母亲出面求情。叶母是个虔诚的佛教徒，她对儿子说："佛门弟子要为高僧做善事。"

叶剑英说："阿姆，和尚有好人也有坏人。这个和尚不是高僧，是专干坑害百姓坏事的恶僧，我是县长，要秉公办事，为民除害。"

叶母被说服了，说："阿伟，阿姆不管你们的事，你就秉公去办吧。"

根据调查的材料，叶剑英召开公审大会，将那个和尚头就地正法。人民群众拍手称快，纷纷说："这才是人民的县长！"

7. 转向

1925 年，是叶剑英一次又一次显示他才华的一年，也是一次又一次令他悲痛的一年。

1 月，他参加了讨伐陈炯明的第一次东征，苦战淡水，在白茫花的争论中，他的军事主张受到了许崇智、苏联顾问的好评。同时，他进一步接触共产党人周恩来，思想上受到很大影响。

3 月 12 日，孙中山逝世，他痛惜失去革命先行者，发表"关于苏联的革命和经济政策"的演讲，决心掀起反帝、反封建的新浪潮。

3 月下旬，他任梅县县长，平反冤案，整饬政纪，惩办邪恶，受到人民群众广泛的赞扬。

4 月中旬，他亲自组建的香洲独立营发生兵变，27 人被杀害，他含着悲愤追捕凶手，审判罪犯，安抚人心，整顿部队，建烈士墓，写碑记，赋壮词。

4 月下旬，张民达赴汕头途中覆舟罹难韩江，他组织打捞遗体，泪洒江水。

5 月中旬，他率部参加讨伐杨希闵、刘震寰的叛乱，目睹中国共产党领导的省港大罢工和英法帝国主义制造的"沙基惨案"。

8 月 20 日，廖仲恺被国民党右派暗杀。他冒险看望廖夫人何香凝及廖梦醒、廖承志姐弟，亲笔书写挽联："廿载尽忠党国，宏济时艰，赫奕大名满海内；崇朝遭狙云亡，天柱遽折，愁云暗淡笼羊城。"

9 月下旬，参加讨伐陈炯明的第二次东征，进占淡水后，部队改编为第 1 支队，他被任命为支队司令员……

在此期间，叶剑英自己也经历了一次死里逃生的虎口脱险。

陈炯明听说革命军又要东征，就派人坐着"太益号"小火轮到广州绑架东征军的将领。船主陈雨荣打听到第 2 师参谋长、新编团长叶剑英要乘船经澳头前往淡水参加作战会议，就主动热情地将船雇给叶剑英一行。船到海上后，陈雨荣发出信号，陈炯明与港英政府勾结的"稽私船"便开过来，企图逮捕叶剑英。

茫茫海水中，叶剑英和随员司徒发机警地跳进海水里，又爬上一条卖水果的小船逃到香港，然后转道澳门，赶赴淡水前线。

叶剑英的军事才干，也得到了蒋介石的青睐，他在扩充嫡系部队教导师时，任命叶为该师第 2 团团长。

正是这一次次悲痛中的胜利、胜利中的悲痛，使叶剑英看到了许多，想到的更多，仿佛经受过炼狱的洗礼，思想上产生了巨大的变化。

第二次东征，彻底摧垮了陈炯明的势力，广东革命根据地得到统一，工农运动迅速发展。

在北方，帝国主义支持的奉系、直系及孙传芳等军阀，不但控制着京、津、湘、鄂、豫、冀、苏、浙、闽、赣等地，还准备联合起来进攻广东的革命力量。

这就是进入 1926 年的中国局势。

面对如此局势，国民政府在中国共产党的支持和推动下，于 7 月 1 日发表《北伐宣言》，7 月 9 日在广州东校场举行 10 万军民参加的誓师大会。国民革命军总司令蒋介石发表就职宣言，苏联顾问鲍罗廷和共产党人毛泽东、邓颖超、杨匏安、顾孟宇等人也出席了会议。

会场上的叶剑英，心情异常激动。孙中山先生早就想进行的北伐，现在终于实现了。他作为北伐军中的一员，决心要为铲除军阀、夺取胜利贡献一分力量。

顶着烈日，冒着酷暑，13 万国民革命军分为西、中、东 3 路，浩浩荡荡地向湖南、湖北、江西、福建、浙江出发了。参加北伐的 8 个军，分别由何应钦、谭延闿、朱培德、李济深、李福林、程潜、李宗仁、唐生智担任军长。官兵们斗志昂扬，高唱着"打倒军阀"的歌曲，声势十分浩大。

叶剑英原在第 1 军的第 20 师（即教导师），王柏龄任总预备队指挥官后，又把叶剑英要到总预备队指挥部当了参谋长。他协助王柏龄指挥第 1、第 2 两个师，经过郴州、衡阳、长沙，到达岳州驻守。

由于官兵们的英勇作战，由于共产党人的积极参战和发动广大工农群众的大力支援，北伐军激战贺胜桥、夺取汀泗桥，不到两个月的时间，就攻克汉阳、汉口，开始了对武昌的围攻。

这时，在南昌的孙传芳集中 5 个省的联军 10 万余人到江西，准备与北伐军作战。

担负攻打南昌的，是程潜第6军第19师，王柏龄、叶剑英奉命率总预备队的第1师，经浏阳、铜鼓，前往南昌增援。

第一次打南昌很顺利。工人、学生及省署警备队作为内应，北伐军经过激战进入城内。但孙传芳凭借优势兵力和军舰，并坐镇指挥，又很快将南昌夺了回去。北伐军在牛行车站附近与孙部争夺，伤亡惨重。

总司令蒋介石和苏联顾问加伦将军到达前线。加伦将军听取情况介绍，提议休整两周时间，调整部署后再战。叶剑英也同意加伦的意见，力劝王柏龄，但王为了挽回面子，也为了在蒋介石面前表现自己，急忙下令部队反攻，以至造成孤军突进，失利败回。后来蒋介石虽然直接指挥，但也没有把南昌攻下来。

第三次打南昌是10月上旬开始的。第1师代师长王俊没听协助他指挥的叶剑英的建议，先打了一个消耗战。直到10月下旬，战局仍然进展不大。蒋介石制定了《肃清江西计划》，又调李宗仁第7军与李济深第4军、程潜第6军协同作战，并出动飞机大炮，才于11月上旬占领了南昌。

蒋介石的总司令部移住南昌后，先把王柏龄、王俊等人痛骂了一顿，接着召见叶剑英。

叶剑英连饭也没吃，并做好了挨骂的思想准备，一大早就赶到总司令部官邸。但是蒋介石却很客气，不仅特别允许他佩剑晋见，脸上还流出少见的笑容，亲热地说："我们是老交情了。"

对蒋介石的反常举动，叶剑英一时摸不着头脑，因此没有说话。

蒋介石："两次东征，你在军事上很有见地，由于你的参谋，张民达师多有战绩。"

叶剑英："还是张师长指挥有方。"

蒋介石："张民达故去后，我调你去教导师，这次又到总预备队指挥部。这一路来茂如（王柏龄）不争气，你辛苦了！"

这话并不完全是虚伪，叶剑英劝说王柏龄和王俊的事，蒋介石已经知道了。他欣赏叶剑英的才干，因而就器重。

叶剑英："我只尽了一点参谋之责，不足挂齿！"

蒋介石："你是个很有用的参谋人才。现在第1师没人指挥，你去当师长吧。"

1师是蒋介石的嫡系，那里的师长是只有亲信才能当的。蒋介石让叶去当师长，一是确实想利用叶的才干，二是王柏龄是他的亲信，早在黄埔军校筹建时，王就对蒋说叶是他的得意门生。王很重视叶，因而蒋也就把叶视作亲信了。

叶剑英自然看到了这些，但他仍然不愿去第 1 师当师长。他知道那里的部下不好管束，与王柏龄、王俊的关系不好处，更主要的是他还没有看清蒋介石的面目，因而婉言谢绝说："谢谢校长的栽培，可我的身体不大好，还愿继续当参谋长。"

可是没几天，蒋介石把俘虏孙传芳的万余士兵和数百名军官组成新编军，又下令叶剑英为新编 2 师的代理师长。这一次，叶剑英不好再拒绝了。

这是一件困难的事，但叶剑英没有多长时间就整编就绪。他请在云南讲武堂时的同学、朱培德部第 8 师参谋长佴鹗当他的参谋长，委任云南讲武堂第 15 期毕业生、他在粤军的下级李明为司令部参谋，奉命将 2 师部队开赴吉安。

吉安是一个远离南昌的幽静古城。在这里，叶剑英密切关注着时局的发展，注视着南昌和武汉的动向。

那是一个风飞云驰、变化莫测的年月。离开政治旋涡的叶剑英，更便于观察和思考。

1927 年 1 月，蒋介石在南昌召开军务善后会议，对抗国民党中央，决定中央党部和国民政府暂住南昌，准备另立中央，公开反共。

4 月 12 日，蒋介石在上海发动反革命政变，开始屠杀共产党人。

4 月 16 日，周恩来等人建议出师东征讨伐蒋介石。

4 月 17 日，武汉国民政府和国民党中央发表声明，开除蒋介石国民党党籍，免去其所任职务，委任冯玉祥为军队总司令。在南京的蒋介石也公开反对武汉政府。因此，出现了"宁汉分裂"的政治局面。

是归向南京还是归向武汉？两条路摆在叶剑英的面前，他在思索着他的选择。

人生的路上，经常会出现十字路口，时时需要作出选择，而关键时刻的选择并不多。1927 年 4 月，叶剑英作出了他的选择：倒向武汉方面。

选择后的第一个行动，就是通电反对蒋介石。

叶剑英召集全师军官会议，当众宣读了他的反蒋电文，慷慨激昂地说："兄弟们，以前我拥护蒋介石，他是我们的校长和总司令，主张联合民众，所以我们跟着他革命。可是现在他不革命了，背叛了中山先生的遗嘱，公开反对主张

1927年，叶剑英通电反蒋后，从江西吉安去武汉寻找中国共产党。
图为临行前，新编第2师的左派军官为叶剑英送行时的合影。

北伐的武汉国民政府，在上海、南京和其他地方屠杀工农民众。他叛变革命，我们就要反对他！我想了又想，几夜没有睡好觉，如今想好了，决定与老蒋分道扬镳！诸位如何打算，人各有志，我不勉强，愿意革命的，留下；拥护蒋介石的，也请自便！"

通电发出之后，叶剑英带着几个人，化了装秘密赶往武汉。蒋介石开始并不相信叶剑英反对他，得到证实后，即让国民党中央执行委员会永远开除了叶剑英的国民党党籍。

到达武汉后，叶剑英应张发奎之邀，到张任军长的第24军。他之所以这样做，是想暂时在那里待一段，再看看。可不久，以汪精卫为首的武汉国民政府投降了蒋介石，也开始屠杀工农民众。

叶剑英又陷入了沉思：国民党靠不住了，共产党在哪里呢？

叶剑英找到了邓演达，开门见山地问："目前这样的时局，应该怎么办？你是站在哪一边？"

邓演达知道叶剑英是蒋介石欣赏的人，虽然通电反蒋，但他还是不敢完全相信，说："我当然是站在国民党一边。"

叶剑英说："我不能和汪精卫共事，也不向蒋介石屈服。"

在下榻的朝阳旅馆，叶剑英遇到了老相识李世安。李世安也是梅县人，1924

年 6 月在广东大学（后改中山大学）读书时加入共产党，毕业后回到梅县，在东山和学艺中学同时兼任训育主任和国文教员。1925 年东征期间，叶剑英任梅县县长，二人有过较多交往。李世安是 1927 年 2 月离开梅县的，此时在武汉市公安局当主任秘书。从交谈中，叶剑英隐隐感觉到李世安是共产党员。

迷茫中，叶剑英找到李世安，直截了当地问："告诉我，你是不是共产党员？"

室外，夜空阴云密布，闪电划过，雷声滚滚；室内，灯光照着两个人的脸庞。

李世安看了叶剑英许久，轻轻地点了点头。

"可把你们找到了！"叶剑英激动地说，"现在我看得更清楚，靠国民党不行了，只有共产党才能领导我们革命。如果你相信我，就介绍我参加共产党吧！"

这是叶剑英第二次提出加入中国共产党的要求了。第一次是两年前第二次东征后，他向中共广东区委书记熊锐提出的。熊锐告诉他，党组织讨论过，认为他是国民党嫡系军队的高级军官，要经过长期考验，后来就再也没有音信了。

"好！我介绍你！"李世安爽快地说。

怎样才能使叶剑英尽快入党？李世安担心出现波折，就直接找到周恩来，汇报了叶剑英要求入党的迫切心情。

周恩来未加思索地说："他的底子我知道，是好的，我们应当欢迎！"

"如何办手续呢？"李世安问。

周恩来说："请他正式申请，你负责介绍就是了。"

1927 年 7 月上旬，经周恩来同意，中共中央批准叶剑英为中国共产党正式党员。

此时，杀害共产党人的腥风血雨正弥漫在中国大地上。

8. 两次起义

国民党和共产党的第一次合作破裂了。

一边是大肆屠杀的白色恐怖，一边是前仆后继的不屈抗争。

无法忍耐的中国共产党人，愤怒擦干身上的血迹，迅速掩埋好同伴的尸体，总结过去的经验教训，决定发动已经掌握和影响的军队，在南昌举行武装起义，并成立了以周恩来为书记的前敌委员会，组织和领导这次武装起义的工作。

叶剑英虽然已经加入了中国共产党，但奉命仍然秘密留在国民党军队中，担任张发奎第 2 方面军第 4 军的参谋长，随部队到达九江。

住在风景秀丽的庐山上的汪精卫和张发奎，嗅到了共产党要进行武装起义的气味，同时也察觉到他们的新编第 20 军军长贺龙、第 11 军 24 师师长叶挺深受共产党的影响，是很大的危险，便秘密策划以张发奎的名义先邀贺龙、叶挺上庐山开会，予以扣留，然后再命这两支部队开到九江与南昌之间的德安，用 3 个军的兵力将其包围缴械。

叶剑英知道了这个消息，心头一惊。如果汪精卫和张发奎得逞，对共产党的损失太大了。于是，他邀请叶挺、贺龙等人游览甘棠湖。

位于九江市中心的甘棠湖，由庐山下流的泉水汇聚而成，三国时期是周瑜操练水兵的地方。湖中的烟水亭，倒映在碧波之中。当叶剑英坐的小划子到烟水亭的附近时，贺龙、叶挺、第 2 方面军指挥部秘书长高语罕和第 4 军政治部主任廖乾五也来了。除贺龙以外，其他人都是中共党员。

仿佛偶然相遇似的，人们互相打着招呼，互致问候，叶剑英邀请人们上了同一只小划子。

清风徐吹，湖水如镜，小划子驶过，溅起道道涟漪，阳光又洒下金星点点。如果平时，在这优美的景色里荡舟畅叙，确实别有一番韵味。可是，小划子上乘坐的几个人知道这不是平常的赏景，都把焦急的目光朝向叶剑英，询问发生了什么事情。

叶剑英压低声朝贺、叶说："他们要你们二位上庐山。"

"他们"，自然是指汪精卫和张发奎，说的人明白，听的人也明白。

贺龙："要我们上山搞什么名堂？"

"名义是上山避暑，商议军情，实际上是要把你们扣起来，罢掉兵权。"接着，叶剑英又讲了汪精卫、张发奎处置部队的计划。

叶挺问："贺军长，你上不上庐山去？"

贺龙说："不去，坚决不去！他们这是黄鼠狼给鸡拜年，没安好心。我们不上庐山，也不去德安，只去南昌！"

叶挺："好，我们不能去庐山。"

高语罕："应该有个对策。"

很快，他们确定了这样几条：（一）贺、叶不上庐山；（二）不接受张发奎的命令，贺、叶部队立即开往牛行车站，乘火车去南昌；（三）叶部先行，贺部后行。

叶剑英："事不宜迟，赶快行动。以后你们有什么行动请及时通消息。"

贺、叶部队不顾张发奎一次又一次的严令，快速开赴南昌，参加了 8 月 1 日凌晨由周恩来领导的武装起义。

叶剑英是在九江听到这个消息的，他心情振奋，但脸上不但不能表现出来，还得装出严峻的样子参加张发奎召集的高级军事会议。

那是张发奎听到自己部下一个军和近两个师的部队跟随共产党暴动而召开的商讨对策的会议，参加者有黄琪翔、朱晖日、叶剑英等人。

张发奎气急败坏地说："我待贺龙、叶挺不薄，他们公然叛变，于公谊于私情都不可谅解。"

室内寂静。

叶剑英心里窃喜。

黄琪翔没有吭声。

朱晖日说："应该立即追杀那些逆贼！"

叶剑英心头一动，若真的追击，起义军就会前后受敌，异常危险。恰好这时张发奎询问的目光扫视着会场，和叶剑英思考的目光相碰。

叶剑英："现在的形势是，贺、叶部均已撤离南昌，南下广东，广东李济深必不相容而派兵出击，广州城便随之空虚，这正是我们南下广东的最好时机。如果我军打起'讨逆'的旗号，比跟着贺、叶屁股打，两败俱伤要好多了。"

南昌起义刚爆发，南京的蒋介石、武汉的汪精卫就电令张发奎、朱培德调集各路兵马"进剿"贺、叶及起义军，张发奎也亲自去过马回岭，但被聂荣臻、周士第射出的子弹逼了回来。所以听了叶剑英的分析，张发奎微微点头，示意继续说下去。

叶剑英说："我们到广东可以重新做起，尾追贺、叶不仅徒耗兵力，还是没有立足之地，又怎样实现总理遗嘱，重新北伐呢？"

张发奎一直有回广东立足的企图，叶剑英的话正好说到他的心里，因此没有采纳朱晖日的意见，只派出一部分兵力虚张声势地追一番了事。

当叶剑英离开九江随张发奎部南进时，心里既欣慰又遗憾。欣慰他的通风报信和"计中计"起到了作用，遗憾的是没有能够直接参加共产党领导打响的第一枪。

叶剑英的这个遗憾，很快就得到了弥补。

回到广州后，叶剑英仍在张发奎的第2方面军第4军当参谋长。不久，他秘密与黄锦辉取得了联系。

黄锦辉是黄埔军校毕业生，参加过讨伐陈炯明的东征战役，1926年年底周恩来调离广州，就由他负责中共广东省委军委的工作。他听了叶剑英关于教导团南下以及准备在广州起义的汇报，传达了中共中央要广州发动起义的指示和准备情况，同时要求叶剑英在张发奎的第4军中站稳脚跟，利用矛盾、分化削弱敌人。最后叮嘱说："对张发奎不能抱幻想，要千方百计控制住军官教导团。"

"我一定做到。"叶剑英知道，军官教导团是起义的基本武装力量。

军官教导团的前身，是中央军事政治学校武汉分校的师生。这个学校组建于1926年年底，邓演达代理校长，恽代英任政治部主任，陈毅任中共地下党书记，因为革命势力在学校占优势，被称为"赤子赤孙"。1927年7月15日汪精卫发动政变那天，国民革命军第1方面军总指挥唐生智命令全军校师生开到洪山野外演习，密令军长何键、李品仙、刘兴等率部包围歼灭。

叶剑英找张发奎说："把这股武装力量收编过来，会壮大2方面军的力量。"

张发奎一心想扩大自己的实力，便亲自出面交涉，将其改为第2方面军军官教导团，总共3000多人。中共中央原想让教导团参加起义，因途中受阻，8月4日才到达九江。这时张发奎开始"清党"，已经暴露身份的陈毅等中共党员先后撤走。教导团团长由原第2方面军参谋长谢膺白兼任。他在和叶剑英交谈时说："这个教导团不好管啊，我是老鼠钻风箱两头受气。我早就不想兼这个团长了。"

叶剑英趁机说："参谋长，你的事多，不兼这个团长也好。如果一时找不到合适人选，我就先代你管着，怎么样？"

谢膺白立即表示同意，张发奎也批准了。于是，叶剑英就带着军官教导团经过吉安、万安、南雄，跋涉千余里，到达花县新街。很快，叶剑英又说服张发奎，将其调到广州市内，住在4标营。他虽然为避嫌辞去了团长的职务，但还是时刻关注着这支部队。

这期间，被张发奎驱走的桂系李济深、黄绍竑，又组成东西两路军以夹击广州。东路以 11 军两个师从汕头向惠州方向前进，陈铭枢为指挥；西路 15 军和 13 师等 4 个师集结于梧州，黄绍竑为指挥。

在张发奎召开的军事会上，有人主张先打东，有人主张先打西，有人主张东、西同时打。

叶剑英主张先打西，他说："东路陈铭枢由福州进至潮汕后，还没有打过仗，没有什么消耗，实力是比较强的，自然难打；西路的黄绍竑部，刚刚被我们打败，是收集起来的残兵，人数虽然多些，但是战斗力不强，况且又立足未稳，因此比较好打。"

张发奎赞成叶剑英的这个分析，采纳了先打西路黄绍竑的意见。

看到这情景，叶剑英又建议说："要打梧州，以速战速决为好，应全力以赴。"

他之所以这样建议，除了军事上的理由，还有另外不能说出的用意，那就是尽量减少广州市内张发奎部队的数量，给起义创造条件。

叶剑英的目的达到了。张发奎任命黄琪翔为前敌总指挥，率第 12、26 师开到肇庆、梧州一带，教导第 2 师增防西江，薛岳师和李福林的两个团去江门、四邑，其余部队到广州外围防守，广州市内的防务则交由叶剑英负责，而市内的部队也只有叶掌握的教导团和警卫团 1 个营。

广州起义的原定日期是 12 月 12 日，但 12 月 10 日那天，共产党在广州城外秘密制造的手榴弹装在大米袋里运往市内时，被敌人的岗哨盘查发现了。

张发奎对 3 个多月前的南昌起义还记忆犹新，这米袋子中的手榴弹又传来了浓浓的火药味。他一方面急调黄琪翔的部队从西江前线赶回广州，另一方面下令另一支军队向广州集中，同时发布戒严令，要缴军官教导团的枪。

叶剑英对张发奎说："总指挥，据我观察，所谓共产党暴动的情报并不可靠，我们切不可杯弓蛇影，耽误了前线的战事！"

张发奎还是难消疑虑，摸摸口袋里汪精卫要他火速解散军官教导团和查封工人赤卫队总部的电报。

"共产党发动的南昌起义业已失败，贺龙、叶挺部也败走汕头，绝对没有力量在广州暴动，总指挥千万不可轻信谣言。"叶剑英继续说，"我是教导团的老团长，了解他们的作为。如果发生了什么事，光凭警卫团也完全能够对付！"

听叶剑英说得如此肯定，张发奎便相信了。

12月10日午夜，教导团的几名战士悄悄摸进参谋长朱勉芳的卧室，将其杀死。

12月11日3时30分，教导团的官兵们臂缠红布条，冲出营房。东路直指沙河，打垮驻在那里的步兵团，俘虏600余人；接着歼灭1个炮兵团，协助工人赤卫队占领了公安局。中路的一部分和工人赤卫队攻占了省府及其以北的制高点观音山。南路的警卫团3营及工人赤卫队一部向第4军军部发起进攻……

被枪炮声从梦中惊醒的张发奎，抓起电话就说："告诉叶参谋长，让他速派兵镇压！"

此时的叶剑英，正指挥起义军扩大战果，向纵深发展。

起义军争夺的重点，一直是制高点观音山。

12月11日黄昏，叶剑英到达前沿阵地，亲自命令教导团炮兵连连长田时彦："迅速前往观音山，解决叛变的第2连，然后架好炮轰炸第4军军部。"

12月12日拂晓，李福林第5军在帝国主义军舰炮火的支援下向江北市区发起进攻，先后4次都被起义军击退。

12月12日中午，薛岳部从江门增援到广州，一次次向观音山发起攻击。敌人的1个团夺取观音山，向吉祥路冲来，威胁着新成立的苏维埃政府。叶剑英命令教导团团长李云鹏带人夺回了一部分观音山阵地。

12月12日中午，军委书记、这次起义的领导者张太雷听到大北门枪声激烈，便向那里赶去，在惠爱西路遭敌伏击，连中3弹，当场阵亡。

12月12日午后4时，叶剑英对教导团第3营10连连长邱维达说："你火速带全连跑步前往观音山，支援那里的部队坚决守住观音山。那是全城的制高点，决不能丢失！"

敌人从各个方向压过来，起义军兵力不济，只好且战且退。

12月12日傍晚，枪声炮声更加激烈，空气中流动着呛鼻的硝烟味，西斜的落日绘出苍凉和悲壮。

形势更加严峻了！总指挥部命令起义部队撤出广州。

正在阵地指挥作战的叶剑英没有接到撤退的命令。他从长堤巡查到苏维埃政府时，人全走光了。楼上财政部长办公室的桌子上和地上都是 50 元、100元的钞票，他瞥了一眼便匆匆下楼。

叶剑英意识到起义失败了，部队已经撤走，便隐蔽到沙面的租界里。第三天拂晓，在共产党地下交通员、广州铁路职工李运全的掩护下，他装扮成铁路工人潜往香港。

第 3 章

———

万水千山路

9. 在江西苏区

离开上海，在香港告别母亲，又经过闽西，终于踏上了江西这片陌生而又神秘的土地，叶剑英的眼中充满了新鲜与好奇。

这是 1931 年 4 月初。连绵起伏的山峦，长满苍绿的树木、各种各色的野花。明镜般的水田里，青翠的秧苗茁壮成长，三三两两的农民，或扬鞭驱动牛群，或施肥灌水拔草。村头路口，有手持红缨枪的少青儿童，盘查过往的行人。偶尔有列队的军人走过，灰布的军衣军帽，缺乏营养的脸上挂满疲惫，但踩出的脚步声很雄壮很有力。

这就是周恩来讲述的江西苏区呀！虽然没有平坦的马路，没有汽车高楼，但叶剑英还是感到新鲜和亲切，让他想到雁洋堡的村庄和山野。

临离开上海时，周恩来在一个秘密房间里和叶剑英谈话。

周恩来："在苏联学习得好吗？"

叶剑英："我是 1928 年 12 月 20 日从上海出发去莫斯科的。我本来想学习军事，回国后搞武装斗争，可是却分配我到中国劳动者共产主义大学去学习政治理论。我被分在特别班，班里还有董必武、何叔衡、林伯渠、徐特立、吴玉章、夏曦、赵世炎、杨之华等同志，主要课程是社会发展史、辩证唯物主义和政治经济学等。"

周恩来点点头，说："你有10多年的军旅生活，积累了不少实战经验，再学习一些政治理论很有好处。现在，我们中国共产党主要的任务就是武装斗争，政治的军事的本领都用得上。"

叶剑英："通过两年系统地学习马列主义，参加了一些政治活动，我也感到思想认识上比起前几年提高了不少。"

周恩来："你和伯承、傅钟、卓然等同志翻译的苏军步兵战斗条令及政治工作条例，已由军委送往各苏区，供红军作战、训练参考。"

叶剑英："不知能不能起到一些作用。"

周恩来："当然还得结合我们自己的实际。如今决定你到江西苏区去工作，可以亲眼看一看。你有什么意见吗？"

"我完全服从党组织的决定！"叶剑英说，"只是我对那里太不熟悉了，请你多介绍一些那里的情况。"

周恩来说："江西苏区是毛泽东同志带领的秋收起义余部、朱t德同志率领的南昌起义余部以及彭德怀同志领导的平江起义的余部会合后，经

图为20世纪30年代中央苏区时的叶剑英。

过几年艰苦奋斗创建起来的。目前，那里正在反对国民党的军事'围剿'。他们已从实践中总结出一套游击战的打法，这次'围剿'也一定能打破。那里很需要人，我也很想去那里，可是现在走不了。你是新当选的苏区中央局军委成员，去那里后，先到军委参谋部工作……"

叶剑英到达军委总参谋部时，第一次反"围剿"虽然已经结束3个多月，但军民们还在为胜利而欢欣鼓舞。因为他担任的是编辑委员会的总编辑，负责收集红军斗争的历史材料、介绍苏联及其他国家的军事著述，所以知道朱德、毛泽东是怎样采取诱敌深入、集中优势兵力的战法打破"围剿"取得胜利的，怎样活捉国民党军前敌总指挥、第18师师长张辉瓒的，从而加深了对游击战争的了解。

如果说这是耳闻，那么第二次反"围剿"作战方针的制订及其胜利，就是叶剑英的亲眼所见，使他从心里佩服毛泽东、朱德的军事指挥艺术。

那是在苏区中央局召集的紧急会议上，中央局代理书记项英支持一些人"分兵退敌"、到根据地外面去打或者退出苏区摆脱敌人的主张，毛泽东、朱德等人坚决反对，主张仍然用诱敌深入的作战方针。因为两种意见不能统一，中央局不得不又召开各军军长、政委的会议，经过讨论，肯定了毛泽东、朱德的战略方针。

但在如何打的问题上，又出现了分歧：有人建议先打弱的，有人提出先打强的，毛泽东却主张先打中的。他说："中等敌人一打，那些虾兵蟹将就会逃之夭夭。先在赣江西边打兵力虽多但战斗力弱的第5路军，打垮他们之后，我军就可以向东发展，在建宁、黎川、泰宁扩大和建立根据地。"

叶剑英边记录边思考。他赞成这种打法，但因初来乍到，没有明确说出来。

毛泽东坚持的打法取得了胜利。红军以3万兵力，在15天内，由西向东横扫700里，连续打了15个胜仗，歼敌3万余人，又一次打败了国民党20万军队的"围剿"。

参与了这次战役指挥的叶剑英，欢欣鼓舞。那时，他还没读到毛泽东写的《渔家傲·反第二次大"围剿"》："白云山头云欲立，白云山下呼声急，枯木朽株齐努力。枪林逼，飞将军自重霄入。七百里驱十五日，赣水苍茫闽山碧，横扫千军如卷席。有人泣，为营步步嗟何及！"几十年后，当他读着这首词时，眼前还会出现他当年初到江西苏区时参与的第一仗的情景。

这一年，红军第三次打破国民党的军事"围剿"，11 月 7 日至 20 日，在江西瑞金举行中华苏维埃第一次全国代表大会，宣告成立中华苏维埃共和国，毛泽东任主席。随后成立了中华苏维埃共和国中央革命军事委员会，由朱德任主席，王稼祥、彭德怀任副主席，叶剑英任委员兼总参谋部长（即总参谋长）。

这是江西苏区的全盛时期，连续打破国民党的 3 次军事"围剿"，军民士气更加高涨，虽然已经进入冬季，但根据地里仍是热火朝天，特别在红军部队和各机关里，更是沉浸在欢乐之中。

作为参谋部长的叶剑英，并没有被胜利陶醉。敌人还会来"围剿"的，自己的任务是协助朱德等人指挥红军作战，在完成这一任务的过程中，司令部机关起着极为重要的作用，为此必须加强它的建设。

那是人民军队的初创时期，各方面都处在摸索和发展之中，有不少东西是从旧军队中沿袭下来的，司令部的建设也不例外。

叶剑英虽然到达这里的时间很短，但已从实践中看出了不少亟待解决的问题，比如，参谋工作制度不那么适应战争的需要，组织分工不够完善，和部队的联系不那么畅通。随着部队的不断成长发展，战争规模的不断扩大，这样的司令部机关在战争的指挥上会造成失误，甚至导致失败。自己是参谋部长，有责任解决这些问题，使司令部机关更好地为毛泽东、朱德指挥作战服务。

怎样加强司令部机关的建设呢？国民党军队的那一套，苏联红军的那一套，都只能参考，不能照搬照用，必须从红军自己的实际出发。叶剑英深入调查部队情况，又反复认真地思考。应该建多大的机关，是精干一点还是庞大一点？这是全军的领率机关，要短小精干，办事效率高。在干部的选配上要任人唯贤，不分亲疏厚薄。于是，他向中革军委提出了一个"建设精干的统帅机关"的建议以及为实现这个目标的一些具体设想。

中革军委主席朱德很赞赏叶剑英的建议，给予了热情和大力的支持。有着类似军旅生涯、担负共同作战任务的指挥员，见解和心思是一样的。

根据朱德的建议，叶剑英在总司令部组建了 4 个职能局：第一局（作战）、第二局（情报）、第三局（通信）、第四局（供给），并分别委任左权、钱壮飞、翁瑛、杨至诚为局长。左权是大革命时期的干部，到苏联深造过，曾任红 5 军团 15 军政委，军事学识渊博；钱壮飞、翁瑛是从白区来的，有丰富的地下和情报工作经验；杨至诚参加过南昌起义，在井冈山时是红 4 军的副官，擅长于军队的后勤供给工作。

局长确定之后，叶剑英就和他们一起总结 3 次反"围剿"中参谋工作的经验和教训，吸收大革命时期北伐战争和苏联军队有益的参谋业务。这样做，不但开创了司令部工作的新局面，而且有着红军自己的鲜明特点，更适合作战指挥的需要。比如，作战局除作战科以外，还增设了机要译电科、教育训练科、地面侦察科、生活管理科。当时行军主要靠向导，有人不识地图也就不注意利用它，缴获敌人的地图就随便扔掉。鉴于这种情况，叶剑英建议新成立了一个测绘地图科，专门收集地图，组织参谋人员学习利用地图指挥行军作战。

当时是有什么样的条件打什么样的仗，叶剑英也是有什么样的需要就搞什么样的司令部建设。他组织电台侦听、破译敌人的无线电信号，从中获取敌军情报；他统一全军的军号号谱，主持召开司号员会议，使全军在统一的号音下行军、作息、战斗。他多次召集师以上参谋长开会，讲苏联红军的经验，讲《孙子兵法》，研究反"围剿"的战略战术；他还带领参谋们研究苏联红军的参谋工作条例等，结合实际编写红军自己的条令、条例，从而提高了参谋人员的业务水平。

叶剑英所做的这些在人民军队的司令部建设上是具有开创性的，它不但提高了司令部的工作效率，迅速沟通了与其他战区的指挥、联系关系，更好地为朱德等人指挥作战服务，而且为中国共产党领导下人民军队的参谋事业建设打下了基础。后来人民解放军的总参谋部，基本上是在这个基础上充实和发展起来的。

1932 年 10 月的江西苏区，一片丰收景象。成熟的金黄色的稻穗沉甸甸，等待着人们收获。已经割过的水稻田里，清水倒映着蓝蓝的天空、洁白的云朵。坡坡岭岭上盛开的鲜艳野花，在秋风中传播着芬芳的香气。

踏着秋色，披着秋光，叶剑英来到瑞金城东的谢家祠堂，走进设在这里的中国工农红军学校。宁都会议后，上海的中共临时中央电示苏区中央局，命令叶剑英和刘伯承对调，叶剑英任红军学校校长兼政委，同时兼任瑞金卫戍区司令，刘伯承调任红军总参谋长。叶剑英就是来接任的。

刘伯承和叶剑英是老熟人、老战友。早在北伐和南昌起义时他们就认识，又先后到莫斯科去学习过。那是在莫斯科，一天叶剑英找到刘伯承学习的苏联高级步兵学校，请教如何学习外文，刘伯承文绉绉地说："余年逾而立，初学外文，未行之时，朋侪皆以为虑。目睹苏联建国之初忧患饥饿，今日已能饷我牛奶面包。每思川民菜色满面，'豆花'尚不可得，更激我钻研主义、精通军事之报国之心。然不过外文这一关，此志何由得达？"

吃饭时，刘伯承拿出平时很少用的"生活优待卡"招待叶剑英。叶剑英乐哈哈地说："高级步兵学校就是'高级'，以后我一定常来向你讨教兼讨吃！"

如今，两双手又紧紧握在一起。

刘伯承热情地说："年初我来红校，毛泽东对我说，新旧军阀都懂得，有权必有军，有军必有校。国民党办了个'黄埔'，我们要办个'红埔'。你这个当年黄埔的教授部副主任来了，会把红校办得更好的。"

叶剑英说："谁不知道你已经把红校办得初具规模了，这可是为我打下了好基础。"

"还差得很远。"刘伯承说，"我可是听说你对司令部的参谋业务抓得很有成效，我也是坐享其成了！"

"咱们就别互相吹捧了。"叶剑英笑着说，"还是请你多给我介绍些学校的情况吧。"

"好。"刘伯承说，"这个学校是去年秋天以闽粤赣军区彭杨军事学校和1、3军团随营学校等为基础建立起来的，校长是萧劲光，我是去年年底从他手里接过来的，条件比过去好多了。现在设训练、政治、校务3个部，训练部长林野、政治部长欧阳钦、校务部长杨至诚。在校学员1000余名，保持战斗序列，编成连队，学制3—6个月不等，具体时间根据所学内容和前线需要情况而定。教学内容主要是军事政治理论、战略战术、政治工作和部队管理教育等。"

叶剑英："你已经办得很正规了。"

刘伯承："有些领导和教员不安心学校工作，想到前线去打仗，教学质量也有待提高。"

叶剑英："这也是普遍的问题，真正的军人都喜欢炮火硝烟，当初蒋介石还辞职呢。不过我一定按你说的，注意抓好这两个方面的工作。"

刘伯承："过些天第3期学员就要毕业，他们的毕业典礼就交给你了。"

叶剑英："我这可是无功受禄呀！"

中国工农红军学校第3期学员的毕业典礼，是11月初在学校前面的操场上举行的。深秋时节，环山的松树青绿苍翠，清澈的绵水缓缓流淌，蔚蓝色的天空澄碧如洗。荷枪的学员们整齐列队，精神抖擞地站在操场上，场面威武而壮观。

叶剑英站在木板搭起的检阅台上。他头戴淡灰色军帽，身穿灰色旧军衣，腰带上插一支手枪，脚着布草鞋，绑腿打得很整齐。他威严的目光扫视着面前的学员们，学员们也看着他。

在雄壮嘹亮的军号声中，荷枪的学员们依次通过检阅台前。那有力的踏踏脚步声，"壮大红军""保卫苏区"的口号声，在群山间回响，向远处传去。附近的老百姓也远远地观看，有男有女，有老有少。

检阅之后，叶剑英大声说："同学们，你们是红军学校第3期的学员，经过半年的军事、政治训练，各项课目都进行了考试与鉴定。你们按计划完成了预定的学习任务，取得了良好的成绩，现在准予你们毕业。你们马上就要回到前方和各个岗位去了，我代表学校全体同志向你们表示热烈的祝贺！"

这几句话，既是宣布学校的决定，也是表达美好的祝愿，在毕业学员的耳畔回响，大家情不自禁地激动鼓掌，哗哗的掌声是对叶剑英讲话的回应。

叶剑英抬起双手向下一按，掌声顿时停息。他继续说："我们苏区的红军，从三四年前的几千人发展到今天的几万人，这是伟大的胜利。但是，由于绝大多数干部没有受过基本的军政训练，组织指挥能力与实战需要有很大差距，急需培养提高。蒋介石连续3次对苏区'围剿'失败，正在纠集重兵，发动更大规模的进攻。我们面临的任务，就是积极迅速地扩大红军，保卫根据地。扩大红军就需要大批训练有素的基层干部，所以轮训干部是加强红军建设、保卫根据地胜利果实的一项战略措施，是头等大事。我们红军学校重任在肩，一定要继承刘伯承校长培养的传统和作风，把红校办得更好，竭尽全力为革命培养更多的人才。"

在场的不少人都知道，叶剑英所讲的这些话，是他对学校的情况进行详细调查后说的，很有针对性。为此，他不但和林野、欧阳钦、杨志诚等部门领导交谈，还找第一线的教学人员和学员们进行了座谈。

最后，叶剑英提高声音说："毕业的学员们，到前方去吧，把你们所学的知识带到红军中去，创造铁的红军，以英勇斗争的精神，去消灭敌人！我们学校的领导和教员们，也要做好迎接新学员的准备！"

果然，送走第3期学员，迎来了第4期学员，这一期共有学员2100多人。为了办好红军学校，培养好这些学员，叶剑英找不安心的教员谈话，修订军政训练计划，确定军政时间比例，平时既当领导，又当教员，不但亲自审定训练计划，还给学员讲课示范。无论山间的羊肠小径、密林夜雨里进行的攻防课目训练，也无论是选择地形、野外演习，他都坚持参加，所以编写《步兵战斗条令》《指挥艺术》等教材和具体事务性工作，只能放到没有野外课目的夜间进行。他住的竹楼上，灯光常常亮到深夜。

这一天，暮色还未降临，叶剑英就到了楼上他的住室也是他的办公室。这时，国民党军队对中央苏区的第四次军事"围剿"已经展开，叶剑英又被任命为东南战区的总指挥兼政委，不但管着学校，还得以更多精力和时间考虑反"围剿"的战斗。他组织了闽西、赣南独立师、独立团，以及闽西、上杭一带的地方武装，破坏道路，断敌交通，迟滞由闽入赣的国民党军队的行动。现在，他仍然想着反"围剿"的事。

夜深了，早春的夜风还很冷，桌上的油灯闪烁着昏黄的光焰。坐在灯前的叶剑英，一会儿埋头阅读文件，一会儿仰面沉思，战斗的事，学校的事，轮流在他的脑海中翻卷，如同奔腾不息的流水。

这时，机要秘书吕继熙走上楼，将一份敌情通报送到叶剑英的面前："校长，这是刚收到的。"

叶剑英接过文件，但没有马上看，抬起头问："你腿上的疖疮好了没有？"

前些日子，吕继熙的腿上生了疖疮，痒得厉害。叶剑英知道后，不但减少了他的工作量，还找医生给他治疗，督促他早晚用热水洗一次，以起到消毒作用。现在听到叶剑英在办学校和指挥作战中还记着他的病，吕继熙心里十分感动，说："基本好了。"

"不要大意。"叶剑英说，"还要坚持用热水洗，直到完全好了为止。"

吕继熙看着叶剑英疲惫的脸色，说："校长，时间太晚了，早点休息吧。"

叶剑英："我很快就办完了，你不要等我，先去睡吧。你年轻，瞌睡多。"

吕继熙走后，叶剑英打开文件，还是敌人"围剿"的事。他眼睛看着文件，心里盘算着东南战区的作战。目前，应抓住西南反蒋的有利时机，集中全力在北线与敌军决战，以结束第四次战役，开展新的局面。他在心里计划着，怎样将东南战区所属的武装和红校第5期学员统一编成5个纵队，以迎击敌军进犯；把南线的两个师送到北线，将南线的红12军抽调到北线，将闽西4县的地方武装组建成红19军，把红校即将毕业的400多名连级干部全部送到北线主力红军，让红校看护连的 80 名学员提前毕业，分配到前线去……

想着，叶剑英拿起笔在面前的纸上写道：

中革军委、总司令、总政委：

前电谅达。东南部署，除独立师、团全线出击并准备 3 师及 10 师随时可以集中（19 军经常集中）以打击敌人弱点，消灭敌人一部，以配合主力行动外，尚有以下几个方面……

接着，他又从卫戍、备战、军队、游击、民众组织及兵力安排等 6 个方面，详细讲了东南战线的军事部署。

叶剑英的这些意见，得到了中革军委的采纳。

那是一个烽火连绵的年代，战局瞬息万变，人员及其职务也变化得相当快，今天这儿这个职务，明天那儿那个职务，除了打仗的因素，还有内部斗争的因素。身处这样环境和条件下的叶剑英，自然不能例外。

1933 年 5 月，中华苏维埃临时中央政府下令将中革军委由前方移至瑞金，项英为代主席；前方另组中国工农红军总司令部兼红 1 方面军司令部，朱德为红军总司令兼红 1 方面军司令员，周恩来为总政委兼红 1 方面军政委，叶剑英为红军总参谋长兼红 1 方面军参谋长。1934 年 1 月，红 1 方面军总部与中革军委合并。2 月，中革军委进行改组，朱德任主席，周恩来、王稼祥为副主席，刘伯承任总参谋长，叶剑英任副总参谋长。4 月，叶剑英又被任命为中华苏维埃共和国福建军区司令员。

到这时，国民党军队对中央苏区的第五次军事"围剿"，已经进行了 11 个月之久。蒋介石指挥的 50 万大军，从各个方向包围过来，政治上施行保甲制度和连坐法，经济上实行严密封锁，军事上采取持久战和"堡垒主义"。而红军采取的是"御敌于国门之外"的战略方针，要求红军在苏区外战胜敌人。红 1 方面军先在敌人主力和堡垒之间连续作战近两个月，不仅未能御敌于苏区之外，反使自己遭受很大损失，完全陷入了被动地位。接着，红军又采取消极防御的战略方针，处处设防，节节抵御，与敌人拼消耗，更加削弱了自己本来就不强大的力量。

叶剑英到福建军区上任后，就指挥军区机关和地方部队投入激烈的战斗。

军民们坚壁清野，断桥断路，骚扰敌人，为打破国民党的"围剿"而英勇参战。

龙燕镇一带是福建军区的前沿阵地，作为司令员的叶剑英时时关注着这里。一天，参谋急急报告说："敌人一个军的兵力向龙燕镇和扁山要地进犯。"

叶剑英知道，龙燕镇有红军 1 个师，扁山只有 1 个团的兵力。他眼睛看着地图，脑海里飞快地思考，然后说："命令部队放弃龙燕镇和扁山，向长汀方向退却。另外，让部队派一点人，利用山地的有利地形声东击西，牵着敌人的鼻子在山里兜圈子，军区机关也马上向汀州转移。"

参谋嘴里说着"是"，可是并没有走。

叶剑英从他的表情上看出这参谋似乎不同意自己的话，就说："敌我力量悬殊太大了，我们不能和敌人硬拼，必须保存有生力量啊！"

参谋："上面只准前进，不准后退，这样做会很危险的。"

叶剑英："打仗嘛，就得有进有退。咱们红军是打得赢就打，打不赢就走。你去告诉部队吧，一切后果由我负责。"

参谋敬礼后走了出去。

叶剑英轻轻地摇了摇头。

福州军区的机关和部队在向汀州转移。山高林密，路途险恶。叶剑英和司令部机关走在一起。

撤出不久，来到一条河边。叶剑英察看了一会儿地形，便让机关继续前进，留下一部分兵力，由他亲自指挥，在河边有利地形上隐蔽起来。当敌人 1 个营追过来时，他一声令下，战士们迅速跃起，如猛虎般突然扑向敌群，将其歼灭，缴获了一批枪支弹药。

撤退途中叶剑英才骑上马。这匹马是他的，但他平时很少骑，今天之所以骑马是为了追赶军区机关。

正走着，叶剑英看到路边有几个人围着 1 名伤员，他边跳下马边问："伤得怎么样？"

"报告首长，他已经牺牲了，我们准备把他放到下边的草丛里，防止后面敌人追过来。"一个班长模样的人说。

叶剑英走到伤员身边，伸出手抚摸着，发现脉搏还在跳动，就说："他还活着，你们立即把他送到后方去抢救。要快！"

这时，后面又响起枪声，是敌人追了过来。叶剑英用命令的口气说："你们抬着这个伤员先走，我来阻击敌人，掩护你们！"

看到司令员这样，几个人抬起了伤员。

叶剑英弯腰为伤员整整衣服，对其他人说："收容伤员时一定要仔细，不能粗心大意。每个红军战士都是我们的阶级兄弟，只要还有一口气，我们就要想尽一切办法抢救。多救出一个红军战士，就为革命多增加一分战斗力量。要爱护我们自己的阶级兄弟呀！"

福建军区的前线指挥所转移到了汀州至连城之间的凤凰山。叶剑英根据得到的敌情报告，和师长周建屏、政委黎林商量，决定发起攻打连城的战斗。他们在山顶上的一座破庙里，研究了战斗方案和兵力部署。

但是，当部队发起总攻时，却遭到了敌人的猛烈阻击。原来是侦察情报有误，敌军不但在数量上占有优势，而且依据碉堡河川的有利地形进行顽抗，红军难以取得胜利。

随部队前进的叶剑英发现情况不对，毅然决定放弃攻城，派参谋带着通信员到前沿阵地向师长周建屏传达他的命令："立即撤退。"

部队趁着黄昏后的暮色，分批退出战斗，避免了更大的损失。

战斗失利了，叶剑英主动承担责任，并向中革军委作了检讨。

这时的中革军委，领导权实际上掌握在共产国际东方部派驻中国的洋顾问李德手里，第五次反"围剿"就是按他的指挥打的。

李德本来对叶剑英抱有成见，听到这次攻打连城的失利，就把叶剑英从福建军区调回军委总参谋部任第4局局长。

对李德的做法，许多人有看法，他们为叶剑英抱不平。

叶剑英坦然地说："1927年春，北伐军打下南昌，蒋介石亲自让我到他的嫡系第1师去当师长，还答应每月多给我几万块光洋。如果我要做大官，早就跟蒋介石走了，但我要干革命，为人民。革命事业还很长，我做什么工作都是为革命，不能斤斤计较。"

10. 踏上漫漫险途

在王明错误路线横行之际，在博古、李德的错误指挥下，红军第五次反"围剿"的失败已成定局，中共中央和中央军委准备实行转移，放弃中央苏区。

叶剑英是总参主管训练和人事、兵员的4局局长，知道得更多一些。他预料到突围前夕一定要做调整配备干部和补充兵员的准备工作，便深入考查干部，预先设想各种方案。

自从中共临时中央政治局迁入苏区，与苏区中央局合并改称中共中央局后，实行的是王明的"左"倾错误领导，许多持不同意见的领导干部受到残酷斗争、无情打击，不少人被撤职、开除党籍甚至审讯判刑。现在要突围转移了，将怎样对待这些人呢？

一天，国家保卫局局长邓发找到叶剑英，拿出一份名单，还像过去一样称呼说："参座，这是走留人员的内定名单，请您看看有什么意见。"

叶剑英看到上面所列的五六十个人，都是被认为犯了"错误"的，而且分为3类，一类是要杀掉的，一类是要留在苏区的，一类是参加突围转移的。他的心里一惊，怎么能把这些人杀掉呢？

叶剑英沉思了一会儿，说："我们要历史地全面地看待和使用干部，绝不能把他们当作累赘，不能随意抛弃，更不能随意杀掉，即使对那些真正犯了错误的干部，也应该加以保护，尽量设法让他们随军突围转移。不然就会失去人心，人心失去了，我们还怎么发展壮大呢？"

邓发自然明白叶剑英话中的意思，也赞同他讲的道理，便说："您认为到底哪些该杀，哪些该留，哪些该走呢？"

"比如边章伍，就不该杀！"叶剑英说，"我非常熟悉这个同志，他参加宁都起义有功劳，加入党组织、在军委机关工作很有成绩，怎么能把人家当成反革命杀掉呢？再说，他毕业于保定军官学校，学识渊博，军事理论和军事素养都很高，是我们军队的有用之才呀！"

邓发点点头，拿起笔勾掉了边章伍的名字。

叶剑英说："还有萧劲光同志，也不应该留下。"

浒湾战斗失利后，萧劲光先是被加罪撤职，随后被送到瑞金进行公审，开除党籍、军籍，判处5年徒刑，甚至有人提出杀掉。是毛泽东、王稼祥等人坚决反对，才让他到红军大学去当教员的。

邓发惊奇地看了一眼叶剑英，说："他的情况你是知道的，我可做不了主。"

"你可以把我的意见向上边反映嘛。他是1922年从共青团转党的，曾到苏联深造过，1930年进入中央苏区后，当过红军学校校长、红5军团政委、闽赣军区司令员等职务，至于浒湾战斗的失利，都归罪于他一个人身上，是公平的吗？"叶剑英说，"还有郭化若同志，他是 1925 年的党员，在苏联学过炮兵，回国后进入江西苏区，曾任过红 4 军参谋处长、红 1 军团参谋处长、红 1 方面军代理参谋长，就是因为不同意一些人的意见，被撤职到红军学校去当教员的，我在红校时就亲眼看到他努力教学，表现得很好。"

"我一定将您的意见报告上边。"邓发说。

不久，叶剑英被任命为第 1 纵队司令员兼政委，他经过深思熟虑，向朱德、周恩来提出：把撤销的 6 所学校的一部分教员、学员，分配到 5 个军团去补充缺额，其余的编成干部团，调公略步兵学校校长陈赓任团长，调师政委宋任穷任团政委。这个团直属军委领导，保留随营学校性质，空隙时间进行军事训练，一般不当作战部队使用。把编余干部，犯过"错误"，受过打击、迫害的干部，一部分安排到总部机关，另一部分编入干部团随军行动。这个方案得到批准和实行，保护了一批中国共产党和红军的高级领导干部……

10 月的秋风，携着阵阵凉意，吹拂着远处的山峰和近处的花草树木，掠夺了它春天的繁茂和夏天的热烈，留下的是萧瑟和苍凉。

黄昏之后，红军出发了。他们身着灰布军装，扎着皮带和绑腿，背着背包、枪弹和干粮，默默地向前行进，脚步声、马蹄声参差不齐地交织在一起。红军战士踏上了后来被称为二万五千里长征的途程。

叶剑英也是一身灰布军衣，打着绑腿，腰间插着手枪。他的脚步很坚定，可心情是沉重的。从 1933 年 9 月下旬开始的第五次反"围剿"，至今已 1 年多时间了，不但没有能够取得胜利，还要离开这里。经过千辛万苦建立起来的根据地，就这样放弃了，让人痛心啊！

爬上一个山坡，叶剑英回头张望，夜色已严严实实地把村庄掩蔽了起来。

夜色中，叶剑英仿佛看到边章伍、萧劲光、郭化若等人，走在行进的队列中，心里也为瞿秋白、陈毅、刘伯坚、古柏、毛泽覃等人惋惜和担忧。把他们留在这里，表面上说的是工作需要、坚持斗争，实际上是另一种打击和迫害。红军主力都无法坚持了，他们有的负伤，有的带病，能有什么作为？这样对待他们，实在太残忍了。有的人不就是不赞成他们的做法吗？竟然落得如此下场，实在伤人心！

叶剑英使劲摇摇头，跟上了行进的队列，肩头上的责任不容许他多想。他任司令员的军委第 1 纵队，包括总司令部的 1、2、3、4、5 局、总政治部机关、干部团和直属分队 4 个梯队，博古、李德、洛甫、毛泽东、王稼祥等人，都随第 1 纵队行动。而总参谋长刘伯承又因不满意李德的错误指挥，被贬到第 5 军团去当参谋长，总司令部的日常工作都落到了叶剑英的身上。

这样一来，叶剑英不但要保证中央军委领导人的安全，还要保证总部各种命令、指示的及时下达，部队行军和遇到的各种问题的及时上报和处置，还要组织电台人员不分昼夜交替行军，保证一分钟也不中断的通信联络，向军委提供准确的敌情我情动态。太紧张了！

红军在信丰地区突破敌人第 1 道封锁线，在汝城、城口之间突破第 2 道封锁线，在良田、宜章之间突破第 3 道封锁线，在粤、桂边界渡过湘江，突破敌人第 4 道封锁线。这时，出发时的 8 万多人已只剩下 3 万余人了。多么惨痛的损失啊！

带着这样的痛苦心情，叶剑英率领军委第 1 纵队翻过老山界，行进在西延龙胜山区。

翻越一座很高的山峰，又涉过一条小河，部队来到一片开阔地，正准备在此休息时，周恩来对叶剑英说："你快命令第 1、3 军团立即前进，5 军团担任后卫，时刻注意防止敌人空袭和追击。"

"是！"叶剑英答道。

转过身，叶剑英对一位参谋说："你现在就到 1、3 军团去传达周副主席的命令，让他们一定按周副主席的指示迅速疏散。"

参谋走后，叶剑英又召集各大单位的负责人开会，布置具体执行周恩来指示的措施。

当周恩来的命令落实到部队，人们正在上山时，尾随的敌人已追到河边，敌机也飞临头上。

爬到半山腰的叶剑英，正向路的一边隐蔽时，已发现了目标的敌机俯冲过来，投下了一串炸弹。刚跑几步的叶剑英，好像被人猛击一掌，重重地跌倒在地。他赶忙爬起来，跟跟跄跄地向前走去。

紧跟在后面的警卫员范希贤把这一切都看在眼里，又见叶剑英的臀部渗出了血，飞快地扶住他，说："参谋长，你挂花了！"

"知道了。"叶剑英冷静地说。

范希贤把叶剑英扶到平坦一点的地方，说："你快躺下，我去找人。"

叶剑英忍住疼痛，说："你不要声张，快去看看总司令、周副主席和其他首长受伤了没有。"

不一会儿，总卫生部长贺诚气喘吁吁地赶来了，看到弹片打进靠臀部的地方，深约10厘米，还在不停地流血，便抬手招来一副担架，说："快把参谋长送到总卫生部驻地去包扎！"

叶剑英问："其他领导同志怎么样？"

贺诚："他们都没事，你放心去包扎吧。"

"我不要紧的。"叶剑英说。

"还说不要紧呢！"范希贤抖抖手中拎着的大衣说，"看你这件大衣，被炸了50多个洞，多险啊！"

叶剑英微微一笑，说："看来我还不该死。你把这大衣保存好，留个纪念！"

遵义这座历史文化名城，是贵州北部政治、经济、文化和交通的中心。1935年1月7日，林彪和聂荣臻指挥红2师攻克遵义。1月9日，中共中央、中央军委进驻遵义城，并决定在这里召开中共中央政治局扩大会议。

叶剑英1月9日和军委纵队一起进入遵义城，住在老城中心黔军师长柏辉章公馆一楼。这是一座面对红花岗、背靠湘江河的砖木建筑，红军总司令部住在这里，朱德、周恩来也住在这里。中共中央政治局扩大会议就是在这柏公馆里进行的。因为政治局和军委白天要处理日常事务，所以开会的时间是在晚饭以后甚至深夜。

叶剑英虽没有参加会议，可并不比开会的人轻松。白天，他要协助周恩来、朱德指挥作战，夜里也得守在作战值班室，处理来自前线的报告、请示，传达朱德、周恩来等人的命令，管理军委纵队的人员，甚至包括政治局扩大会议的警戒。臀部的伤口还没好，坐的时间一长就疼，但有时一天只能休息三四个小时，他也仍然坚持着。

会议室就在他旁边的东厢房里，但他只能从毛泽东、朱德、周恩来、刘伯承等人的脸色上猜度着会议的情况。这时他还不知道博古、周恩来的检讨报告，毛泽东、朱德、刘伯承等人批判博古、李德错误军事领导的发言，不知道会上通过的《中共中央关于反对敌人五次"围剿"的总结决议》，不知道会议选举毛泽东为政治局常委，取消了博古、李德的最高军事指挥权……当叶剑英得知后心里十分高兴，满怀激情地准备踏上新的途程。

在遵义会议后组成的毛泽东、周恩来、王稼祥军事3人小组领导下，叶剑英协助朱德、刘伯承等指挥作战。

红军主力分3路从猿猴场、土城南北地区西渡赤水河，向古蔺、叙永地区前进。在数倍之敌的围追下，红军在太平渡、二郎滩东渡赤水，回师黔北。就在这第二次占领遵义的老鸦山战斗中，第3军团参谋长邓萍不幸牺牲。第3军团军团长彭德怀、政委杨尚昆给中央发电报，要求派叶剑英去接任。中央考虑战斗正在激烈进行，前方确实需要派得力的人，便同意了第3军团的要求。

叶剑英是在危难之际前往第3军团任参谋长，协助军团长彭德怀、政委杨尚昆指挥作战的。

上任不久的一天，部队白天行军80里，傍晚到达宿营地。夜里吹过熄灯号后，接到一份电报说，第3军团前方有一座桥被水冲断了，需要连夜修架，以便第二天部队通过。

经过一天的行军，人们都极为疲劳。叶剑英的伤还没全好，更是如此。看到电报后，他连夜召集司令部李天佑、孙毅等科长开会研究，布置第二天的行军任务，并提出自己带工兵连夜前去赶修桥梁。科长们考虑到叶剑英负伤未愈，坚决不让他去。

李天佑说："你带伤行军一天，已经够苦的了，绝不能去，还是由我带工兵连去。你放心，我保证完成任务。"

孙毅说："你是参谋长，要协助司令员和政委指挥部队。让我去吧，一定把桥修好，不影响明天行军！"

"你就去吧。架桥关系到全军的行动，桥修不好就要耽误部队的行军速度。对我们来说，时间就是生命。你去修桥，大概一夜不能休息，第二天还要照常行军，任务十分艰巨。"叶剑英把架桥任务交给了孙毅，并对可能遇到的问题，如何解决等，作了具体的交代。

孙毅带领工兵连20多人走了几十里路，在河边整整劳累了一夜，终于把桥架通了。拂晓时，彭德怀、杨尚昆、叶剑英带领部队顺利通过。

第3军团部队夜经潭广、两路口，袭取怀仁，三渡赤水，接着攻占铁厂、大村，在二郎滩四渡赤水，又渡过乌江、金沙江、大渡河，于1935年6月中旬到达夹金山脚下。

夹金山位于四川省宝兴县西北、懋功东南，海拔 4000 多米，是红军长征以来翻越的第一座雪山。由于它高耸入云，所以气候寒冷，空气稀薄，山顶终年积雪不化。尽管是 6 月炎热季节，可翻过它也必须有御寒的准备。

叶剑英召开会议，讨论过雪山的问题，有人提出补充衣服，有人提出带些烧酒。

"这些都不现实。"叶剑英说，"大家看到了，这里人烟稀少，无处可以补充衣服；当地人不过百户，也没有那么多烧酒可带，我们只能多准备些生姜、辣椒、大蒜、大葱，到时候嚼在嘴里抵御寒冷。"

经过一番准备，上午八九点钟时开始攀登夹金雪山。一字摆开的队列，沿着蜿蜒崎岖的小路向山上行进。不少人对这样的大雪山感到很好奇，边走边说笑，有人还带头唱起了江西山歌，粗犷优美的歌声，在皑皑雪山间回荡。

伤口还没有完全愈合的叶剑英手中拄着一根棍子，口里含着姜片，向山上走去。可能是受到了歌声的感染，他也忘情地看着，不由得放慢了脚步。

警卫员范希贤紧紧跟在他的身边，以为他累了，就说："首长，这路太难走了，你的伤还没有全好，坐担架吧？"

叶剑英指指曲折的山路，它通往山顶，那里云雾缭绕。他说："这里的路不好走，上面的路将更难走，大家都非常吃力，我怎么能坐担架呢？咱们快走吧。"

正如叶剑英所说，路越来越难走了，不但路面很狭窄，路边的石壁陡立，有的地方简直是直上直下。更主要的是气候变幻莫测，上午还是阳光灿烂，白茫茫的积雪，在太阳下闪着耀眼的光芒。可刚到下午，就是暴风携着乌云，接着飘起鹅毛大雪。狂风夹着的雪粒沙石，打到人的脸上、手上，像刀割似的。有的人用手捂着脸，冒着暴风雪，走起路来踉踉跄跄，一不小心，就有可能掉进雪窝或雪崖下去。

叶剑英穿的也是单薄的军衣，冷风穿透衣服，冻得他直打哆嗦，上下牙齿相碰，发出得得的响声。他使劲咬着嘴里的姜片，一步一步地向上攀登，口里呼出的热气，瞬间就变成了一缕缕白色的雾。

前面有几个战士，紧走几步，又停住脚呼呼喘着粗气，回头呼唤战友快走。叶剑英对范希贤说："你去告诉他们，山上空气稀薄，走路时一不能快，二不能说话，三不能坐下来休息！"

这些要求，在关于过雪山的准备会上，叶剑英就提出来了，但有的人还是做不到，作为军团参谋长，他有责任时刻提醒官兵们。

终于爬到了山顶，叶剑英吃力地喘了一口气。他看到有些人围在一起，就大声催促道："这里不能停留，赶快下山！赶快下山！"

范希贤也跟着大喊："听参谋长的，快走，这里危险！"

可那些人还是不动，叶剑英走过去，看到地上坐着3个人，已经冻僵了。他轻轻摘下军帽，深深地鞠了一躬，眼中的泪水流了出来。

过了一会儿，叶剑英擦去泪水，对旁边的人说："走吧，我们一定要完成他们没有完成的任务！"

人们都像叶剑英一样，用真诚的敬意向死去的战友告别，然后慢慢向山下走去。

冷风呼啸着，送红军官兵前行。

飞雪飘落着，掩埋了牺牲的人。

11. 草地风云

中央红军翻过夹金雪山到达四川懋功地区，与红4方面军会合到一起，时间是1935年6月中旬。

红1、4方面军会师后，总兵力达到10万人。人多了、兵多了，为革命战争的胜利发展创造了条件，可也出现了新的问题，那就是关于红军前进方向和战略方针的分歧。

中共中央主张红军继续北上，建立川陕甘根据地，以促进全国抗日形势的发展。红4方面军主要领导人张国焘提出向川、康退却或南下。

为了解决这个重大分歧，6月下旬，中共中央在两河口召开会议，通过了《关于1、4方面军会合后战略方针的决定》，规定："在1、4方面军会合后，我们的战略方针是集中主力向北进攻，在运动战中大量消灭敌人，首先取得甘肃南部，以创造川陕甘苏区根据地，使中国苏维埃运动放在更巩固更广大的基础上，以争取中国西北各省以至全中国的胜利。"

张国焘在会上同意了多数人的意见，但会后又坚持南下，还让他所控制的川康省委致电党中央，建议加强总司令部，增设军委常委，并提出了具体的名单，要求任命张国焘为"军委主席"，并给予"独断决行"的大权。

中共中央于6月29日任命张国焘为军委副主席，7月18日又任命他为红军总政委。7月21日，中共中央在芦花召开政治局扩大会议，决定以原4方面军总指挥部为红军前敌总指挥部，徐向前为总指挥，陈昌浩为政治委员，叶剑英为参谋长，李富春为政治部主任。

7月底，叶剑英翻过4000多米高的大鼓雪山到达毛儿盖的前敌总指挥部。

毛儿盖是当地最大的一个村子，有三四百户藏族人家。那里的房屋是石砌的，分上、下两层，上面住人，下面存牲口。叶剑英住在一户藏民家的楼上。

在权力的争论和平衡中，时间飞快，1个多月过去了，红军失去了占领松潘北出四川的机会，敌人则完成了对红军围追堵截的部署：胡宗南在松潘地区的漳腊、龙虎关、包座一带集结了4个师20多个团，企图堵住红军北上之路；川军刘湘占领了整个岷江东岸，并有一部分越过岷江占领西面的杂谷脑；薛岳、周浑元部集结于雅安地区，随时可以策应；尾随红军的刘文辉部已赶到懋功。

面对如此形势，中共中央决定改变行军路线，从毛儿盖北上，穿过自然条件恶劣的草地，向甘南的夏河流域前进，同时把红1、4两个方面军混合编成左、右两路军同时并进。左路军包括1方面军第5军团、9军团和4方面军9军、31军、33军，于卓克基集中，在总司令朱德、总政委张国焘、总参谋长刘伯承的率领下，经草地到阿坝，然后向东出墨洼。右路军包括红1方面军1军团、3军团和4方面军4军、30军，在党中央、毛泽东直接率领下，由前敌总指挥徐向前、政委陈昌浩、参谋长叶剑英指挥，在毛儿盖集中，经草地到班佑，与左路军会师。

左、右两路军的会师地点是班佑。

深知危险处境的叶剑英，立即布置过草地的思想动员和物质准备。他要求部队征集粮食，收购青稞，炒麦磨面。

叶剑英特别重视组织官兵学习打骑兵的战术和技术。这是因为一个团征粮时遭到敌人骑兵袭击受到很大损失，使他看到红军过去擅长在森林、山地打敌人的步兵，现在过草地遇到的是骑兵，必须掌握用手中武器战胜敌人骑兵的本领，否则就会吃大亏。为此，他亲自深入部队讲解打骑兵的要领。

这一天，叶剑英来到第 30 军，程世才军长热情迎接他："参座亲自来讲课，大家会学得更快。"

叶剑英："我过去也没学过，是现炒现卖。"

程世才："听说你在其他部队讲得切合实际，通俗易懂。"

面对官兵，叶剑英先讲了学打骑兵的重要性后，提高声音说："针对骑兵的特点，我们的要领也可以概括为这样几点：（一）发现敌人骑兵后，最主要的是沉着、冷静，占领有利地形，用密集的火力对付它。（二）敌人骑兵在 800 米距离上，应用重机枪射击，在 400 米以内，应用轻机枪和步枪射击。（三）如果敌人骑兵向我方冲锋时，步兵应用火力破坏它的战斗队形，而不要进行白刃格斗。（四）敌骑兵冲到前面时，应用事先准备好的手榴弹作抵近射击。（五）敌骑兵被击退后，则在较远的距离上进行火力追击，不要脱离有利地形。特别要记住，占领有利地形和密集火力是与敌骑兵战斗的基本手段。"

官兵们认真地听着，一张张脸上露出自信的神情。

结束讲课后，程世才说："参座，我请你吃饭？"

叶剑英："好啊，打了骑兵打牙祭，打了牙祭过草地。"

的确，充满叶剑英脑海的，就是如何尽快走过草地。吃饭的时候，叶剑英问程世才："你这里有熟悉草地的老百姓没有？我们过草地需要找个向导。"

程世才："有一个姓李的老乡去过草地，对那里的情况比较了解。"

叶剑英："你派人把他请来，我问他一些情况。"

姓李的老乡来了，这是一个见过些世面的人，进屋后落落大方地向叶剑英鞠了一躬。

程世才对他说："老李同志，我们叶参谋长想问问你草地上的情况。"

叶剑英："老乡，我们大部队要过草地到拉卜愣去，需要几天时间？"

老李："参谋长，草地上没有路，也没有人家，大部队从那里无法通过。"

叶剑英："老李同志，你是怎样从草地上走过的？"

老李："我走草地靠神的保护。"

"神能保护你，也会保护我们的。红军是穷人的队伍，要北上抗日，国民党的军队不让走大路，我们就从草地上走，到甘南的拉卜愣去。"

老李："是的，神会保护穷人的队伍的。"

叶剑英："当然，我们不靠神的保护，也不靠上帝，全靠我们自己两条腿，还要靠你给我们带路！"

老李："参谋长，你们是穷人的队伍，只要你们信得过，我愿意给你们带路过草地去打日本鬼子。"

叶剑英从第30军回到前敌总指挥部，拉着陈昌浩去找毛泽东等人，简要地汇报了他所了解的地形和向导等情况，最后说："草地上是没有路，但路是人走出来的，我们在草地可以走出一条路来！"

毛泽东问："你们看怎么办？我看剑英同志说得有道理，咱们还是走吧！"

陈昌浩："行军路线不明，大部队贸然走进草地，若遇到敌人堵截，那时何以自拔！"

叶剑英："我们走草地是出其不意，攻其不备，敌人万万不会料到我们会选择这一着棋。为了更有把握，我们可以预先派遣精锐部队走在前面，负责侦察敌情，开辟道路。这样就能化险为夷，顺利通过草地！"

陈昌浩："你能为全军开路吗？"

叶剑英："能担任这项任务，是一件不胜光荣的事情，我愿做开路先锋！"

毛泽东："昌浩同志，那就让剑英同志先走，给他带一点兵！"

陈昌浩："给他1个团，提前3天出发。"

毛泽东："担任这么重要的任务，我看1个团恐怕不够，应该多带点。"

叶剑英："请主席放心，1个团够了。"

终于开始过草地了。

叶剑英和程世才带着向导老李和定南第3团在前面开路，政委李先念率领30军主力跟随前进。

一望无际的大草地，苍苍茫茫，野旷天低，没有道路，没有人烟，连一只飞鸟也看不见。积水、泥泞在烈日照晒下，散发出一股股刺鼻的腐臭气味。人踏着一窝一窝草根行走，既要小心踏准，又得动作快速，如果踩进淤泥或不迅速往前走，就有可能陷下去，而且越动越陷，直至没顶。

叶剑英不仅自己行走，还要了解行军的情况和遇到的问题，随时记下敌情、地形、给养、行军路线、宿营地点，以及大部队行军需要注意的问题，一一向指挥部报告。他的任务是开路啊！

快到松潘的一个下午，叶剑英从望远镜里看到，斜阳下的山丘后面，隐隐约约有长矛梭镖在晃动。他马上想到向导说的这一带常有藏骑出没，估计可能有埋伏，便命令司号员吹号通知部队停止前进。可是前面的部队没有听到号音，仍然继续向前，在接近山脚的地方，遭到反动藏骑的伏击。

程世才大声命令："迫击炮开火，给我狠狠地打！"

叶剑英对一个干部说："你们立即带人前去增援！"

敌骑兵听到炮声，又看到追过去的援兵，飞快地逃跑了。

草地上的气候非常恶劣，时阴时晴，时雨时雪。有人长途转战，体弱多病，在饥寒的折磨中倒下就没有再起来；有人身着单衣，又冷又饿又困，拾点干柴烤火，睡着后就再也没有醒过来。

这天晚上，部队宿营后还是满天星斗，不一会儿又乌云翻滚，接着便下起了瓢泼大雨。因为没有帐篷，叶剑英和程世才坐在一块大石头上，任凭雨水从头上流到脚下，冻得直打哆嗦。

看到战士们或蹲或坐地挤在一起，叶剑英说："来，咱们唱个歌吧！"

在叶剑英指挥下，战士们齐声高唱：

> 起来，饥寒交迫的奴隶，
> 起来，全世界受苦的人！
> ……
> 不要说我们一无所有，
> 我们要做天下的主人
> ……

尽管叶剑英让人们不要躺下，注意活动，可第二天清晨太阳升起时，还是有些人长眠在了草地上。

叶剑英和战士们一起掩埋好尸体，列队向牺牲的战友敬礼诀别。他沉痛地说："他们和许多同志为了北上抗日，光荣地献出了自己的生命，我们每个活着的人，要继承他们的遗志，克服困难，走出草地，坚决完成党交给我们的开路任务！"

"坚决完成开路任务！"人们握紧了拳头。

带着这样的信念和决心，叶剑英、程世才和他们率领的开路部队继续行进在茫茫无际的草地上。

几天后，和叶剑英走在一起的向导老李惊喜地说："参谋长你看，右边有棵大松树。"

叶剑英朝着向导指的方向看去。

老李："有松树的地方就离大路不远了，班佑就在大路边，从那里到拉卜愣还有4天路程。"

叶剑英："同志们，离班佑不远了，加油啊！"

终于走出草地，到了班佑，部队住进了牛屎房子。

所谓牛屎房子，是用木条或用柳条编成的篱笆作墙，上面搭上树枝，外边糊上一层厚厚的牦牛屎，没有窗户，里面黑乎乎的。连日风餐露宿的红军战士，住进了这样的牛屎房子，风吹不到，雨淋不着，而且还可以生火把湿衣服烤一烤，比草地宿营不知要好多少倍，大家都感到心满意足。

班佑是少数民族游牧集居地，叶剑英要部队做好战斗准备，自己则调查通往甘南的路线。他对程世才说："让部队休息一下，弄些吃的。等毛主席、周副主席及徐总指挥、陈政委他们来了，咱们再继续往前开路。"

程世才："我马上派两个营去打粮，也搞些牛羊和马匹。"

叶剑英："好！"

右路军大部队经过班佑到达巴西地区后，毛泽东和中央领导机关住在阿西，前敌指挥部的徐向前、陈昌浩、叶剑英住在巴西，两村距离很近。

离巴西100多里的上下包座，相距数十里，其间有包座河流过，森林密布，山高路险，是通往甘南的必经之地。此处本来就由胡宗南部扼守，修筑碉堡，备有粮食。听说红军北进，胡宗南又急调驻在漳腊的伍成仁第49师赶往包座增援，与驻守求吉寺、钦多的第1师康庄团配合，堵截红军的北进。

根据徐向前、陈昌浩、叶剑英的建议，毛泽东等中共中央、中央军委的领导人决定歼灭堵截的敌人，占领包座，打开前往甘南的道路，待左路军到达后一同北上，并将这一任务交给了程世才、李先念的30军和许世友、王建安的4军。

战斗完全是按照叶剑英协助徐向前、陈昌浩制订的作战计划进行的。第30军264团首先向大戒寺的1营守敌发起攻击，经过一夜激战歼灭两个连。当援敌 49 师先头部队进抵大戒寺前时，264 团略作抵抗后退至大戒寺北。第二天，敌 3 个团的兵力沿包座河东西两岸进攻，埋伏山林中的红军第 88 师、89 师迅猛反击，敌人被切割成 3 块，逐一歼灭。

与此同时，第 4 军的一部向求吉寺守敌发起猛烈进攻，敌人凭借寺庙又高又厚的院墙和后山制高点上的坚固工事顽强抵抗。第 10 师师长王友钧把机枪架在警卫员的肩膀上向敌人扫射，掩护部队进攻，不幸中弹牺牲。

叶剑英始终和徐向前、陈昌浩一起在下包座和钦多之间的未巴山上，指挥着战斗的胜利进行，亲眼看到指战员以英勇顽强、不怕牺牲的精神，歼敌 5000 余人，俘敌 800 多人，缴获 1000 多枪支及电台、粮食、牦牛、马匹等。

战后，前敌指挥部移驻到一个名为潘州的村子。

战斗的胜利不但没有使红军领导人之间的矛盾得以缓解，反而越来越尖锐，终于酿出了惊心动魄的草地分裂。

张国焘率领的左路军到达阿坝之后，不但没有迅速出班佑向右路军靠拢，反而继续坚持要左右两路全力出洮河以西，越黄河深入青海、新疆等边远地区。

毛泽东等人一再催促。

张国焘始终按兵不动。

时间在一天天地过去，形势越来越严峻。

隔着茫茫草地，电报来来往往。

9 月 3 日，张国焘致电徐向前、陈昌浩并转呈中共中央，其中提出改变北上方针，主张南下，要求"右路军即乘胜回击松潘敌人，左路军备粮后亦向松潘进"。

9 月 5 日，张国焘命令在松岗、党坝、卓克基等地的左路军部队停止北上，就地"筹粮待命"。

9 月 8 日，张国焘电令第 31 军军长詹才芳："令军委纵队蔡树藩将所率人员转移到马尔康待命，如其（不）听则将其扣留，电复处置。"

9 月 8 日深夜 22 时，中共中央和右路军领导人周恩来、张闻天、秦邦宪、徐向前、陈昌浩、毛泽东、王稼祥 7 人联名致电张国焘、朱德、刘伯承，望在阿坎、卓克基补充粮食后，改道北进。

9 月 8 日深夜 22 时，张国焘给徐向前、陈昌浩发电："1、3 军暂将向罗达前进，右路军即准备南下，立即设法解决南下的具体问题，右路皮衣已备否？"

9月9日，中共中央再电张国焘，指出："目前方针只有向北是出路，向南则敌情、地形、居民、给养都对我极端不利，将要使红军受空前未有之困难环境。中央认为：北上方针绝对不应改变，左路军应即速北上。"

张国焘仍然拒绝北上，并发电报给陈昌浩，这就是后来所说的"密电"，说中央如不同意南下就监视其行动，要"彻底解决"。

据当时在前敌指挥部作战科任副科长的吕黎平回忆，这封电报的内容有这样几点：（一）坚决反对北上；（二）要右路军回头南下；（三）如中央不同意南下就要监视其行动，要"彻底解决"。

叶剑英把这封电报交给了毛泽东。

毛泽东立即与张闻天、博古到第3军军部驻地，同在那里养病的周恩来、王稼祥等一起研究，认为继续说服、等待张国焘率部北上，不仅没有可能，而且可能招致内部发生武装冲突的严重后果，决定率第1、3军团迅速离开巴西，先行北上，脱离危险境地。

关于当时的情形，叶剑英于1982年3月12日至4月2日与军事科学院几个同志谈话时是这样说的：

大概在1935年9月上旬，我们到了巴西一带一个叫潘州的村子里。我和徐向前、陈昌浩同住在一间喇嘛庙里。中央机关和毛主席他们也住在附近。张国焘率左路军到了阿坝，就不走了，不愿再北进。中央多次催他北上，他就是不干。他还阻止陈昌浩等人北上。我们在巴西那一带等他。

9日那天，前敌总指挥部开会，新任总政治部主任陈昌浩讲话。他正讲得兴高采烈的时候，译电员进来，把一份电报交给了我，是张国焘发来的，语气很强硬。我觉得这是大事情，应该马上告诉毛主席。我心里很着急，但表面上仍很沉着，把电报装进口袋里。过了一个时候，我借故走出会场，去找毛主席。他看完电报后很紧张，从口袋里拿出一根很短的铅笔和一张卷烟纸，迅速把电报内容记了下来。然后对我说："你赶快先回去，不要让他们发现你到这来了。"我赶快跑回去，会还没有开完，陈昌浩还在讲话，我把电报交回给他，没有出娄子。中央要赶快离开，否则会出危险。到哪里去呢？只有到3军团去，依靠彭德怀。

毛主席提议到3军团开政治局会议。他们临走的时候，张闻天和秦邦宪找到我，对我说："老叶，你要走啊，这里危险。"我知道有危险。但是我想，军委直属队还在这里。我一走，整个直属队就带不出来了。我要等直属队走后才能走。我对他们说：我不能走，你们先走吧。如果我一走，恐怕大家都走不了啦。我以后会来的。

究竟怎样带直属队走？我一时没有想好。忽然，我想起了张国焘要南下的电报，决定利用他要南下的电报做文章。

我先和徐向前讲："总指挥，总政委来电要南下，我们应该积极准备。首先是粮食准备。先发个通知给各个直属队，让他们自己找地方打粮食去。限10天之内把粮食准备好。"他说："好！"得到他的同意后，我写了个通知，准备发给各个伙食单位。通知上说，今天晚上两点钟出发，自己找地方去打粮食。通知写好以后，给陈昌浩看，他认为很对嘛，应该先准备粮食。接着我就找直属队负责人开会。参加的有罗迈、杨尚昆、李克农、萧向荣，大概七八个人。我讲了这个事情。我说，中央已经走了，今天晚上两点我们也走。大家对表。早一分钟晚一分钟都不行，整整两点动身。我要求大家严格保密，同时要按规定时间行动。

会后，我回到喇嘛庙。我和徐、陈住在一个屋子里，一个人住一个角落。中间还有一盏马灯，我们是亮着马灯睡觉的。

那天晚上我怎么睡得着呢？睡过了两点就完了。我9点钟上的床，心里老在想着时间，10点、11点、12点、1点，我躺在床上不敢睡着，大约1点45分就起来了。我预先曾派了一个小参谋叫吕继熙，把甘肃全图拿来。我把它藏在我床底下的藤箱子里。我起来后，把大衣一穿，从床底下把地图拿出来，就往外走。

我先到萧向荣那里，他刚起来。我告诉他，赶紧把地图藏起来，并说，这张地图你可千万要保管好，不要丢了，这可是要命的东西。当时，全军只有1份甘肃地图。我交地图给他的时候，离两点还有5分钟。我一摸身上，手枪忘记带了，要回去拿，萧向荣说："你不要回去，回去危险！"我说："不要紧，我是公开出来的。出来检查去打粮的队伍。"

我回去拿了手枪，又轻轻推了推睡在门口的"死卵"（警卫员范希贤），他没有醒来，我怕惊动旁的人，就走了。

我装作巡视部队出发的样子，因为这是参谋长应该做的工作，不会引

红色岁月 红色历程 红色史诗 红色经典

图为长征到达陕北后，叶剑英（右）与徐向前的合影。

起怀疑。

在路上碰到彭德怀、秦邦宪，还有张闻天。过了一会儿，秦邦宪拉了我一把，他说："老叶，你要先走啊！这里你不能待。"我说："我现在不是和你一样走吗？"秦说："你和我不一样，人家会干掉你的。"我说："好，我走。"

走到天亮，见到毛主席。毛主席说："哎呀！剑英同志你出来了。好！好！"毛主席看到我很高兴。

到了俄界。秦邦宪看到我，说："老叶，好在你走了。好危险啊！你走了大约10多20分钟的时候，追上来4个持驳壳枪的人，到处找叶剑英。我问：'找他干什么？'

他们说：'把他打死后再说。'"我说："谢谢你提醒了我。"在俄界，中央开了会，作出了《关于张国焘同志错误的决定》，还决定将红1方面军主力和中革军委纵队改编为中国工农红军陕甘支队，彭德怀当司令员，毛主席当政治委员，我当参谋长。然后，我们又继续北上了。

一支红军队伍向北行进。整齐的步伐掩盖不住疲惫的身影和消瘦的面容。

这是由第1、3军团改编的陕甘支队，司令员彭德怀，政治委员毛泽东，副司令员林彪，参谋长兼第3纵队司令员叶剑英，王稼祥、杨尚昆任政治部正副主任。他们要以游击战争打通国际路线，以取得苏联的帮助，具体路线怎么走？包括毛泽东在内的所有人，心里都没有数。

人们目光茫然。

叶剑英是率领第 3 纵队前进的。一天，他看到部队交来的一张国民党报纸，读着读着眼睛亮了起来。上面的一条消息说："国军进攻陕北红军取得了胜利。"

"拓夫同志，你看看这篇报道，它说明刘志丹在陕北搞革命，根据地不小力量也很可观。你是陕北人，一定晓得陕北的情况。"叶剑英拿着报纸，找到总政治部白军工作部部长贾拓夫说。

贾拓夫说："刘志丹在我们陕北可有名呢。他是保安县人，在榆林中学就组织爱国的学生运动。从黄埔军校第 4 期毕业后参加过北伐战争，你可能知道的。"

叶剑英："听说过这个名字，人不太熟悉。"

贾拓夫："他回到陕西在西安中山军事政治学校当教官，组织领导渭华起义，建起了根据地。"

叶剑英："现在我们 3 个方面军在原来的根据地都待不住了，刘志丹还能在原地坚持，说明陕北的群众是好的，没有群众基础不可能做到，红军的力量也不小。我们到他那里去吧，你看怎样？"

贾拓夫自豪地说："我们陕北可是个闹革命的好地方，群众生活很苦，迫切要求革命。"

叶剑英："群众基础好，又加上穷乡僻壤，可以和反革命势力进行周旋。"

贾拓夫："陕北群众生活很苦，要求革命，是个很理想的根据地。明末的农民起义领袖李自成就是陕北人，他开始就是在那里发展壮大的。现在刘志丹在那一带很有影响，人民群众都拥护他。"

叶剑英了解到这些情况后，又把报纸拿给彭德怀看，说："司令员你看，刘志丹靠自己的力量能坚持这么久，而且还能打胜仗。我们应该到他那里去，与他们会合到一起，力量就更大了。"

彭德怀看完报纸，说："我去找老毛。"

彭德怀回来对叶剑英说："你提供的报纸很重要，老毛和中央其他同志都看了，他们已初步决定到陕北去靠刘志丹。"

叶剑英："太好了！"

在榜罗镇召开的军事会议上，正式决定中央红军到陕北去。

张闻天说："我们要到陕甘革命根据地去，会合 25、26、27 军的兄弟们！"

毛泽东说："陕甘革命根据地是抗日的前线，我们要到抗日前线去，为着民族，为着使中国人不做亡国奴，奋力向前！"

会后，彭德怀对叶剑英说："你这个参谋长当得好，又立了一功！"

第 4 章

——

八年交锋

12. 西安出使

1936 年的陕西,是当时中国的一个缩影,政治和军事都呈现出独特的局面。

在这前一年的 10 月,中国共产党及其领导的工农红军,高举抗日大旗,经过万水千山的艰苦转战到达陕北,用直罗镇的枪炮举行了奠基礼,随即东渡黄河,深入山西,又西征宁夏和甘肃,在陕甘宁边界地区初步站稳了脚跟。

蒋介石则将东北军的 5 个军 1 个师共 20 余万人,加上原在西北的第 17 路军及宁夏的马鸿逵、马鸿宾部队和中央军,向共产党和红军发起军事进攻,以图将其消灭。

一边高举抗日救国的大旗,疾声呼吁国共合作、共同抗日,一边是出动军队,闪耀寒光的刀枪炮管。形势分外紧张。

8 月底的陕北,白天的天气还很热。炎炎的日头照在光秃秃的黄土高坡,散发着炙人的热气。在通往西安的路上,大摇大摆地走着 8 个人。最前面的那位中等个头,胖胖的身上穿着高级料子服,胸前佩戴圆形青天白日徽章;走在他身后的是随从,手臂上搭着一件披风;再后面一人穿黑色西装,头戴礼帽,腋下夹着黑色皮包,一看就是秘书角色;两个年轻军官身着军衣,是少校军衔,还有3个持枪的士兵。走在最后边的人，高高的个头，40岁左右，穿着极普通的旧衣服，牵着一匹马。

这是化装的中共人员。最前面的是团长边章伍，中间是汪锋、彭雪枫、潘汉年、刘鼎、吴自立、刘克东等人，最后的那个马夫，就是叶剑英。他是秘密去西安做东北军张学良工作的。

长征到达陕北后，叶剑英被任命为西北革命军事委员会参谋部参谋长。他先是参与红军东渡黄河作战的具体准备工作，过河后又指挥中路军巧妙与敌周旋，阻截敌军的给养物资，接着又参与筹划西征。东北军工作委员会成立，周恩来任书记，叶剑英任副书记，组织阅历丰富、熟悉情况的人做争取东北军和第17路军抗日的工作。东线工作委员会成立，即由叶剑英负责。

经过共产党员刘鼎做工作，张学良与周恩来在延安进行了秘密谈判，应张学良的要求，中共派出高级代表去西安共同商讨进一步联合抗日的问题。这个重担就落到了叶剑英的身上。

这一行人从鄜县（现为富县）出发时，成立了中共临时党支部，叶剑英为支部书记，化装前往也是他的主意。当他们根据各自的身材、形象确定身份化装之后，互相看着，都哈哈大笑起来。叶剑英指着体胖的边章伍说："你这个头占了便宜，我只有给你牵马的份啰。"

边章伍开玩笑地说："真不好意思，让你参座为我当马夫。"

"工作需要嘛！不过这戏是要演好的，装啥就得像啥，如果演不好露了马脚，就会有生命危险！"叶剑英说着转向汪锋，"咱们中只有你和刘克东是北方人，你已在17路军待了一段，对外打交道的事就由你负责了，算是外交部长吧，你可得巧于应付，小心谨慎哟！"

"请参座放心。"汪锋说，"我们一定遵守纪律，互相关照。虽然你是马夫，我们可是都听你的呀，你暗中指挥就是了。"

叶剑英幽默地说："我命不好，这形象就不是当大官的材料，说不定你们赴宴我吃冷饭呢。"

这真让叶剑英说着了。

离开边区不久，他们到达一个小镇，大大方方地走进一家饭馆，汪锋喊人送来饭菜。正吃饭的时候，走来一队东北军的骑兵，为首的上前说："我们的司令部在洛川，请你们到洛川小住。"

突如其来的情况，令人们心里有些震惊，好在这都是一些做过情报工作的人，有的甚至在南京、上海等敌特密布中自如出入过，应付突然情况的能力极强，所以非常镇定。

叶剑英悄问身边的刘鼎：“怎么回事？”

刘鼎原名阚尊民，曾在周恩来领导下的中共中央特科工作过，是5个多月之前受宋庆龄委托秘密到达西安张学良部队的。第一次见面时，张学良就开门见山、火气很大地提出了几个问题：为什么共产党骂他投降卖国、不抵抗日军？为什么苏联为“中东路事件”把东北军打得那么惨，还骂他勾结日本帝国主义？为什么红军把东北军打得那么厉害？第二次见面时，刘鼎逐个回答了张学良提出的问题，最后指出：东北军最好的出路是联合红军抗日，不仅可以一洗“不抵抗”“投降卖国”的罪名，而且还可以摆脱蒋介石消灭异己的阴谋，更是东北军不负东北同胞和全国人民殷切希望的明智之举，将来抗日胜利功垂史册，张将军和东北军首占一页。

这些情况，作为负责东北军工作的叶剑英是知道的，所以才向刘鼎提出问题。

“我也不清楚。”刘鼎说，“我曾跟着张学良在洛川住过十几天，晚饭后常沿着城墙散步、交谈，不知道是不是有人认出了我。咱们就客随主便吧？”

“客随主便。”叶剑英说。

叶剑英一行骑马到达洛川，受到了热情的招待。一位师长亲自出迎，把边章伍4个扮作军官的人安排住在宽敞的大窑洞里，叶剑英和扮作士兵的刘克东等4人则挤在小窑洞里的一个炕上。吃饭时，那位师长摆出丰盛的酒宴为边章伍等“军官”洗尘，给小窑洞的4人送来4盘菜、1盘白面馒头。

刘克东做了个鬼脸。

叶剑英小声说：“我们不如他们4人，但这也不错了，在保安不但没有这么多菜，更吃不上这么白的馒头。”

第二天，叶剑英等人被一辆汽车恭恭敬敬地送到了西安城里。

张学良和叶剑英的会谈，是10月5日开始的。

第一次见面寒暄之后，叶剑英问：“中共致国民党的信，张将军想必已经看到了？”

　　这封信的全名为《中国共产党致中国国民党书》，是 8 月 25 日公开发表的，出自毛泽东的手笔，内容是呼吁停止内战，一致抗日，实现国共两党的重新合作；肯定蒋介石在国民党五届二中全会上的报告中对于外交政策的新解释有了进步；最重要的是表示赞成建立全中国统一的民主共和国，苏维埃区域可以成为其中的一个组成部分；愿意与国民党结成革命的统一战线，已经准备进行具体实际的谈判，迅速订立抗日救国的协定。对此，有许多人不能理解。叶剑英听说张学良对此也有疑虑，便首先提出了这个问题。

　　"已经拜读过。"张学良如实回答，但没有多说。

　　"我可否负责地向张将军作些政治背景的解释？"叶剑英问。

　　张学良："愿闻其详。"

　　叶剑英："由于日本人的入侵，中国国内的关系已发生了变化，我们中共的政策也作了重大的变动。在对待蒋先生的态度上，我们过去是'抗日反蒋'，现在已改为'逼蒋抗日'。蒋先生这个人，你和我都很了解他，不给他一些压力，他是不会用全力去抗击日本帝国主义的，总是想先消灭中共，用他自己的话说，就是'攘外必先安内'。当然，我们也是接受了张将军的意见。"

　　张学良用心听着，特别是叶剑英说到接受了他的意见，使他想起 4 月 9 日深夜与周恩来在延安的会谈。他们主要谈了停止内战、一致抗日；红军立足点；抗日救国施政纲领与组织国防政府、抗日联军；联合苏联；双方合作通商等问题。会谈中，张学良提出了联合蒋介石抗日的建议。4 月 22 日，周恩来在给他的信中说："为抗日固足惜蒋氏，但不能以抗日殉蒋氏；为抗日战线计，为东北军前途计，先生当有以准备之也。"当时，他就为中共接受了他的建议感到快慰，现在又听叶剑英当面这么说，他很高兴，说："我会多做一些劝蒋先生抗日的工作。"

　　叶剑英拿出随身携带的关于国共两党抗日救亡协定草案，交给张学良，说："这是国共两党代表经过秘密接触后，由我党中央提出的。请将军先读，您若同意，可转送蒋先生。"

　　张学良看过协定草案，说："我可以转送蒋先生。如果您能以毛泽东、周恩来先生的名义写一封给我的信，我就有了转递的依据了。"

　　第二次会谈时，叶剑英首先把一封署名毛泽东、周恩来致张学良的信交给张，信上写道："只要国民党军队停止向红军进攻，不拦阻红军抗日去路与不侵犯红军抗日后方，我们首先停止向国民党军队的进攻，以此作为我们停战抗日的坚决表示。"希望"将敝方意见转达蒋先生速即决策，互派代表正式谈判停战、抗日的具体条件"。

"我将尽快把抗日救亡协定草案连同这封信转给蒋先生，争取早一点与红军联合抗日。"张学良果断地说。

看到张学良如此爽快，叶剑英详细地讲述了中共中央拟订的红军抵抗日军的战略计划。张学良很受感动，当即表示东北军将予以配合，并讲了他的决定：将第67军集结于固原地区，第51军集结于庆阳一带，第105师驻守平凉，必要时可以随时和红军一起作战。

"毛泽东和周恩来先生对我做过交代。"叶剑英说，"现在我们遇到一点困难，请张将军借给红军5万元现款，帮助解决1万套棉衣。"

"借款的事，我努力去办。"张学良立即说，"棉衣可以马上解决，只是不便直接送往。我先派车从西安送往兰州方向，贵军在半路上取走，您认为怎样？"

叶剑英说："张将军想得很周到，这样最好。我代表毛泽东、周恩来先生谢谢张将军！"

"这也是为了抗日。"张学良说。

很快，张学良就命令将棉衣分批秘密转送给红军，同时将5万元交给叶剑英。叶剑英非常高兴地说："张将军帮助了我们，我们也会帮助张将军的。"

叶剑英没有食言。几天后，张学良遇到了一个难题。彭德怀率领的红军部队，在宁夏固原地区李旺堡包围了马鸿宾的骑兵第207团，蒋介石命令东北军前去解围。张学良作难了：如果去，就得和红军作战。他不愿与红军作战，也担心打不过红军。如果不去，就是不执行军令，会加深与蒋介石的矛盾。他把这件事告诉了叶剑英。

这是一个复杂的局势，应当帮助张学良应付过去，这样才能真正争取东北军。叶剑英当即答应报告中共中央，并连夜发电报给毛泽东，转述张学良的困难，同时提出5条建议：（一）答应张的要求，放出被红军包围的马部骑兵团；（二）允许东北军刘多荃的第105师按规定时间前去接应；（三）红军派人随带呼号密码直接与前去接应的105师取得联系，永远通好；（四）李旺堡解围之后，该地区归红军占领；（五）派人与105师洽谈今后交通问题，开辟西北新的交通线。毛泽东采纳了叶剑英的意见，命彭德怀让刘多荃师接走了马鸿宾的骑兵团。

张学良十分满意，握住叶剑英的手，激动地说："共产党人够朋友！"

西北的局势在急剧变化。

蒋介石处理完陈济棠、李宗仁发动的抗日反蒋的"两广事件"，便火速调集更多的军队攻打陕北的红军。在他看来，此时正是荡平中共陕甘根据地的好机会。

这时，张学良、杨虎城直接同中共和红军联系的消息也传到了蒋介石的耳朵里。因此，他嘴里骂着"娘希匹"，率领一批军政要员飞到西安，分别召见张学良、杨虎城谈话，当张、杨慷慨陈词一致抗日时，遭到了蒋的严厉训斥。

与此同时，蒋介石的嫡系精锐部队260个团30余万人向西北开进，并任命蒋鼎文为西北"剿总"前敌总司令，卫立煌为陕甘绥宁边区总指挥，军政部次长陈诚驻前方督剿……这实际上撤销了张学良西北"剿总"副司令代总司令和杨虎城西安绥靖公署主任的职权，从而激化了和张、杨之间的矛盾。

置身西安的叶剑英，密切关注形势的发展变化，随时向中共中央提供报告和建议。

12月3日深夜，张学良在他金家巷的公馆里，坐立不安，夜难成眠。白天，他乘飞机前往洛阳面见在那里名为"避寿"实为进行军事部署的蒋介石。因为这之前，日伪军再犯绥远，前线形势严峻，张学良写信给蒋介石，请求亲率所部援绥，蒋没有允许，部下群情激愤，他前去请蒋出面解释，蒋答应第二天亲赴西安。

明天蒋介石就要来西安，他将采取什么做法？自己怎样应付？最后的结果又会是什么？张学良心情忧郁地想着，怎么也拉不直那一个又一个问号。

他想到了叶剑英。从两个多月的接触中，他已认定中国共产党是真正的朋友，叶剑英是一个可以信赖的人。

张学良想着，叫来他的副官、警卫营长孙铭九，说："你去请叶先生到这里来。"

叶剑英到西安后，就住在孙铭九的家里，这是离金家巷张公馆不远的小四合院。此时，叶剑英在他住的西厢房里也没有睡觉。几天前蒋介石到西安来，和张、杨谈话，登华山，在王曲的军官训练团训话，他已将蒋的行踪特别把蒋的训话内容归纳成几点，电告毛泽东和周恩来，即军人只要服从我；敌人只是一个共产党；救国只有三民主义；消灭红军后将领导你们走光明之路。现在，蒋介石还在洛阳，张学良今天也飞往那里，又有什么新的情况呢？

孙铭九敲门走进来，说："叶先生，少帅请您现在到他那里去，有要事相商。"

叶剑英看看表，已是半夜时分。"这个时候叫我去，想必不是一般的事，一定与张的洛阳之行有关。"

果然如此。叶剑英一到公馆，张学良就向他介绍了白天到洛阳去见蒋介石的情况，认为蒋剿共的态度不会改变，况且已做好了军事部署，这次来西安的后果会不堪设想。

叶剑英也感到形势严重，稍作思考后说："我立即向毛泽东和周恩来先生报告，请示他们应该怎么办。"

回到住处，叶剑英就急电请示毛泽东，得到的答复是要他返回保安面商。

叶剑英将这一情况告诉张学良后，就悄然离开了西安。

在保安一孔窑洞里，毛泽东正在召开会议，张闻天、周恩来、秦邦宪等人参加。叶剑英在会上详细地介绍着西安的情况，张学良、杨虎城的态度和处境，东北军、17 路军、党外各界人士、青年学生以及人民群众的抗日热情，蒋介石在西安的讲话，并分析了严峻复杂的形势。

这时，机要秘书送来一份刚刚收到的电报，是张学良发来的，说形势十分危急，请叶剑英即回西安共商大计。

到底是怎样的十分危急呢？人们一时没有说话，默默地思索着，把目光投向毛泽东和周恩来。

周恩来首先说："现在蒋介石正在西安，他和张、杨的矛盾已经很深，说不定会发生什么情况，既然张学良提出要剑英去，剑英应尽快赶去西安。"

毛泽东使劲抽了一口烟，下决心地说："剑英，你不要再开会了，马上动身回西安，看看那里究竟发生了什么了不起的大事。"

"我这就动身。"叶剑英说着站起身。

毛泽东说："再交给你一个任务，稼祥长征以来就身体不好，你把他带到西安，通过张学良送他到新疆转赴苏联治病。"

叶剑英说："我一定做好。"

图为协助解决西安事变的中共中央代表主要成员周恩来、叶剑英、秦邦宪。

就在叶剑英前往西安的途中，西安发生了一件震惊中外、在中国近代史上有着重要意义的事件。

12月4日，蒋介石到了西安，住进华清池的五间房，召见张学良、杨虎城时，杀气腾腾地提出了两个方案：要么服从命令，将东北军、17路军全部开到陕甘前线去"剿匪"，要么将东北军调往福建，17路军调往安徽，让出地盘给其他部队。张、杨多次苦谏不成，便于12月12日凌晨实行"兵谏"，扣留蒋介石，拘禁了一批在西安的国民党军政大员，并通电全国，提出改组南京政府、停止一切内战、释放被捕的爱国领袖、释放一切政治犯、开放民众爱国运动、保障人民集会结社一切政治自由、确实遵行孙总理遗嘱、立即召开救国会议等8项主张。

与此同时，张学良致电毛泽东、周恩来。毛、周当即复电，建议张立即将东北军主力调集西安、平凉一线，17路军调集西安、潼关一线。固原、庆阳、富县、甘泉一带仅留少数红军，决不进占寸土。红军负责钳制胡宗南、曾万钟、毛炳文、关麟征、李仙洲各军，并派周恩来前往西安。

12月17日下午，周恩来率罗瑞卿、许建国到达西安，傍晚在金家巷一号公馆西楼与张学良单独密谈，达成和平解决西安事变的共识，并商谈了和宋子文谈判的 5 项条件。第二天下午，又在九府街芷园会晤，说服杨虎城以大局为重，团结抗日，使中国免于被日寇灭亡。

叶剑英到达西安后，才知道事变的具体情况以及中共中央关于和平解决西安事变的主张。这时，秦邦宪也到达西安，周恩来便进行了具体分工，他自己侧重于政治方面，负责上层统战和群众团体的工作；秦邦宪侧重中共组织内部的工作；叶剑英主要负责军事方面的工作。

周恩来对叶剑英说："张学良向我提出要你出任抗日联军临时西北军事委员会的参谋长，我已报告中央书记处批准，你就以参谋长的身份参加西北联军参谋团，与东北军、17 路军的将领一起制定抵抗亲日派'讨逆军'的作战计划和军事部署，同时参加谈判和其他工作。"

抗日联军西北军事委员会是张学良、杨虎城扣留蒋介石后宣布成立的。"讨逆军"，是指亲日派头子何应钦急于取代蒋介石的地位，极力主张出兵讨伐"叛逆"张、杨，下令发兵进攻陕西，准备派飞机轰炸西安。叶剑英知道这些，他坚定地对周恩来说："我保证完成任务！"

叶剑英看到最忙的是周恩来。他要和各方面人士会谈，做党内人员的工作，更主要是要和蒋介石的代表宋子文、宋美龄兄妹会谈。叶剑英也参加过一些谈判，看到周恩来既坚持原则性又讲究灵活性，既从大局出发坚持原则，又光明磊落、赤诚感人的让步，留下了深刻印象。特别是周恩来会见蒋介石的情景，那么富有戏剧性。

那是 12 月 24 日晚上，周恩来在宋氏兄妹的陪同下走进蒋介石的住处，看到老对手憔悴的面容和窘态，平静地说："蒋先生，我们 10 年没有见面了，你显得比以前苍老些。"

蒋介石却说："恩来，你是我的部下，你应该听我的话。"

周恩来的话威严有力而又不失诚恳："蒋先生，你违背孙中山先生的遗教，10 年来因内战牺牲了千百万革命者，我这颗脑袋也是从你的刀下滚过来的。这些，现在都不去说它了。只要蒋先生能够改变'攘外必先安内'的政策，停止内战，一致抗日，不但我个人可以听蒋先生的话，就是我们红军也可以听从蒋先生的指挥。我们党一贯主张停止内战，一致抗日，主张各党派无论过去有什么旧怨宿仇或不同政见，都应该捐弃前嫌。组成抗日统一战线，共赴国难。我这次来西安，不是来算旧账，而是来商谈今后的救国大计的。"

蒋介石松了口气，说："我后悔了，杀人太多了。"

宋美龄从旁说："周先生是来同你商谈救国大计的。你们本来是同校故交，今日会面，要互相见谅。此次委员长在西安出事，多亏周恩来先生千里迢迢前来斡旋，实在感激得很啊！"

周恩来讲了白天和宋氏兄妹会谈达成的结果。蒋介石表示完全同意，说："恩来，我们再也不要打内战了。我回南京后，你可直接到南京找我谈……"

在周恩来的直接领导下，叶剑英积极主动地会见各方面人士，广泛听取意见，特别是一些人对事变的疑虑，及时报告周恩来和毛泽东，比如：中共能否真正放弃阶级革命，改取"社会民主制"？红军能否取消，归中央政府改编，听从命令？今后能否割断同莫斯科或第三国际的关系？中共最近的主张是什么？

根据叶剑英反映的情况，中共中央及时加强了对方针、政策的宣传，加大向各方面人士解释的力度，从而消除了一些人的误解，扩大了中国共产党统一战线政策的影响，也有助于西安事变的和平解决。

由于以周恩来为首的中国共产党代表团卓有成效的工作，终于使西安事变得以和平解决。但是，张学良没有和周恩来、叶剑英等人商量，就亲自陪蒋介石同机离开西安，蒋介石一到洛阳就把张学良扣留了起来。

叶剑英既惋惜又痛心，为张学良的处境和安全焦虑不安。他回到住处，拿出张学良亲手送给他的一帧照片，久久地凝视着，然后拿起笔在旁边写下了一行字："汉卿送蒋回南京前留影"，一直将其珍藏着。

历史上常常有这样的情形，一个事件在极短时间内甚至一刹那发生了，解决起来也不难，但要妥善处置其造成的后果，引起的余波，却不容易。西安事变就属此类。

蒋介石回到南京的第二天，就发表《对张杨的训话》，并软禁了送他的张学良，接着派顾祝同为军事委员会西安行营主任，调集37个师的兵力开赴西安。

形势又顿时紧张起来。

叶剑英更忙碌了。他和周恩来、秦邦宪等人一起通宵达旦地分析形势，同杨虎城、王以哲等将领协商，一方面强烈抗议蒋介石扣押张学良，另一方面进行军事准备。

为此，抗日联军临时西北军事委员会召开参谋团会议，协商拟定联合作战方案。由于东北军和西北军的意见不一致，虽然张学良已授命杨虎城指挥东北军，但在外有重兵、内有分歧的情况下，杨虎城的处境非常艰难。

叶剑英分析了面对的军事态势，说："我们在军事上应集中主要兵力到东部正面防线，以对付从潼关方向西进之敌，摆成一个鳝鱼篓子形，让敌人能进不能出，把它全部吃掉。"

根据叶剑英的这一提议，王以哲提出了他的主张：东北军在东部正面防线部署重兵，杨虎城将17路军集结在渭北各线。

叶剑英说："我本人赞同王将军的意见，我们将调一部分红军主力开进关中，集结于咸阳、洛川一带，以配合两军作战，造成进可以攻，退可以守，战则能胜，和则有力的局面。"

然而，主战派和主和派的意见仍然统一不起来，东北军中主战的"少壮派"不赞成主和的"元老派"的意见，提议召开两军团以上军官会议。叶剑英应邀参加了这次会议。

会议是在渭南东塬张家堡召开的，到会的共有40多名军官。会上，"主战"与"主和"两派争论不下，互不相让，尤其是那些少壮派们，年轻气盛，义愤无比，坚持要用武力与中央军争个高下，夺回他们的少帅。

叶剑英与杨虎城坐在一起。在感情上，他能理解"少壮派"们的心情。他们崇拜的领导者被扣押了，而且是出于好心陪送的。从心里说，他又何尝不想一位爱国将领安全归来呢？但理智又告诉他，如果诉诸武力，会造成战祸起于萧墙，对团结抗日的大局不利，对国家民族不利。可这些人又是很难说服的。他还记得几天前的情景。当时，他正和周恩来一起分析形势及对策，孙铭九几个人闯进来，长跪在地，痛哭流涕地说："请红军出兵吧，帮我们把少帅救回来！"他无论怎样劝说要认识形势和前途，这些人就是听不进去，过后还说："也要向叶参谋长来个兵谏！"

叶剑英没有因此而害怕，照样出席会议，与两派交谈，不厌其烦地剖析形势，痛陈利弊。现在，他又恳切地说："我们大家应该团结起来，加强东北军、17路军和红军的三位一体，巩固统一战线，争取张将军早日返回，共同抗日，收复失地。"

杨虎城也赞成叶剑英的话，认为宜和不宜战，他拿出张学良的信，说："这也是张将军在给我和各将领的信函中所期盼的。"

尽管会上作出了决议：在张学良未回来以前，坚决不撤兵；中央军如再进逼，不惜决一死战，出席会议的所有军官都在决议上签了名，但孙铭九、应德田、苗剑秋等少数人，仍然坚持主战意见。

1937年2月1日晚，"少壮派"们在孙铭九家聚会，决定杀掉王以哲、何柱国等人。2月2日早晨，孙铭九派卫队团连长于文俊闯进粉巷，击毙了病中卧床的王以哲，何柱国、于学忠、董英斌等人因在杨虎城公馆得已幸免。

这就是"二二事件"。

"少壮派"突然而鲁莽的举动，造成了东北军内部的分裂，也削弱了西安方面同南京谈判和营救张学良的实力地位。一时间，西安城里谣言四起，恐怖气氛非常严重。

周恩来说："眼下最重要的是平息这场风波，制止事态扩大。"

叶剑英说："只有这样才能继续维护住'三位一体'的局面。"

周恩来说："剑英，咱俩分一下工，我到王以哲家去吊唁，帮助处理善后事情。你立即派人到渭南去，向那里的东北军将领说明事情经过，宣传我们反对这一事件的态度。"

叶剑英说："就让刘澜波同志到渭南去吧。另外，应该把孙铭九、应德田等肇事者转移出去，以保证他们的安全。"

周恩来说："我看可以，你去安排吧。"

叶剑英说："你千万要注意安全呀！"

周恩来说："我会的，你也要小心。"

很快，刘澜波被派往渭南，刘鼎护送孙铭九等人先到云阳红军驻地，然后又转往平、津。

在周恩来、叶剑英等人的努力下，"二二事件"的风波得到了平息。

13. 南京之行

南京的8月，天气十分酷热。白天，炎热的日头，升腾着居高不下的温度。到了下午，日头西斜，但从江面吹来的微微冷风，仍除不去浸透其中的灼热。

置身于这六朝古都的叶剑英，感受到的不但是大自然的热度，更是政治与

图为 1937 年 8 月，叶剑英（前左一）、朱德（前右一）、周恩来（后左一）等在参加南京国防会议期间的留影。

军事局势的热度：从卢沟桥事变开始的中国全面抗战已一个多月了，日本侵略军在步步逼近，全国军民的抗战热情空前高涨，国民党和共产党的谈判也在艰难地进行着。

西安事变和平解决后，叶剑英继续留在西安，主持后来改为西安八路军办事处的西安红军联络处，送爱国的青年学生和进步人士前往延安，筹办军用物资、医疗器械、紧缺药品，营救西路军的战友，更重要的是继续和国民党进行谈判。

7 月 31 日那天，叶剑英和蒋鼎文会晤，听说南京国民政府军事委员会即将召开国防会议，蒋介石有邀请毛泽东、朱德参加的意图，认为这是一个争取中共公开合法地位的时机，立即致电周恩来，认为"国防会议的做法是要抗战，大家一致来抗，毛、朱已在被请之列。我想毛不必去，朱必须去。免为人所借口"。这时，毛泽东也收到了张冲关于蒋介石密邀毛、朱、周的电报。周恩来最初是建议他和叶剑英前去的，中共中央正式确定周恩来、朱德、叶剑英 3 人同去。于是，他们来到了南京。

夜色中的南京，已陷入浓浓的寂静。昏黄的灯光闪烁明灭，宽大的梧桐叶轻轻地摇动。街道上行人稀少，脚步匆忙，警惕地提防着突然出现的不测。持枪的士兵沿街巡行，机警的目光扫视着不寻常的行人和黑暗的角落。

叶剑英站在他的住处，默默地注视着夜色笼罩的六朝古都，心里想的却是日本侵略军的进攻。卢沟桥事变之后，日本侵略者一方面同国民党军谈判，一方面大举进攻：按计划分 3 路入侵平、津，一路由关东军两个旅团经热河向北平北侧进犯，一路第 20 师团经山海关向北平南侧进犯，一路部署于北平东侧，另从国内调来一个师团围攻天津、塘沽。很快，北平陷落，天津陷落，日军长驱直入。蒋介石不得不同中共红军谈判抗日，同时又想借机削弱中共和红军，在改编数量、地区等问题上，颇像市场上的商人，讨价还价，争论不休。

叶剑英看着，心中感慨颇多，焦急里挟着气愤。是啊，日军嗒嗒的马蹄，隆隆的机炮，沾血的刺刀，似乎还没有打乱这里的宁静，和前线相比，和沦陷区相比，这里还是一片和平景象啊！可这样的日子，还能持续很久吗？已经召开的最高国防会议，会有什么样的结果？事先商定的和国民党谈判的要点是否能顺利实现？

叶剑英默记着谈判的要点，诸如华北兵力部署按三线配置，目前关键是第一线；总的战略方针，暂时是攻势防御，给进攻之敌以歼灭性的反攻，绝不是单纯防御，正规战与游击战相配合；红军出三分之一兵力，以晋、察、冀、绥 4 省交界地区为中心，向沿平绥铁路西及沿平绥铁路南进之敌执行侧面的游击战，另一部向热、冀、察边区活动，威慑敌人后方；发动人民的武装自卫战以保证军队作战的胜利；等。他根据这些，思考着他在会上的发言，还计划着利用这个机会去会晤那些熟悉的国民党的军政要员，宣传中国共产党的主张，促进抗日民族统一战线的早日形成，同时也了解有关的情况。

在第二天国民政府军事委员会军政部长何应钦主持的谈话上，周恩来侧重讲了中共对形势的分析和主张，指出在当前战争中，必须培养出可以独立持久的能力。在正面防御上，不可以停顿于一线及数线的阵地，而应当由阵地战转为平原与山地的广大运动战，同时要采取游击战。

朱德系统地论述了战略战术，即抗日战争在战略上是持久的防御战，在战术上则应采取攻势。在正面集中兵力太多必受损失，必须到敌人的侧翼活动。目前用兵的主要方向是华北，但从情况判断，敌人必然会进攻上海，以吸引我国兵力。游击战是抗战中的重要因素，因此他建议开办游击训练班，使国民党的军队亦能逐步学会游击战争。

因为周、朱对形势、主张、战略和战术都作了详尽的讲话，叶剑英只作了简要的发言。

小轿车离开热闹的市区，向晓庄驶去。国民党的"首都反省院"在那里。"反省院"内，关押着一批中共党员和革命人士。参加过国防会议的周恩来、叶剑英，前往那里去看望他们。

汽车疾驰向前，坐在车内的周恩来、叶剑英脸色凝重，朝向车窗外的目光其实并没有注意路旁的景物，流露出的是焦急和沉痛，希望早一点看到狱中的人。

1927 年 4 月 12 日，国民党与共产党的第一次合作破裂，蒋介石向共产党开了枪，白色恐怖弥漫。坚定的共产党人，一部分倒在血泊中，一部分被抓进监狱里，一部分擦干身上的血迹继续战斗。从西安事变的和平谈判开始，中共就把"释放一切政治犯"作为重新合作的一个重要条件提了出来，国内各阶层的民主人士也这样强烈要求。

处于这样两种压力之下，国民党政府释放了一批关押在南京中央军人监狱的刑期较短的政治犯，但对另外一些政治犯却不予释放。周、朱、叶到南京后，就多方了解狱中难友的情况，公开进行交涉。总算有了成果，允许周恩来和叶剑英亲自到"首都反省院"去实地探望了。

叶剑英看着周恩来的面容堆满了疲惫，说："周副主席，你太累了。"

周恩来："民族危亡时刻，大家都一样。朱总司令比我们年龄大，刚参加过国防会议，就忙着回去组织部队，准备奔赴抗日前线。"

叶剑英："形势发展很快呀！"

周恩来："正因为形势发展快，大势所趋，我们才不虚此行。"

的确，周恩来、朱德、叶剑英到南京，蒋介石迫于日军进攻和各方面的压力，最终同意红军主力充任战略游击队执行侧面战，决定红军改编为八路军，朱德、彭德怀分别任正、副总指挥，叶剑英任参谋长，左权任副参谋长，任弼时任政治部主任，邓小平任副主任，并同意每月发给军饷 50 万元，另拨开拔费 20 万元及一批物资。同时，答应中共可以派人到南方各游击区传达中共中央的指示和协助红军游击队改编……

叶剑英沉思未语。朱德已返回，周恩来很快也要离开南京，所以他抓紧时间来看望狱中的同志。今后的任务都将落在他的肩上，那是很沉重的。

轿车减速后，经过荷枪实弹的森严岗哨，驶进了"反省院"内。

"反省院"早已接到通知，早饭后就将狱里的所有牢门打开，平日凶狠的狱卒也变得和气起来。

周恩来、叶剑英的车刚停下，院长就急忙走到跟前，毕恭毕敬地说："周先生好！叶先生好！"

周恩来点点头，边握手边说："我和叶参谋长是来看望夏之栩、王根英、熊天荆等同志的，请你放她们出来和我们见面。"

"我马上派人去请。"院长急忙说，"请周先生、叶参谋长到屋里去等。"

周恩来、叶剑英进到屋里不一会儿，夏之栩、王根英、熊天荆就被带来了。她们虽然经过修饰和打扮，但仍掩不住所受到的摧残和折磨，衣衫破烂，身体瘦弱，手臂上露出明显的伤痕。

周恩来的心里很难受，在向她们伸出手的同时，眼眶湿润了，但脸上浮出笑容，说："你们还认识我们吧？"

夏之栩、王根英、熊天荆3人几乎同时激动地说："认识！认识！"

叶剑英原来不认识这几个人，但来之前听周恩来说过。此刻，他握着夏之栩的手，面向王根英、熊天荆，声音有些哽咽地说："同志们受苦了！"

夏之栩等人虽然不知道叶剑英是谁，可从"同志"的称呼上，已经猜出了是自己人，动情地说："我们没有向他们低头！"

周恩来指着叶剑英介绍说："他就是咱们的参谋长叶剑英同志，我们今天是专门来看望大家的。"

"可见到你们了。"熊天荆握住叶剑英的手说。

王根英说："监狱的难友都强烈要求出狱，请愿、绝食、抗议，提出早日到前线打鬼子去！"

"会的，很快就会的。"叶剑英说，"陈赓同志正带领部队上前线，你很快就能和他并肩战斗了。"

"真的吗？"王根英惊喜地说。

"是真的。我们党已经与国民政府达成了抗日的民族统一战线，同志们就要出去了。"周恩来说着转而又问，"这个反省院关了我们多少人？还有我认识的同志吗？"

夏之栩说："关了 100 多人，男的多，女的少，很多人改了名字。"

周恩来指着夏之栩等人问陪同的"反省院"院长："她们出去要办什么手续？"

"填个保单，她们就可以走了。"院长说。

叶剑英问："我们保行不行？"

院长说："你们两位保还能不行吗？没说的！"

"好，我们两个现在就保她们 3 人，你拿保单来吧。"周恩来说。

院长让人拿来保单，叶剑英填写着。

周恩来对那个院长说："我们还要看看其他的同志，请你安排个地方。"

"行！行！"那个院长连声说，马上命令门外的看守，"让所有的人都到大礼堂集合，说周先生、叶先生看望大家。"

"政治犯"开始并不知道发生了什么事情，在往大礼堂走的路上还小声互相询问，嘱咐要提高警惕，防止监狱又玩什么花样。但一看到周恩来和叶剑英，便激动得泪水流淌，高声欢呼起来：

"共产党万岁！"

"共产党万岁！"

周恩来挥着手，大声说："同志们好！同志们好！你们受苦了！"

叶剑英的心里极为激动。多么好的同志啊，他们在国民党的监狱里受尽苦刑的磨难，但没有屈服，没有改变坚定的信仰，仍然坚持不懈地斗争。尽管那些面孔都是生疏的，可一个个都非常亲切、可敬！

周恩来犀利的目光扫视着他们：钱瑛、帅孟奇、彭镜秋……等欢呼声平静下来，他继续说："中国人民的抗日战争已经全面爆发，国共两党开始了第二次合作，当前共同的敌人就是日本帝国主义。现在，我们党正和国民党进行交涉，要求他们无条件地释放全部'政治犯'。请大家提高警惕，做好准备，你们很快就会出去的。"

叶剑英说："周副主席今天是代表党中央和毛主席来看望大家的。现在你们还不能全部出去，不过要不了多久，同志们就可以回到党的怀抱了！"

周恩来、叶剑英讲过话后走下台，同人们亲切地握着手，并看望了一些牢房。

张琴秋、吴仲廉、陶万荣 3 人是西路军失败后被俘的女红军。周恩来走到她们跟前，握住张琴秋的手问："你是什么时候到这里的？"

张琴秋说："我和吴仲廉、陶万荣同志被俘后先在西宁，4天前才来到这里。"

周恩来说："我们一直在设法找你们，终于在这里见到你们了！"

叶剑英和吴仲廉握着手说："不要着急，很快就接你们出去！……"

3天之后，叶剑英派人将张琴秋、吴仲廉、陶万荣接出了"反省院"。周恩来走后，他又多次派人到几个监狱调查核实，列出名单，反复与国民党政府交涉，从军人监狱、"模范监狱""首都反省院"等牢狱中营救出500多人。

朱德回陕北了。

周恩来回陕北了。

叶剑英留在了南京。国共两党谈判中一些未能解决的遗留问题，都由他去继续谈判和交涉。这时，八路军驻南京办事处已正式设立，李克农为办事处主任，地点在鼓楼附近的傅厚岗66号，叶剑英作为中共和八路军代表也住到了这里。

日军的侵华战争迅速发展，中国军队在奋勇反抗。淞沪会战正激烈进行，红军改编的八路军誓师开赴华北抗日前线。身在南京的叶剑英，以公开合法的身份参加会议，接待记者，宣传中共抗日民族统一战线的政策，讨论抗击日本侵略者的方针。

9月5日，国民政府军政部长何应钦邀请叶剑英参加会议，讨论对日战争的政略和战略问题。

从来到南京后，叶剑英几乎在每一次会议每一个场合都能见到熟悉的人，今天又是如此。有的在黄埔军校里认识交往，有的在东征战场上并肩作战，有的在北伐炮火中同生共死，有的人当过他的领导，有的人接受过他的指挥。10年前，为着各自的信仰而分道扬镳，在战场上一次次刀枪相见。是日本帝国主义的入侵，才又使他们重新坐在一起，讨论怎样共同抵御外敌，保卫国家和民族免于灭亡。国家和民族，有着多么巨大的凝聚力啊！

听过几个人的话后，叶剑英才发言。他讲的是"战略和政略"。首先，他分析了战争的形势及对前途的估计，认为日本的战略展开，将先取得上海、青岛、天津、北平、张家口。中国战略的重点则是："当前我之防御重点在上海，虽胜利不能转移全战局；如在平绥线置重点，则可转移全战局，而破坏敌人整个计划。"

讲到这里，叶剑英放慢速度加重语气说："战略上持久，但战术上仍应采取攻势，以求速战速决；战略虽采取内线，但战术上仍应采取外线，随时包围敌人。"

出席讨论会的人，都是身经百战的将军们，他们心里虽然也承认叶剑英说得有道理，但一个个眼中射出的仍是怀疑的目光，那目光的意思是说，共产党就是善于宣传，说得头头是道，在战场上又是如何呢？

叶剑英看到了那些目光，心里想：你们等着瞧吧，朱德总司令和彭德怀副司令正率领部队开赴华北前线，我对他们指挥部队打胜仗充满信心。

叶剑英的信心很快就得到了证实。

朱德、彭德怀和八路军总部进驻到山西五台山的南茹村，林彪的第 115 师挺进晋东北，贺龙的第 120 师转赴晋西北，刘伯承的第 129 师开赴晋东南，完成了在山西的战略展开。9 月 25 日，第 115 师在平型关首战告捷。

这个消息传到南京之后，国民党控制的宣传机器竟一点也不宣传，当有的记者问宋美龄在平型关打败日军的是不是共产党的军队，宋美龄却模棱两可地说："是蒋委员长领导下的中国军队。"

为了使真相大白于天下，叶剑英特意接见《京华晚报》记者，告诉他，为配合第二战区友军内长城防线的作战，八路军第 115 师师长林彪、副师长聂荣臻在山西省繁峙县东北的平型关，于 9 月 25 日拂晓歼灭了日军第 5 师团第 21 旅团一部和大批辎重车辆，歼敌 1000 余人，缴获步枪 1000 余支、机枪 20 余挺，击毁汽车 100 余辆、马车 200 余辆。

记者："八路军有伤亡吗？"

叶剑英："我军伤亡 600 余人。"

记者："有政府军参战吗？"

叶剑英："有，他们起到了牵制作用，但也有的部队没有起到作用。"

记者："请问叶将军，这一战的意义怎样估计。"

叶剑英："它是全国抗战以来取得的第一个歼灭战，说明日军并不可怕，只要全国军民团结起来，用集团防御战争、扩大游击战争和广大民众之运动战，完全能打败日本侵略者。"

14. 衡岳育人

历史，仿佛是一卷没有开始更没有结束的长长录像带，摄进了重要的事件以及和这些事件联系在一起的各等各色人物。

1939 年 2 月 15 日开始的南岳游击干部训练班，让人很容易和 1924 年 5 月 5 日开课的广州黄埔陆军军官学校联系起来。它们太相似了，不但训练班是由国共两党共同举办的，而且主要的领导人几乎都是原班人马。当年的校长蒋介石兼任训练班主任，当年的政治部主任周恩来被聘为国际问题讲师，当年的教授部副主任叶剑英是训练班的副教育长。有变动的是白崇禧、陈诚当了副主任，汤恩伯当了教育长。

这个训练班是在中共的呼吁下创办的。1937 年 8 月，周恩来、朱德、叶剑英出席国民政府在南京召开的最高国防会议，朱德就提出要训练游击战争的干部；武汉失守前夕，朱德到武汉与周恩来一起面见蒋介石，具体提出了国共合作办游击干部训练班。撤离长沙后，蒋介石在南岳召开军事会议，周恩来、叶剑英再次向蒋介石提出这个问题，蒋才下决心办了这个游击干部训练班，地点就在衡山下的南岳镇。叶剑英奉中共中央之命，带领李涛、边章伍、薛子正、吴奚如等人作为教员、工作人员参与主持。

南岳镇一带，本来是偏僻寂静的，如今竟聚集了这么多人，有不同军衔的军官，有青年学生，有纱厂女工，其中还有毕业于黄埔军校、南京军校及云南讲武堂、东北讲武堂的毕业生。1000 多名学员，几百个教官和科室管理人员，来来往往的车辆，嘹亮激昂的抗战歌声，操练的号令声，战术课的爆破声，演习的枪炮声，使得这里顿时热闹起来。

更让当地人惊奇的是，它不但有国民党的人，还有共产党的人，就是南岳书店里，也摆着毛泽东的《论持久战》、艾思奇的《大众哲学》等书籍。

在共产党的人员中，最引人注目的自然是叶剑英。虽然他穿的是国民党军队的服装，佩戴着中将军衔，但人们还是认出了他。当时，训练班本部设在南岳圣经学校，学员们穿着国民党军队的服装，分散住在山区里，叶剑英和中共人员住在衡山脚下的"桔盈圃"庄园。他上山下山，坐的是南洋华侨胡文虎、胡文豹兄弟送给八路军的汽车，车上的"永安堂"药店的商标非常醒目，仿佛成了共产党、八路军的标志，不但游击干部训练班的学员，就连当地老百姓也记住了，所以这车经过时，学生们知道车中坐的是他们副教育长叶剑英，便停下来敬礼。过路的老百姓看到了，都指指点点地说："看，国民党也向共产党敬礼呢！"

游击干部训练班，当然是以游击战的战略、战术为主要课程。叶剑英是副

图为 1939 年 2 月，叶剑英（右二）与南岳游击干部训练班领导人员在一起的合影。

教育长，除负责筹划整个训练班的教育工作外，就是亲自讲授游击战争概论。这门课在课程表上规定是 20 个小时，占军事课的七分之一。

叶剑英高高的个头，身穿缀着中将军衔的军装，英俊而威武，但讲起课来温文尔雅，又通俗易懂，诸如游击战对抗战的意义、游击战产生的客观条件、游击战的运用等……这些既生疏又抽象的道理，经他一讲就生动具体了起来，仿佛清风吹散弥漫的云雾，细雨打湿久旱的干田。

学生们静静地听着，一双双眼睛里溢出兴奋的光彩，仿佛说，原来游击战就是这样啊，有了这样神奇的战法，一定能把日本侵略军打败。更多的人则低下头，飞快地在面前的笔记本上记着。

这一天，叶剑英讲的是游击战中的军民关系。他娓娓地向学员们说，只有军民团结一致，才能坚持持久抗战。进行游击战，一时一刻也离不开人民群众，只有紧紧依靠他们，才能取得胜利。说着，他打了一个比方："军民关系，如同鱼和水，军队是鱼，人民是水，鱼离开了水，连生存都不可能，哪里还谈得上

打胜仗！"

对学生来说，这个比喻形象生动，含义却十分深刻。他们感到很新鲜，都忍俊不禁地笑了起来。

汤恩伯也来听课了。他是教育长，也是国民党第31集团军总司令。这位浙江省武义县农民的儿子，费尽周折两次去日本求学，1927年回国后就投靠蒋介石，先在南京中央陆军学校当教官，后任旅长、师长，多次参加过对红军的"围剿"。这次来到游击干部训练班当教育长，对叶剑英的民主管理、启发式教学特别是实行"自觉纪律"、官长带头、反对粗暴等做法很有兴趣，并给予支持。叶剑英讲课时，他也常来听。

叶剑英的这个比喻，更让他想得很多。1930年，汤恩伯率所部"围剿"方志敏、邵式平领导的赣东北根据地，1931年春"清剿"上饶、临江湖地区的苏维埃政权，不论军队数量还是武器装备都大大超过红军，可都打得不顺利。尤其是1931年11月，蒋介石调集15个师的兵力对鄂豫皖的红军进行大规模"围剿"，他所率的第2师向河南潢川地区进攻，遭到红军歼灭性的打击，部队几乎伤亡殆尽，他本人也受到撤职处分。为什么和红军打仗总是那么艰难呢？听了叶剑英的话，他情不自禁地指着叶剑英对学员说："你们知道了吧，过去我们为什么老打不过他们？因为他们同群众是鱼水关系。"

学员们笑了。

叶剑英也笑了。心想：你倒是说了一句实话。这个道理你们是懂得的，可是你们做不到呀！

如果在过去，叶剑英会把这些话说出来的，可眼下是大敌当前，国难当头，游击干部训练班里也还是一种团结抗战的合作气氛，他与汤恩伯共事也还可以。不过，对汤恩伯反对共产党的话，他寸步不让，严厉予以驳斥。

那是在一次学员"朝会"上，汤恩伯在讲话时说了这样一句话："蒋委员长对打败日本是完全有把握的，但各种迹象表明，共产党今后是否能服从国民政府的领导，令人产生怀疑。"

透过汤恩伯的这些话，叶剑英看到了国民党当局真正的心思，那时他还不知道汤恩伯已接到了蒋介石"谨防共党"的密令。联想到训练班中有些人在散布流言，制造摩擦，甚至监视中共人员的现象，叶剑英对汤的话极为气愤，立即大声说："中国共产党对国共合作的诺言是忠实履行的，实践孙中山先生的救国主张也是矢志不渝的，不像有些人，早上恭读总理遗嘱，晚上恭读总理遗嘱，天天阿弥陀佛，却不去真正进行实践，这样究竟对国家、民族有什么用！"

学员们面面相觑，他们都知道，叶剑英的话是直指蒋介石的，因为蒋张口闭口都是总理遗嘱。

叶剑英说完，就愤愤地离开了场地。

游击干部训练班的学制是 3 个月。

第一批学员就要毕业了，他们中的不少人会走上抗日前线，为国家和民族的存亡而流血牺牲。训练班的成果，只能从他们的身上表现出来。遥望衡山高耸连绵的山峰，叶剑英不由得吟咏道："四顾渺无际，天风吹我衣。听涛起雄心，誓荡扶桑儿。"

这是他不久前登祝融峰时写的诗。那天，他经过忠烈祠、半山亭，登上祝融峰。这是衡山 72 峰中的最高峰，海拔 1290 米，以其高而为南岳"四绝"之一。叶剑英看过石墙铁瓦的祝融殿，便站在峰顶向周围俯瞰，雄奇的景观尽收眼底。盘纡数百里的山峰依次罗列，参天的古木掩映铺展，藏经殿、广济寺云雾缭绕……他不由得赞叹道：真不愧是我国著名的五岳之一啊！可一想到肩头的重任，心里又不平静起来。祖国的美丽山河一寸寸沦陷，人民群众在铁蹄下挣扎，无数军人在浴血奋战，回到住处便写下了这首寄情言志的诗篇。

第 1 期学员的毕业典礼是 5 月 15 日举行的。因是第 1 期，典礼的规模很盛大，由汤恩伯与叶剑英主持。汤恩伯首先讲话，他说了政府对游击干部训练班如何重视，学员们学到了游击战的战略战术，就要在蒋委员长的领导下，精诚团结，努力作战，争取抗战的早日胜利。

接着是叶剑英讲话。他长时间地看着面前的学员们。那一张张面孔，有许多是他熟悉的。那是第 7 队，不少学员是衡山县地下党推荐的青年学生，由叶剑英利用公开合法身份安排的。那是学员吴众，他曾在中午的休息时间找过叶剑英，希望到了前方要和八路军、新四军的游击队取得联系。那是国民党军队的一位将军，他早就认识……

叶剑英激动了，他热情洋溢地说："同学们，你们今天就从游击干部训练班毕业了，你们将带着学到的游击战的战略、战术，奔向各个部队和地区，到那里去发动和组织广大军民，与日本侵略军进行长期艰苦的游击战争，造成无边无际的火海，烧死侵略者这头野牛！"

这鼓动性极强的话，使本来就士气高昂的学员们更加沸腾起来，他们跟随叶剑英举起右臂高呼：

抗战到底！

打倒日本帝国主义！

中华民族解放万岁！

在叶剑英的指挥下，全场又唱起了《大刀进行曲》：

大刀向鬼子们的头上砍去，

全国爱国的同胞们，

抗战的一天来到了，

抗战的一天来到了……

激扬的口号，高亢的歌声，飞出会场，在南岳的群山间回荡，向远方飞去。

典礼结束后，许多学员拥到叶剑英身边，递上笔记本或纪念册，请他们的副教育长题词留念。

叶剑英没有拒绝，也不能拒绝。他挥笔急速地写着：

到敌人后方去，把鬼子赶出去！

路是人走出来的！

要做大事，不做大官！

吴众走过来，高兴地说："我和吴澎、石坚、邝定家4人决定到新四军去了。"

"小声点。"叶剑英拍拍他的肩膀说，"我祝福你们！到了那里，有事可以去找陈毅。"

15. 重庆舌战

1940 年的重庆，雨季来得比往年早。刚进入 3 月，淅淅沥沥的雨就下个不停，房上是湿的，树上是湿的，地上是湿的，仿佛天空也是湿的，雨蒙蒙，雾蒙蒙，水蒙蒙。

叶剑英站在红岩村八路军办事处二楼的阳台上，红肿的左臂被一缕纱布系在胸前。他用右手轻轻地托着左臂，目光透过房檐上的滴水，望着通往山下铺满苔藓的石阶路，泥泞湿滑。他的左臂就是几天前下山办事时不慎摔倒而伤的。虽然经过治疗和休养，可仍然没有痊愈，稍微一动就钻心地疼。

不过，他没有感到疼，因为他的注意力都集中到了开会的事情上。

几天前，他接到了蒋介石召开全国各战区集团军以上参谋长会议的通知，要他和新四军参谋长张云逸前去参加。

有人不主张他参加会，认为他臂伤未好，蒋介石发起的反共高潮刚失败，很可能又在打什么新的主意，参谋长会议开不出什么名堂，无非只是舌战一通。

有人认为应该去，因为张云逸不能前来参加会，就是来了也没有发言资格，叶剑英去开会既能了解情况，又能相机发言，对我党我军有利。

叶剑英和秦邦宪、董必武商量决定，还是去参加会。这是全国性的会议，不去不好。舌战就是交锋，而交锋是必然的，过去不能避免，今后也不能避免，只不过有时激烈，有时缓和一点罢了。

叶剑英觉得，交锋向来有两种形式，一种武的，一种文的，武的在战场上，文的在谈判桌上，互相配合，相辅相成。几年来，朱德、彭德怀、林彪、罗荣桓、刘伯承、邓小平、陈毅、贺龙、徐向前、聂荣臻等人挥军沙场，外抗日本侵略军，内打国民党顽固派，是以武的形式在交锋；他自己则协助周恩来，从西安到南京，从武汉到重庆，同蒋介石的国民政府唇枪舌剑，是以文的形式在交锋。他真的很感慨，假如把谈判桌上所用的时间、精力和智慧都用到对付日军上去，抗日战争一定能早一天取得胜利。可是不行啊！

就说那次与何应钦面对面的交锋吧。

叶剑英与何应钦在黄埔军校时就认识，一同参加过东征和北伐。1931年叶在江西协助朱德、毛泽东指挥中央根据地第二次、第三次、第四次反"围剿"，指挥"围剿"的正是何应钦。是日本帝国主义的侵略，使他们又到了一起。

何应钦："抗战以来，中共在各地扩充了很多部队，还私自设立了军区，都没有经过政府批准，属于违令扩充，非法设立，应予取消。"

叶剑英："这些军队和军区，是在抗日斗争中发展起来的，它肩负着沉重的抗敌任务，故不能取消。"

何应钦："这是中共与政府争地盘，扩大自己的实力。"

叶剑英："我提醒何将军不要忘了，现在是国共合作抗日。我们共产党人所做的一切，都是为了挽救国家和民族的危亡，绝不争什么个人或集团的私利，更不像某些人，不顾国家、民族利益，总想利用一切机会取而代之，那才真正是扩大自己的实力呢。"

何应钦的脸上泛起了红色。他以为叶剑英说他在西安事变发生后，主张用武力解决，想以军队进攻西安，准备派飞机轰炸西安，以便取代蒋介石。他张了张嘴，想说什么，但没有说出来。

叶剑英："何将军应该记得，抗战以来，政府从南京迁到武汉，从武汉迁到重庆，政府军从北方撤到南方，是八路军和游击队在那些被日军占领的地方流血战斗，英勇拼杀，不但消灭了敌人，还壮大了自己的力量。请问何将军，这有什么不好？为了方便指挥战斗，更好地抗击日军，他们设立了军区，为什么非取消呢？"

何应钦："这是委员长的训示。"

叶剑英："那就请何将军转告委员长，我们绝对不同意取消。"

何应钦："我会的。"

叶剑英："还有，为了坚持抗战，争取早日胜利，政府应允许八路军现有的3个师扩为3个军9个师，承认陕甘宁边区及其所辖地区，承认在抗日前线肩负着抗敌任务的各军区。"

何应钦："那就请叶将军电询延安，按去年11月我所说的几条办。"

叶剑英："我个人已答复过你，那也是中共中央的意见……"

雨还在淅淅沥沥地下个不停，房檐上的滴水更紧了，砸出劈劈啪啪的响声。灰褐色的雾气，浓浓地弥漫着。叶剑英注视了一会儿，使劲摇摇头。参谋长会议，又将来一次交锋。

的确又是一次交锋，而且是包括蒋介石在内的直接交锋。

3月6日，全国各战区集团军以上参谋长会议开始，叶剑英准时出现在会场上。他身着黄呢子军服，佩戴中将军衔，脚穿黑色高筒皮靴，虽然臂伤未愈，但仍是轩昂中透出英武。

一身整齐军装的蒋介石出现在主席台上。他走到他的位置前，用威严的目光扫视一遍会场，坐下后就宣布开会，接着说："去年的冬季攻势打得不好，本次会议的目的，就是要检查作战经过，整顿军纪、军令。"

蒋介石的声音不大也不高，但声色俱厉，充满腾腾杀气。会场上顿时严肃紧张起来，一双双眼睛朝向蒋介石。叶剑英的目光也聚焦在蒋介石的身上，他又会搞什么名堂呢？

"本委员长接到很多报告，"蒋介石说着加重了语气，"这次冬季攻势之所以失败，完全是因为第18集团军游而不击、袭击友军、包庇叛军、破坏抗战、制造摩擦等行为。为严肃军纪，要彻查此事！现在就请诸位发言，每人不得超过30分钟。"

蒋介石的这些话，不啻是一个动员会。各有关战区的参谋长们立即发言，一个个都是用具体材料为蒋介石的话提供证据。说八路军"游而不击""袭击友军""掩护叛军""破坏政权""强征粮食""滥发钞票""贩卖毒品"等。

会场上的气氛十分紧张。

不同含义的目光，流淌出不同的心事。

叶剑英不动声色地静静听着，偶尔在笔记本上写点什么。

蒋介石、何应钦脸上浮动隐隐的喜色。

轮到叶剑英发言了。

他走到讲台上，沉稳地说："委员长、主席团、各位长官、各位参谋长，本席未报告以前，先要说明一点：本集团军总司令、副总司令派本席跟随统帅部担任联络，因此我的报告所根据的材料，完全是由电文中收集起来的，不免有许多不详尽之处，希望各位原谅。我的报告内容分两部分，第一部分是作战问题，第二部分是关于与友军摩擦问题。"然后便声音洪亮地讲了起来。

在第一部分中，叶剑英首先讲了华北战场在整个抗战中的地位、八路军的作战指导思想以及两年来所进行的战斗、取得的战绩，比较大的战斗 2689 次，敌伪死伤 65000 多人，俘获日军 385 人、伪军 9615 人，缴获步马枪 20000 余支、轻重机关枪 400 多挺、大小炮百余门、电线 20000 斤，破敌交通 1170 余次；自己一方阵亡将士 15000 余人，负伤 40000 余人。其次，详尽讲述了冬季攻势的情况，从晋东南、平汉线正太路、同蒲线讲到平绥线、津浦线、陇海线，并列举了一些具体的战斗……

一次次战斗，一个个数字，实际上都是对蒋介石"游而不击"的反驳；八路军冬季攻势的战果，无声地推开了"整顿军纪、军令"的矛头所指。这一切都非常明白，八路军打击日军的战果辉煌，八路军完成了冬季作战任务，整顿军纪军令的对象不是他们。

坐在台上的蒋介石当然听得出来，叶剑英的话如同打向他的耳光，他脸上原先的喜悦之色完全为不快所代替。

"时间已经到半个小时了！"掌握发言时间的军委会参谋次长刘斐站起身提醒说。

叶剑英侧转身子，对着蒋介石说："委座，我还没有讲完。"

蒋介石无可奈何地说："那好，你继续讲吧。"

"那我就讲讲关于与友军摩擦的问题。"叶剑英接着逐一批驳了此前一些战区参谋长说到的八路军与国民党军队摩擦的事。

针对冀察战区参谋长黄百韬说的冀察战区不能完成冬季攻势的任务，是因为18集团军屡次袭击鹿钟麟、石友三、侯如墉、夏维礼部，给敌人以"扫荡"的机会，叶剑英说："鹿（钟麟）主席对于许多的摩擦事件不但不能及时制止，而且实际是怂恿。本集团军与张荫梧部队冲突时，缴获许多文件，其中有许多命令称本集团军为伪抗日军。我们用照相机把它照出来作为一个证明。现在我把几个重要命令念给大家听听……"

叶剑英念了几份张荫梧勾结日伪军共同进攻八路军的来往文电，接着扬了扬手，给人们看。

蒋介石是颇为赏识张荫梧的，听到叶剑英念的文电，感到十分突然，一时很尴尬，冷冷地问道："真有这回事吗？"

"请委员长过目。"叶剑英说着把照片送到蒋介石的面前。

蒋看了一眼，皱一皱眉头，没好气地推到一边。其他人接着传看。

叶剑英又说："在大会上有人说，18集团军把河北的粮食统统集中到太行山去了。这不是事实，第一方法不对，第二时间不符。因为我们存粮的方法是存在群众自己家里，只存在登记簿上，不是集中贮藏的。在河北的斗争环境下面，只有分散保存，才不致为敌寇所抢掠。而石友三在南宫一带却把粮食集中起来，囤积在一个地方，敌寇一来，全部抛弃，这是十分笨拙的办法。去年夏天河北大雨，敌寇决堤，冀中、冀南水灾惨重。说我们在8月间搬粮上山这是不合事实的。"

会场很静。

黄百韬的脸一会儿红一会儿白。

蒋介石抬手摸着脑袋。

针对第 2 战区参谋长楚春溪说第 18 集团军"掩护叛军""袭击友军"的问题，叶剑英说："本集团军是归第 2 战区阎司令长官指挥的。我们自平型关战斗直到现在，和在山西作战的友军没有什么摩擦。新旧军冲突的事件，有许多人怀疑是本集团军挑动的。这一点必须加以说明。新旧军的冲突，我们不仅没有挑动和参加，而且是坚决反对的。当事变初期，彭副司令曾经亲赴秋林见阎长官，劝其和平解决，不要扩大事件，为亲痛仇快。后来新旧军在晋西作战，新军向北撤退，我陈士榘部确有隔断新军，不让他们继续作战的决心，因为我们枪口应该对外，对自己的友军打一颗子弹都不应该。这就是陈支队在当时所采取的态度。我们是不是要他的人枪呢？我们绝不会这样贪小利而失去全国人民的同情。现在楚参谋长也在座，当忻口、太原撤退时，晋绥军的队伍相当溃乱，我们曾帮助他们收容散兵，把抛弃在河川里的大炮抬回给阎长官。后来阎长官说：'你们没有炮兵，我把野炮收回，山炮则送给你们。'本集团军的炮兵团就是这样成立的。因此我们有根据说，陈支队的行动是顾大局的。后来陈支队受到第 61 军、19 军的攻击，不得已撤回晋西北。本集团军的兵站线，遂被该军切断，病在医院的伤兵，遭受牺牲。本集团军群情愤激，始有与友军发生小的冲突。至于赵军南下时，正值敌军由柳林进攻我河西部队，我军渡河侦察，不期与赵军遭遇，发生误会，这是偶然的事。"

叶剑英的发言，共用了一个半小时，也就是说，别的参谋长讲 30 分钟，他讲 90 分钟。

后来，人们把叶剑英的这次讲话，说成是"舌战群儒"。

16. 延安献计

王家坪位于延安的西北方，后边是一溜不高也不大的山峰，前面是一条不深的延河。这是依山傍水的村子，1937 年中共中央军事委员会和八路军总部搬到这里，又新修建了一些窑洞和房子。走进面向西南方向的大门，可见里面分为南北两个院子，南院是政治部，北院是司令部。

紧挨北院北面的山坡上，还有一座小院，那就是军委参谋部。叶剑英回到延安，就住进了这里，任中央军委参谋长。

叶剑英是1941年2月2日上午10点回到延安的。他下了飞机就直接赶往杨家岭去见毛泽东，送交周恩来的信和邓颖超的照片，汇报"皖南事变"前后与国民党谈判的情况，两人畅谈了5个多小时。

回到延安，叶剑英有一种回到家里的安全感和温馨感。1936年他是从保安出发前往西安的，从那以后4年时间里，他上南京，去武汉，退长沙，走重庆，辗转奔波，奔走呼号，真可以说是身在虎穴，处处设防，甚至连睡觉也得睁一只眼睛。现在，终于回到了自己的地盘上，见到的是自己的人，处理的是对敌的事。他常常望着不远处的宝塔，轻松地伸展着腰姿，仿佛连呼吸也觉得自由和舒畅。

有人说，参谋长既是制定方针、政策的参与者，又是这些方针、政策的具体执行者。胜利了，人们往往不会想到他；失误了，就得他出面承担责任以至处罚。叶剑英从军后大部分时间都是当参谋长，对此深有体会。

叶剑英任中央军委参谋长后，既要遵照中共中央和毛泽东的意图办事，又要处理好上下左右的关系。他要使自己的一切节奏随着毛泽东转，毛泽东夜间工作，他也得通宵达旦；他又要考虑下面部队的实际和困难，细致、周密地处理各种问题，因而也就得特别谨慎，科学分析形势，明智预见进程，认真研究策略。为此，他提议建立情报网，通过八路军总部、新四军的10多个情报联络点，使延安同各地的情报联络畅通无阻。他组织人员汇编《军委战况通报》《作战

图为叶剑英与毛泽东（左）、陆定一（右）在延安时的情景。

室通报》，编辑《国际资料》，出版《通信战士》，提供敌、我、友军的战况，各国的军事动态，加强了同各战区的联络，使总参谋部成为中共中央和毛泽东的好参谋。

1941 年 6 月 22 日，德军对苏联发起突然而猛烈的进攻，如同疾风席卷，很短时间就逼近了列宁格勒，一下子把苏军置于极为被动的地位。身为中央军委参谋长的叶剑英，一直关注着世界战局的发展。这时，他立即召集总参谋部一局的班子，分析苏德战争爆发后日军的动向。

一局的这个班子，是叶剑英回到延安后在总参谋部一局作战室里建立起来的，其任务就是讨论国际国内的战局和战略，向军委提出意见和建议。参加的人不但有参谋人员，还有中央领导及回延安的各根据地、各战区的领导人，如朱德、贺龙、陈毅、徐向前、聂荣臻、陈赓、罗瑞卿等。那一次讨论会，叶剑英还专门邀请了在延安的日本共产党员野坂参三。叶剑英综合大家的看法认为中国战场上的日军有北进和南下两种可能，但南下的可能性更大，中共的战略思想和战争准备，重点应放在对付日军南下上。他把这些倾向性的意见报告中央军委。后来证明这个预见是正确的。

当德军的强大兵力推进到斯大林格勒并发起凶猛进攻，有人忧心忡忡时，叶剑英却说："对苏军要有信心嘛。"

有人说："都这样了，还能让人有信心吗？"

"有。"叶剑英说，"我们观察战局，要综合各方面的因素，要着眼于发展，要透过现象看本质，不能被法西斯强大的外表迷惑，所以我们要有信心。"

叶剑英的话被证实了。1942 年 11 月，苏军在斯大林格勒粉碎了德军的进攻，转入反攻，次年 2 月又取得了整个战局的胜利。

人们不但佩服叶剑英，更赞扬他的远见卓识。

叶剑英却没有顾得上高兴，他心里想的，是怎样看待这一巨大胜利。他经过分析认为，这是苏德战争的一个转折点，从此开始将是苏军越来越处于优势，用不了很长时间即能取得胜利；德军将走下坡路，遭到彻底失败。

这些看法，在总参谋部的讨论会上得到了公认，毛泽东和朱德也非常赞成。

黄昏之后，太阳消失在西方天际。延河吹来的风轻轻进入办公室里，后面山坡上的树木发出沙沙的响声，传播着微微的爽意。延安的夏夜，还是清凉的。

叶剑英走进办公室，目光就碰在了桌边的一堆文件上，思绪立即集中了起来。

这是一份敌情通报。和所有置身战争年代的军人一样，只要看到敌情，神经就兴奋得如同上紧发条的钟表，围绕着战争疾速地旋转起来。

这份敌情通报上说：国民政府军事委员会总参谋长何应钦、副参谋总长白崇禧、第 8 战区副司令长官胡宗南于 6 月 12 日在陕西耀县举行军事会议，策划进攻陕甘宁边区、闪击延安的军事行动。会后，胡宗南即电令各部于 7 月 10 日前完成一切准备。

动作好快，配合好紧啊！共产国际于 6 月 8 日宣布从 6 月 10 日起撤销一切机构，张治中立即告知周恩来：共产国际解散后，国民党对中共的办法有两条：一是中共交出军权、政权，组织可合法；二是同国民党合并。就在同一天，国民党西安劳动营训导处长张涤非假冒"民众团体"名义召开会议，给延安发电报要求解散共产党，交出边区，如今何、白、胡又部署了军事行动。

叶剑英立即将这一情况汇报给毛泽东和朱德，然后就密切注视局势的发展。

6 月 18 日，胡宗南又在洛川主持军事会议，决定在洛川、黄陵、同官、耀县等地设立兵站、派出所，在洛川、宜川、韩城设立野战医院并抢修同官境内的咸榆公路。

7 月 2 日，胡宗南又一次电令各部于 7 月 10 日前完成一切准备。

这期间，国民党的 50 万大军已把矛头指向了延安。

形势越来越险恶，战争已箭在弦上。

身为总参谋长的叶剑英，日夜守在办公室里，思考着提供给毛泽东、朱德决定对策的办法。

国民党军队 50 万人，在延安地区的八路军仅三四万人，力量对比悬殊这么大，用武力打退敌人进攻是很困难的。

那么怎么办呢？

叶剑英冷静地分析着，沉稳地思索着。他在室内走来走去，一遍又一遍，时而把目光投到悬挂在墙壁的军用地图上，时而走到门口，久久地注视着夜空中的宝塔。

夜风很凉爽，思路很活跃。

突然，叶剑英的脑海中闪过《孙子兵法》，耳边响着一个声音："实而备之，强而避之"，眼前出现了一个画面：司马懿的大军潮水般涌向西城，诸葛亮坐在城头上悠然抚琴，老军们在城中慢慢清扫街道。司马懿以为这是诸葛亮的计，便命令大军后退……

空城计！叶剑英的眼睛一亮，何不也用用这个办法呢？兵不厌诈嘛！

叶剑英的想法，得到了总参谋部人们的同意。他们知道，叶剑英不但熟读兵书，而且善于运用。他提出的办法，必定是经过反复思考的。

毛泽东、朱德极为赞赏叶剑英的这个建议，并决定采纳：一方面部署兵力，做好战斗准备；另一方面公开揭露国民党破坏抗战、制造内战的阴谋。

7月3日，毛泽东致电在西安的周恩来、林彪：胡宗南部第53师到洛川接替马禄防务后，已有一部侵入边区地境，修筑工事，似有逐步侵占企图。兹将郦县、甘泉、陇东、关中方面情形电达，请就此向胡提出交涉，退出侵占地区。

7月4日，毛泽东致电在重庆的董必武：蒋介石调集20余师兵力包围陕甘宁边区，战事有在数日内爆发的可能，形势极度紧张。请发动国统区广大群众及各界人士起来呼吁停止内战。特别通知英、美有关人员，同时找张治中、刘斐交涉制止，愈快愈好。

7月4日，朱德致电胡宗南：兄已将河防大军向西调动，弹粮运输，络绎于途，内战危机，有一触即发之势。贵方调兵遣将，准备进攻，实为德等大惑不解。

7月6日，朱德致电蒋介石、何应钦等：自6月18日胡宗南到洛川召开军事会议后，边境突呈战争景象，除原有封锁部队10余师外，近复由河防阵地调动增加之兵力不下六七个师，声言大举进攻，消灭边区，打倒共产党。窃思当此抗战艰虞之际，力谋团结，犹恐不及，若遂发动内战，兵连祸结，则抗战团结之大业势将破坏，而使日寇坐收渔利，并使英、美各友邦之作战任务亦将受到影响。

7月8日，毛泽东在为中共中央书记处起草致各中央局、中央分局电：中央决定发动宣传反击，同时准备军事力量粉碎国民党军队的进攻。

7月9日，延安各界群众3000多人举行抗战6周年纪念大会，并发出呼吁团结、反对内战的通电。

这一天，延安《解放日报》发表社论，题为《起来！制止内战！挽救危亡！》。

这一天，董必武在重庆将"七七"宣言，朱德致蒋介石、胡宗南的电报，延安新华社揭穿西安特务假造民意的新闻及延安民众大会通电，秘密印发各报馆、各外国使馆、各中间党派、文化人士，并寄往成都、桂林、昆明。

7月10日，八路军总部决定由冀中军区抽调部队开赴晋西北地区；由太行军区、太岳军区、冀南军区抽调部队开赴陕甘宁边区，以加强延安的防卫力量。

就在这一天，蒋介石电令胡宗南停止对陕甘宁边区的军事行动……

听到国民党军队开始后撤的消息，叶剑英轻轻地舒了一口气。

第 5 章

——

北平军调

17. 第一个回合

历史总是沿着它固有的轨道前进。必然通过偶然表现出来，偶然中蕴含着必然，那么富有戏剧性。而活动于其中的人，既受它的制约，又因它展示才能。

1945 年 8 月 15 日，日本帝国主义无条件投降，中国人民近代以来第一次取得了反对外国侵略的胜利。在欢庆喜悦时，蒋介石命令共产党领导的八路军、新四军"原地驻防待命"，不得对日本侵略军"擅自行动"；同时命令国民党军队"加紧作战努力"，责成伪军"负责维持社会治安"，"不得接受任何部队改编"。毛泽东、朱德则命令八路军、新四军继续向敌占区进攻，收缴敌人武器，接受日伪军投降。

1937 年结成的抗日统一战线便不复存在了，内战又将爆发。在美国出面、苏联支持下，毛泽东亲赴重庆，与蒋介石进行了 43 天的谈判，签订了《政府与中共代表会谈纪要》。但是，这个协议仍然没有制止住内战的一触即发之势。因而又有了美国总统杜鲁门派乔治·马歇尔作为他的特使，前来中国调停国共两党的军事冲突。

乔治·马歇尔是美国的三军参谋长主席，被称为第二次世界大战的"战时英雄"，是美国为数很少的五星上将之一。他于 1945 年 12 月 22 日到达重庆，1946 年 1 月 10 日国共双方正式签订了《关于停止国内军事冲突的协议》并向各自部队发表了停战命令。为实施停战令，监督停战，在北平建立军事调处执行部，国共双方和美国各派一人担任委员，叶剑英奉命作为共方委员，直接对手是国民党方面的委员郑介民、美国方面的委员饶伯森。

郑介民 1925 年毕业于黄埔军校第二期，又到苏联入莫斯科中山大学学习，回国后任过蒋介石的侍从副官，国防部参谋、处长、副厅长，此时是国民政府军事委员会军令部第 2 厅厅长兼军委会调查统计局副局长。他喜欢研究形势，善于搞情报，被认为是"中共问题专家"。饶伯森青年时期学习银行学、经济学和商法，曾任美国政府租借法案对澳大利亚执行处处长，后入国务院研究中国问题，是一个"中国通"。1945 年来华，任美国驻华大使馆经济事务参赞、代办，忠实执行美国政府"不战而控制全中国"的扶蒋反共政策。

郑介民早有准备，受命后就从他担任厅长的第 2 厅选了一批人，又和局长戴笠商量，从军统局挑了一批人，到北平后又给戴笠发电报专门调来军统局的中共科科长郭子明等人，还从各地调了不少军官。再加上飞机、铁路和通信方便，人员很快就到了。

叶剑英则不同。由于通信不畅，交通阻隔，人员集中起来非常困难，他刚到北平时，中共方面几乎还是一个空架子。这时，各地的军事冲突不断发生，国方委员天天催着往各地派执行小组，叶剑英的手下却没有人。他就一方面请中共中央迅速从各地抽调人员赶赴北平，解决电台等配备，另一方面派李克农、罗瑞卿乘坐美国政府提供给军调部的飞机，到延安、晋察冀等地区去接人，同时和北平地下党负责人刘仁取得联系，请他从青年学生中选择可靠的人到军调部工作。各解放区到军调部汇报情况的人，叶剑英也选留了一些。

八路军冀察热辽军区参谋长李聚奎风尘仆仆赶到北平参加解放区参谋长会议，叶剑英留他在军调部工作，说："在军调部也是打仗，不过这是一种特殊环境和特殊条件下的打仗，至于经验，搞一段时间就有了。"

王光美是辅仁大学理学院的学生。她在上学期间接受了马列主义思想，靠近中共地下党的外围组织，经常看一些进步书籍，尤其是刘少奇《论共产党员的修养》一书，她特别喜欢，包上书皮偷偷地阅读。北平地下党学委的负责人崔月犁把王光美介绍到军调部。经过李克农的考查，叶剑英派他的那辆车把王光美接到军调部，担任中共代表团的英语翻译……

有了人，可调处执行小组往哪里派呢？不论国民党方面还是共产党方面，都从各自的需要出发，要求把执行小组派往对自己有利的地方。

叶剑英对罗瑞卿、李克农、宋时轮、耿飙、陈士榘、李聚奎、雷英夫等人说："有这样几条要注意，一是我军力量薄弱的地区，要争取派执行小组，防止对方进攻；二是国民党军队集结的重点地区，要配置执行小组，以监视他们的调动；三是国民党军队可能利用的港口，应争取派执行小组，以防他们通过港口运兵；四是国民党军队准备进攻的重点地区，必须派出执行小组，以制约他们的进攻和揭露他们的阴谋。"

到北平的第五天，叶剑英和郑介民就在军调部的第一次记者招待会上，进行了面对面的争论。

记者招待会是在北京饭店里举行的。一楼宽敞的大厅里，布置得素净而典雅；一溜沙发的前面，摆着充当条桌的茶几，上面铺着洁白的方巾。

当郑介民、叶剑英、饶伯森三方委员走进大厅时，吸引了所有记者的目光，镁光灯闪烁，快门"咔咔咔"响个不停。

随着三委员的到来，一份由 3 人署名的书面谈话发到了记者手里。记者们最关心的是派到各地去调处的执行小组，所以不少人的目光一下落在了这样一段话上："截至现在，已派出 3 个执行小组，分赴集宁（绥远）、济南（山东）及赤峰（热河），其余小组正在准备随时出发。"

已经形成了惯例，国共美三方人员在一起时，美国人总是坐在中间，以表示他们中立、调停的位置。在重庆时，马歇尔坐中间，张群、周恩来在两边。这里也是如此，饶伯森的两旁是郑介民和叶剑英。

军调部宣导组美方代表布瑞田看三委员坐下后，就宣布记者招待会开始。

第一个讲话的是郑介民，他慢慢地站起来，操着海南口音说："我首先告诉诸位记者先生，集宁、枣庄、潍县、元氏及古北口等地，目前尚未有冲突。执行部已派飞机前往各冲突地点散发传单，并拟由三方面代表赴当地解决纠纷。至于恢复交通，乃是当前国家恢复建设和遣返日俘日侨所急需，我想只要大家坦诚相见，顾全大局，总是不难解决。关于处理伪军问题，江南约有伪军 50 万人，已将其解散，上校军阶以上者已经依法审判。"

比较起来，叶剑英的口音比郑介民要好懂得多。他缓慢地说："军调部原规定一致协议，一致行动，一致报道，今日因过忙，记者会前对各问题未曾协议，故我对各问题重作答复如下。"

叶剑英说到这里，故意停顿了一下，目光扫视着在场的记者。记者们听得出来，叶剑英显然不同意郑介民的讲话，所以才在自己正式讲话之前先做这样一番声明。

接着，叶剑英加快节奏，提高声音说："（一）停战令下，我贺龙、聂荣臻、陈毅、李先念、萧克、刘伯承等均自各地报告受击。（二）停战令下，中共中央确实下令各军区停战，吾以中共中央委员资格担保。（三）我同意须先停战，然后谈恢复交通之意见。（四）就加紧办理敌人受降及遣送其回国工作，此事军调部尚未开始。（五）关于中共军攻营口事，我未获延安或其他方面之报告。（六）杜聿明将军行动问题，据12日战报，杜部已距赤峰10公里。"

叶剑英的这些话，如同一根根麦芒插进郑介民的心头。这不是把破坏停战令的罪名，把军事冲突的责任，都推给国军方面了吗？他想立即站起来反驳，可看到饶伯森已经准备讲话，只好咽一口唾沫，按捺住没有说出口。

"我们美国人在3人会议里是中立地位的。"饶伯森用英语说。等翻译翻成汉语说给记者后，他才接着说："一切按重庆协定的方案执行。停战协定是中国的决议案，不是美国的决议案，他们两位同意，我无异议。"

他这几句话说的什么意思，谁也听不懂，连善于抓问题的新闻记者也捉摸不透，人们一阵哄笑。

笑声未落，布瑞田便扬一扬手。等室内静下来，他说："现在诸记者先生可以自由发问，不过总共只有15分钟时间。"

"15分钟？这么少？"记者叫了起来。

布瑞田说："请诸位原谅，三委员确实很忙，拿不出更多的时间。"

沉默了一会儿，有个记者大声说："请问饶伯森先生，如果国共双方皆不肯停战，将怎么办？"

饶伯森耸一耸肩，摊开双手："我也没有办法。"

记者："请问郑将军，关于赤峰战事，你有何评论？"

郑介民："16日派飞机前往侦察结果，杜聿明部未前进。"

记者："叶将军如何看？"

叶剑英："据我军战报，杜聿明部正向赤峰发动进攻。"

记者："营口的战事如何？"

叶剑英："停战令生效前，营口就在我军控制之下。"

郑介民："叶将军得到的战报有误。国军是 1 月 10 日进入营口的，他们是杜聿明部第 52 军 25 师。共军却于 13 日晚趁 25 师主力前往接收沈阳之际，强行进犯，占领了营口。"

叶剑英："那么请问郑将军，10 日之前是谁占的营口呢？ 10 日后贵军又是怎样占领的营口？"

郑介民："国军是在停战令生效之前进入营口的，贵军为何在停战令生效后的 14 日凌晨抢占了营口？"

叶剑英："那就让我来告诉记者先生。1 月 7 日之前，营口在我军手中。自 1月 7 日起，国军向营口发起猛攻，于 10 日强占营口。我东北民主联军当然不能同意，就将国军压缩到市公署、海关、邮局 3 个要点之内。由于停战令生效时间已到，我军停止射击，维持现状。可国军拒绝停战，向我军发起攻击，我军才被迫还击，占领了营口。"

郑介民："真正违反停战令的是共军！"

叶剑英："我还要说明一点，国军所以拼死夺营口，是为了大兵团从那里登陆。"

饶伯森："我看二位将军还是不要为此事争论了。"

记者："我们要知道军调部对东北的冲突有何意见。"

饶伯森："很抱歉！军调部的工作范围不包括东北在内，故不能给记者先生以满意的答案。"

......

布瑞田看看表，原说 15 分钟自由发问时间，已经 90 分钟了，赶忙宣布："记者招待会到此结束，谢谢诸位！"

人们走出北京饭店，寒风劲吹，干冷干冷的。

18. 恢复交通之争

北平协和医院内，军调部的办公地。

叶剑英的面前放着一份郑介民的备忘录，是饶伯森转来的，内容是关于恢复交通问题的。

恢复交通，是国共双方都十分关注的问题。国方最迫切希望早日修通铁路，以便运兵。共方最担心的就是这一点。所以三方参谋长联席会议从1月19日开到2月5日，争论10多天。美方参谋长海斯克和调处处长白鲁德将争论情况带到重庆，经过马歇尔、张治中、周恩来3人会谈达成《关于恢复华北华中交通的协议》，这就是2月11日发布的《和字第4号命令》。

《和字第4号命令》对共产党是不利的。正当国民党急于用兵之际，恢复交通的客观效果，无疑有助于内战。在此背景下，共产党人自然不会让国民党顺顺当当地利用《和字第4号命令》。所以，《和字第4号命令》虽然发布了一段时间，但铁路照样不通。国民党方面就一次又一次地递交备忘录，说共产党不执行恢复交通的命令。叶剑英也一次又一次地送出备忘录，指出铁路沿线国民党军队的碉堡林立，抗议国民党政府不让解放区军民参与铁路和邮政管理。

郑介民不罢休，通过饶伯森向叶剑英施加压力。昨天，饶伯森又提出召开三方委员会议，讨论恢复交通的问题。叶剑英不愿开，可最后还是同意了，开就开，不就是吵上一通吗？我还怕你吵？

为此，叶剑英找来交通处的人员，询问详细的情况，研究了对策。他反复阅读和熟悉交通处中共代表耿飚送来的所有材料，都牢牢地记在了心中，一旦需要的时候，就可以全部拿出来。有什么办法呢？从兴趣来说，他不喜欢记枯燥乏味的数字，更喜欢诗，喜欢诗深刻的含蓄和丰富的想象。可现实需要的不是诗，而是数字。在这里和国民党代表作斗争，数字比诗更具有说服力。

温煦的阳光，伴着柔和的轻风，从敞开的窗子里踱进室内。天气暖和多了，刚来时穿那么多衣服，现在单衣就行了。刚来时光秃秃的树枝，现在已经绽出鹅黄的嫩芽。此时的叶剑英并没有注意这些，他的注意力全部集中在手中的备忘录上面了。

"参谋长，会议马上就开始了。"一个工作人员推门走进来，轻声说。尽管叶剑英在这里的身份是军调部共方委员，在公开场合人们都以叶委员呼之，但共产党方面的人在一起时，还是习惯叫他在延安时的职务。

"好的，这就去。"

叶剑英说着立起身，和来人一起走出办公室。

和以往一样，讨论会即是谈判会，不一样的是，这次没有什么客套，一开始气氛就很紧张。

郑介民显然早有准备，开口就指责起来："《和字第 4 号命令》已经下达这么长时间了，共军所占地区的铁路还没有修复通车，这是不遵守协议的表现。"

在说这些话的时候，郑介民的脸色庄重，言辞激烈。对此，饶伯森和叶剑英都有点意外。这位国民党的中将，向来是以温文尔雅的面貌出现的，喜怒不形于声，今天怎么突然失态了？他们哪里知道，郑介民受到了蒋介石的批评，说他没有能够使铁路很快畅通，影响了军队的运送。在蒋介石面前，郑介民不敢解释，心中有气难平，只好在这里发泄。

叶剑英很高兴看到郑介民这样，对手激怒时才好战胜，这道理在战场上有效，在谈判桌上也适用。他放慢声调说："《和字第 4 号命令》上规定：'应立即撤出或平毁在交通线上或沿交通线之一切地雷、碉堡、封锁、防御工事'，'不得运输军队、武器和军火'。可是，在津浦、平汉、平绥、胶济等铁路线上的国民党军队，根本就没有执行此规定。据统计，国民党军队在冀南、晋南地区修筑碉堡 2104 座，在豫南鄂北地区修筑碉堡 6000 多座。同时，你们还违令调动军队，运输武器、弹药。请问这又该怎样解释呢？"

"利用铁路运送军队、武器和弹药的事是没有的。"郑介民说，"至于碉堡，完全是为了防御。"

"防御？防御谁？"叶剑英质问道，"如果是防御共产党，就是对共产党的不信任。既然国民党不信任共产党，那么有什么理由让我们信任国民党呢？"

看到一开始双方的火力就如此猛烈，饶伯森坐不住了，他担心讨论进行不下去，就说："具体问题不用多说了，还是研究怎样使交通尽快恢复吧。"

叶剑英说："不！这不是具体问题，它关系到停战令能不能实行的问题。如果不停止冲突，不拆除碉堡，铁路修好了，铁甲车就会跟着开入我们解放区，只能引起更大的冲突。"

"我明白了，"郑介民说，"共产党想的就是这个，所以不愿修复铁路。"

"你讲错了！"叶剑英毫不让步，"大江以北，我们解放区内铁路共长 2515 公里，到现在为止我们已经修复 1110 公里，占 44.2%。2 月 14 日以后的 30 多天中，我们修了 517 公里，平均每天 16 公里，这个确实的数字，还不能说明我们的诚意吗？"

饶伯森说："叶将军讲的我也从收到的报告中知道了，已经做过的就不必再说，关键是还应该做的。"

叶剑英说："我讲的是事实。过去了的可以不提，但历史的经验不能忘记。早在十年内战时期，开始共产党对蒋介石是信任的，可他后来翻脸杀共产党人。请注意，当时我还不是共产党员，而是国民党党员、国民党军队的一个参谋长，很受蒋介石的器重。西安事变时，共产党为国家和民族利益，捐弃前嫌，团结抗日，可蒋介石总是想消灭共产党，这样的经验教训能都忘记吗？眼下关键应做的，是停止内战，和平建国！"

郑介民是知道这些事实的，但在美国人面前这样说未免有损于委员长的面子，可他又不能反驳叶剑英的说法，就想了个转移话题的办法，说："关于恢复交通的另一个问题是共产党地区的铁路自成路局，自作主张委派局长、站长，紊乱了路政。我们认为，铁路上的一切人事问题，必须由国民政府交通部正式委任，否则都是非法的。"

"这样做不公正。"叶剑英说，"抗战开始后，国民党把整个华北丢掉，许多铁路工人自愿留下来，坚持抗战到胜利。现在要恢复交通了，国民政府竟要另换新人，取代抗战有功的铁路员工，让他们失业，这种做法是极不合理的。"

"那些人不可能管好铁路。"郑介民说。

"你这样说没道理！"叶剑英提高了声音，"从铁路的修复和通车的事实看，解放区的铁路工人，有经验有能力做好各项工作，根本不存在'紊乱路政'的问题。因此，各级交通机构，应实行民主管理，应有我们共产党的代表参加。"

郑介民对此置之不答，又说："还有邮政管理问题，凡邮务人员，须具备考试院规定的资格参加考试，及格者才能录用。"

这是以考试为名，剥夺我方邮务人员的资格。叶剑英的脑海中急速闪过这个念头。他强调说："解放区邮务人员经过8年锻炼，对国家和人民的贡献绝不能抹杀。他们在品质、能力、经验上，均属优良可靠。我希望国民政府改变错误做法，与中国共产党和解放区的人民一起，为执行恢复交通的协议作出贡献。"

郑介民虽然不同意叶剑英的这些说法，但他也不得不佩服共产党的这一手能够牢牢地抓住那些普通的老百姓。工人、农民以至一般的知识分子，总是拥护替他们说话、替他们办事、为他们谋利益的人。所以，在叶剑英说话的时候，郑介民常常摇头，这摇头的含义究竟是什么，他自己也难以说清楚。

对于这样的谈判，饶伯森早已经习惯了。他平静地听着，一会儿看看叶剑英，一会儿看看郑介民，等待会谈时间的结束。此刻，他忽然佩服起马歇尔的耐心和毅力。这个军人，是怎样熬过一次次这样毫无结果的争吵呢？

叶剑英还在说，从铁路的管理、邮电的领导、港口的使用，逐一讲出了与国民党方面完全不同的意见。

郑介民越听越不耐烦，他不时看看叶剑英，目光里流出不悦，眉宇间皱起疙瘩。

饶伯森抬起左手，看看表，说："时间已经到了，今天的会谈就到此结束。我希望国共双方都认真执行协议，早日恢复中国的交通。"

19. 应付突然事件

4月3日凌晨3点钟左右，一群黑影悄悄地接近了宣武门外方壶斋9号。

这里是共产党新闻机构《解放》报社、新华社北平分社。《解放》报是2月23日在此创刊的报纸，先是3日刊，后改为2日刊，已经出版了多期。新华社北平分社也是在此期间设立的。这两个新闻单位的设立，都是经过国民党北平当局批准同意的。

那群黑影是国民党第11战区第92军第142师第426团1营2连、北平警备司令部侦察大队、警察第2中队3及4分队、宪兵第19团一部及便衣特务，共有200余人。为首者是北平警备司令部的张靖和警察总局的赵跃南。

夜非常静，来人的动作很轻。几个人蹑手蹑脚攀上方壶斋9号对面的屋顶，将两挺机枪架好，枪口正对着9号大门，其余的人隐蔽在黑暗处。这一切都是在悄无声息中完成的，没有发出一点声响。

安排就绪之后，有两个人领来了这里的甲长，指指9号的大门。甲长很听话地走到门前叫门。

最先从屋里走出来的是新华社北平分社社长兼《解放》报社社长和总编辑钱俊瑞，跟在他身边的是秘书马乃庶。他们看到眼前的景象，就立刻明白发生了什么事情。

钱俊瑞大声问道："你们是干什么的？为什么深夜闯入住宅？"

"查户口的。"

"查户口为什么闯入办公室？"钱俊瑞质问。

没有人应声。

"我是这里的总编辑，"钱俊瑞说，"有事情来问我，不准你们在办公室里搜查！"

黑暗中，有人说："你们漏报了户口，就是要搜查。"

钱俊瑞问："你们的负责人是谁？"

张靖和赵跃南走过来，上下打量了钱俊瑞一番，说："打扰了，钱先生，我们是奉命来检查户口和违禁物品的，你们有没报户口的人。"

"你们搜查到违禁物品了吗？"钱俊瑞问。

张靖如实说："没有。"

"我们这里有枪没有？"钱俊瑞又问。

赵跃南说："没有。不过，你们有的人没有报户口。"

"我们新来的同志昨天不是已经报过户口了吗？"钱俊瑞说。

"是这样的，"马乃庶解释道，"本社新来的人员，于2日下午4时向外2区15段报请登记，因登记手续甚繁，而新来人员适有外出，调查年龄籍贯需费时间，所以约定今日8时办理登记手续。"

钱俊瑞沉思了一下，说："新来人员的户口，天明后我们就去办理。现在，你们经过搜查，没有发现枪支等违禁品，请签字具结吧。"

"这……"张靖有些犹豫。

赵跃南很干脆："好吧。"

与此同时，《解放》报临时发行处所在地西四三道栅栏41号，夜色中也走来数十个军警宪特人员，敲开门后就说奉命检查违禁物品。

"我们这里是《解放》报的临时发行处，"发行处负责人马建民出面解释说，"只有《解放》报和少量从延安带来的书刊，并无任何违禁物品，请你们不要搞乱我们的办公室。"

"你敢保证吗？"领头的人问。

马建民理直气壮地答："我当然敢保证！"

"那也不行！"那个领头的说着挥了一下手，"我们要检查！"

随着他的话和手势，那些人进到办公室内，把架子上和箱子里的信件倒在桌案和地面上，一边翻检，一边践踏。有人上前拦阻，被持枪的士兵推搡开。

有个人从另一间屋里拿来一本延安出版的书，递给他们的头儿。领头的人翻看了一下，说："这是非法的！"

马建民说："这不是非法的。现在是国共合作时期，我们延安的出版物是合法的。"

"它是反政府的。"领头的人说。

马建民不能容忍了，大声道："你胡说！蒋委员长在政协开幕词中许下的四项诺言中就有言论出版自由，你们为什么不按蒋委员长说的办？"

"谁胡说？"领头的眼睛瞪得很大，"你们的报纸就是非法的。"

"你胡说！你们这样深夜闯入，是对政协决议的践踏！"马建民一点也不让步。

领头的人命令说："把他们全部带走，看他们的嘴还硬不硬！"

这时，几个便衣和军警上前围住发行处马建民等11人，用绳子捆绑起来，推到门外，带往西四分局的拘留所。

凌晨3时，北平西城前京畿道12号第18集团军驻北平办事处筹备处也遭受了搜查。这里住着该集团军副参谋长滕代远将军，他是办事处主任，还是军调部叶剑英委员的军事顾问，因而这座院子被称为滕代远将军公馆，简称"滕公馆"。

滕代远昨日才从重庆回到北平，因事未住在公馆里，所以公馆里只有办事处副主任申伯纯，滕代远的秘书李新，李平和他的妻子、女儿，还有李耕涛、刘鸿达等人。李耕涛是张家口贸易公司经理，刘鸿达是张家口商会会长。

闯进公馆的有20多人，有宪兵，有警察，有便衣，还有两个女的。有个人说："我们是来查户口的。"

申伯纯问："这里是第18集团军副参谋长、军调部叶委员的军事顾问滕代远将军的公馆，你们不知道吗？"

宪兵以命令的口气说："把你们所有的人都叫出来，清查户口！"

人们都走到了院里。

一个女警察翻开手中的名册，问："你们谁没有报户口？"

李平指着刘耕涛、刘鸿达说："他们二位是应北平市政府粜粮购运处及河北田粮管理处之请来平商谈供应北平粮食问题的，事已办完，天明就走，无须再报户口。"

图为任北平军事调处执行部委员时的叶剑英。

"她们呢?"女警察指着妇女和小女孩问。

"这是我的妻子和女儿,刚由老家来看我,很快就回去。"李平耐心地回答。

申伯纯说:"如果需要办手续,我们即刻去办,我可以担保。"

"我宣布,"领头的警察说,"除了滕代远、申伯纯和李平3人以外,其余的都跟我们走!"

宪兵们迅速围上来,扭住李新、李耕涛、刘鸿达和李平的妻子、女儿5人,向门外走去。

这一夜,3处共被抓走43人。

叶剑英听到这个消息后,立即召集罗瑞卿、滕代远、李克农等人开紧急会议,明确作了分工。他让赖祖烈、荣高棠、陈雷立即赶去现场,了解情况,进行联络;让李聚奎带着慰问信前往慰问;让罗瑞卿、宋时轮先到医院看望伤员,再到警察局去交涉;让滕代远找北平行营、11战区长官部和北平市政府提抗议。另外,又派记者和军调部人员到出事地点去调查,拍摄照片,还通过马海德请美联社记者向国外发布新闻。而他自己,则用电报向延安和重庆的周恩来报告情况,听候指示。

做完这一切后,叶剑英在房内走来走去,他在思考起草致北平行营主任李宗仁、11战区长官孙连仲、北平市长熊斌的电报和致饶伯森、郑介民的备忘录。

4月的阳光,带着些许暖意,洒落在古老的北平城里。天安门和故宫的黄瓦上，反射出金灿灿的光芒，街道上的行人，急急匆匆，像是有什么心事，又像是害怕什么。北平啊！我们的古都，你从日本人的蹂躏下挣脱出来，本该休养生息，重抖英姿，可怎么又成了特务横行的地方呢？

由抓人，叶剑英联想到了最近一些不平常的事情。自从国民党的二中全会结束之后，国民党就在各地开始新的反共活动。孙连仲等人从重庆返回北平后，组织两级汇报会；亲自检阅南口、青龙桥一带第 92 军举行的实弹军事演习。同时，各处加紧了对行人的检查，在北平市内、郊外大修工事。报纸上反共的言论增多，并散布共产党计划暴动的谣言。军警宪特深夜抓我们的人，是不是一个信号？

叶剑英使劲握一下拳头，走回到写字台前，抓起笔，飞快地写出了给李宗仁、孙连仲、熊斌的备忘录，讲述了事件的经过，愤怒地说：

> 由于此次借故侵扰执行部高级官员住宅，非法逮捕执行部工作人员及家属及其他负有和平使命而来的中共人员之严重事件，而再一次更严重地损害了执行部的尊严，危及目前中国初奠始基的和平团结的局面，极端违反国共美三方面关于成立执行部并由政府方面负责保障安全之协议及蒋主席代表政府在政协会上所做的庄严诺言。余兹代表中共方面向台端提出严重抗议，并要求立即惩办此事件之负责人员，公开道歉，保证以后不再发生相同或类似事件，以扫除对北平负责当局关于保障执行部安全及人民权利之诚意与能力的凝思。

第二天，叶剑英亲自和滕代远一起找到熊斌，质问道：“市长先生，本人给你的电报不知收到了没有？”

“收到了，都收到了。”熊斌说，“能体谅到叶将军的心情。”

叶剑英：“市长先生打算做何处置？”

熊斌：“本职正在向警方查问。”

滕代远：“怎么查问的？抓了人，关在你们的警察局里，这是千真万确的事实，还用得着再查问吗？”

熊斌：“抓了人，这是有的。不过也不能叫抓人，因为有人漏报了户口，带往警局盘问，也属职责范围。当然，出现这种事是不愉快的。”

叶剑英："市长先生不要说得那么轻松！从昨天早晨到现在，已经是多长时间了，难道还不叫抓人？警察局的职责是按照国共双方达成的协议，保证军调部工作人员的安全，你们这样做，是遵守协议吗？"

滕代远："市长先生到底打算怎么办？"

熊斌："查问清楚就放人，我通知警察局。"

叶剑英："那好。现在就请市长先生和我们一起到警察局去一趟。"

在警察局，熊斌当着叶剑英、滕代远、罗瑞卿、宋时轮等人，对局长陈焯说："把他们放了！"

可是刚 1 个多月，5 月 29 日凌晨 2 时，北平《解放》报社及新华分社突然收到北平市警察总局紧急通知，说是奉市政府转中央电令：因"未经核准，于法不合"，勒令立即停刊。

当天，军调部共产党方面的新闻处长黄华与《解放》报社社长钱俊瑞前往市政府、警察局及社会局办理交涉。警察局长陈焯态度强硬，一口咬定自己是奉"中央电令"，要"坚决执行"。

于是，叶剑英亲自约见了北平市长熊斌。熊斌满口答应："予以过问。"

可是，一帮警察和便衣手持封条，不由分说将《解放》报社及新华分社的门封闭了，并扬言："还得封 70 多家！"

叶剑英和罗瑞卿等人赶到宣武门外方壶斋 9 号《解放》报社门口，召开全社人员大会。工作人员发现人群中有一些长头发、短打扮的便衣，悄声劝叶剑英不要演讲，以防万一。叶剑英挥了挥手，大义凛然地高声说："如果他们敢向我下手，我就用我的血去洗亮人民的眼睛！"

叶剑英说着跳上台阶，指着墙上贴的那张封闭报刊的告示，说："近来，反动派接二连三地制造流血恐怖事件，现在又封闭了《解放》报等 77 家报刊，企图压制民主，挑动内战，这是痴心妄想！"

夏日的阳光，透过老槐树的浓荫，斑斑驳驳地洒在叶剑英那张愤怒的脸上。他那咄咄逼人的气势，有一股令人慑服的威力。连人群里那些心怀叵测的便衣，也仿佛被一种魔力所吸引，呆呆地站在那里一动也不敢动……

第二天下午，穿着军便服的叶剑英又出现在中外记者招待会上，向记者们指出，被封的报刊包括妇女、儿童、语言学、科学、宗教、经济、商业性质的各种专业报刊，查封这些报刊，实在是中国历史上，也是世界历史上空前的大反动。

有记者提出被查封的是否有国民党官方的报刊时，叶剑英答复说："确有少数报刊，如《建国日报》等，虽然也被勒令停刊，但第二天仍照常出版，这种陪衬至少说明一个问题：当局此举是有组织有计划的，是阵线分明、内外有别的！"

20. 保住两支部队

进入 6 月下旬的北平，天气已经非常炎热。比天气更炎热的，是中国当时的政局。

置身于北平的炎热中，叶剑英密切注视着形势的变化，脑海中不停转动的也是国共双方在各个地区、各条战线上的较量。

最牵动叶剑英心思的，莫过于中原军区和广东的东江纵队了。他的眼前时时出现李先念、王震、郑位三、曾生、尹林平和战士们的形象，他在心里告诫自己，毛泽东、周恩来交代的任务，还没有完成啊！

停战令生效后，中原地区的战事虽然停了下来，但共产党领导的中原军区 6 万部队，仍被国民党军队 5 个正规军又 7 个游击纵队共 30 万兵力围在东西不足 100 公里、南北约 25 公里的狭小地区，给养严重困难。叶剑英要求美方和国民党的代表立即派执行小组到那里去，国民党代表却借故拖延。叶剑英一方面积极争取，另一方面向周恩来反映。周恩来找马歇尔、张群协商，从重庆直接派出执行小组，于 1 月下旬签订了《罗山协议》《禹王城协议》。2 月中旬，为了解决中原军区部队的粮食供应问题，叶剑英向国民党和美方代表提出两项紧急措施：准许中原部队主力根据联合命令第二条规定，移驻于平汉路西产粮区，以便就地解决粮食困难；如上述措施难以实现，中原军区部队则转移到皖东、苏北地区，靠近新四军军部，以便将来进行整编。当这两条都没有得到国民党方面的同意，叶剑英只得利用军调的机会，筹集经费送到那里，才使得中原军区的军民免于困死饿死。

然而，国民党方面决心千方百计消灭这支部队。由于叶剑英的斗争，周恩来的努力，中共、国民党、美国方面于 5 月 10 日签订了《关于停止中原内战的汉口协议》。国民党军队在战场上虽然有所收敛，但军调部的国方代表却又使出了另一招。

那天，三方委员开会。

执行主席饶伯森首先说："今天就政府方面缴获的中共苏式武器的问题，三方举行第 47 次会议。"

国民党方面的副参谋长钮先铭马上从文件夹里抽出一摞照片，面向在场的记者说："这是国军新 15 军第 45 团在中原地区缴获的共军的苏式机枪。"

饶伯森看着叶剑英。

叶剑英毫无表情地坐着。

钮先铭一边把照片分发给记者，一边说："中共屡次抗议盟国政府装备国军，是帮助国军打内战，那么请问，对共军这些苏式装备该作何解释？"

记者们传看着照片，照片上是两挺苏式马克沁机枪。

"请记者先生们不要忽视某些国家以公开或隐蔽的方式对中国进行干预这一事实。"饶伯森看看记者，又看看叶剑英，继续说，"鉴此，我提议组成包括中外记者在内的调查组前往中原调查。"

"我同意！"钮先铭积极呼应。

"我也同意！"叶剑英的声音不大，却吸引了所有人的目光。记者看着他。

饶伯森不解。

钮先铭吃惊。

"这苏式机枪的确是我们的。"叶剑英平静地说，"但要说明的是，这是我们从国军手中缴获的。"

钮先铭大声问："你有什么证据？"

叶剑英拿出一份电文，扬了扬，说："这就是。请听：马克沁机枪系我军在光山作战中从国军手中缴获的，连同缴获的还有他们的战斗文书，其中造册登记的武器里就有马克沁机枪。"

记者们哗然起来。

钮先铭猛地站起来，说："这是无中生有，国军根本就没有这种武器！"

叶剑英说："你不知道就去问问你们的蒋委员长。抗战之初，苏联援助我们的武器，是直接交给国民政府的。这种马克沁机枪，本人在 1939 年协助你们的汤恩伯长官举办南岳游击干部训练班时，就作为训练的武器用过。"

钮先铭脸红红的，没有说话。

饶伯森说："因为这关系到外交上最敏感的问题，还是调查后让事实来说话为好。"

叶剑英："我同意你们调查，但我方拒绝派人参加，因为这是一种徒劳！"

叶剑英也知道，周恩来和美方代表白鲁德，国民党代表、军令部长徐永昌于5月专门去了中原军区所在地宣化店，与李先念、王震、郑位三等人研究了突围的部署，中共中央也让中原军区领导相机突围。他相信李先念、王震、郑位三的指挥艺术，但仍是替他们捏着一把汗。敌我兵力的悬殊，毕竟太大了啊！

凝视着墙上标满各种符号的地图，叶剑英的思绪又飞向广东，飞向东江纵队。

广州第8执行小组也是最早派出的执行小组之一。中共代表方方从延安经过北平前往广州时，叶剑英专门和方方谈了话，讲过注意事项后，说："你长期在广东，想必知道东江纵队，他们在抗战中积极打击日伪军，先后建立了总面积达6万余平方公里、人口达450万以上的解放区。这可是我们党的一支武装啊，你去了以后，要想尽一切办法保住他们，并设法把他们转移出来。这担子是很重的！"

"我一定按照参座的要求去做，保证完成任务！"方方说。

"我那位老上级可是不好对付噢！他正想以'剿匪'为名消灭这支部队呢。"叶剑英说。

果然，叶剑英很快就收到方方从广州发来的电报，说国民党广州行营主任张发奎一口咬定广东没有共军。

叶剑英一面电告方方和中共地下党接头的方法，一面在三方委员的会议上郑重地说："据报，广州第8执行小组一直未开展工作。这完全是国方的责任，应该严令张发奎执行停战令！"

方方遵照叶剑英的指示，通过地下党与东江纵队取得了联系，见到其司令员曾生，公开发表了声明。

不久，国方皮宗阚、共方廖承志、美方柯埃又从重庆到广州，通过谈判达成协议，国民党方面同意东江纵队撤离广东，由美方协助运送到山东烟台。

从那以后，叶剑英就和郑介民、饶伯森谈判。为了保证撤退安全，由军调部三委员致电张发奎，令其保证东江纵队撤退安全；在东江纵队撤退途中，除派小组随行监视外，并令该地国民党部队派联络参谋随军行动。叶剑英经过谈判商定，由广东当局垫付 3.7 亿余元作为撤退费用，同时又设法筹集了一部分经费，派人送给东江纵队……现在，他们怎么样了呢？

正在叶剑英焦急不安的时候，参谋前来报告说："中原军区已经开始突围了。"

"情况怎么样？"叶剑英急问。

"具体情况还不清楚。"参谋说。

叶剑英："东江那边有新情况吗？"

参谋："美军的 585、589、1026 号 3 艘军舰已向大鹏湾开去。"

叶剑英："告诉所有同志，密切注意中原和东江的动态，随时向我报告。"

参谋走后，叶剑英在室内站立着，目光久久地盯着窗外。

不久，消息传来。7 月 5 日，东江纵队抵达解放区烟台。中原军区部队已经突围出去。

叶剑英长长松了一口气：这两支部队都保住了！

21. 最后的斗争

7 月 30 日拂晓，叶剑英收到饶伯森、郑介民的备忘录：

7 月 29 日正午，美军 31 人，乘卡车 11 辆，沿平津公路前往北平途中，在杨村河西务北、大小沙河附近，突遭共军 300 余人袭击，致美军有若干伤亡……

这就是"安平事件"。

叶剑英马上急电晋察冀军区查询，收到冀东军区司令员詹才芳、政委李楚离、副司令员毕占云说明真相的电报：

昌黎会议结束，美方代表马亭上校接受保证美军驻守防地不作违法外出条件的第 5 天，驻津美军配合国民党军在飞机掩护下，又向我香河地区大举进犯，且于 29 日违法占领我安平镇，对于国民党破坏停战协定，多次侵扰我冀东解放区，已迭向贵部请求有效制止，此次事件美军直接参加侵犯昌黎会议决定的非法侵略行为……

萧克也从承德发来内容相同的电报。

天明后，叶剑英乘车到达北京饭店，径直上了四楼饶伯森的办公室。

"饶伯森先生，我建议马上组成一个调查小组前往安平地区调查事实真相。"叶剑英说。

饶伯森阴着脸，沉吟了片刻说："我已向马歇尔元帅请示，待马帅定后再议。"

第二天上午，军调部三委员开会。会上，饶伯森说："马帅已回电，同意派特别小组去安平调查。"

郑介民抬抬眼皮，说了两个字："同意！"

于是，会议决定由国、共、美三方派人组成第 25 特别小组赴安平调查。

会议结束已是中午，叶剑英冒着酷暑，来到翠明庄饭店，召集军调部共产党代表团成员开会，研究下一步对策。

他首先分析了当前的时局，指出情况已有所变化。最后说："这次'安平事件'同以往任何冲突事件性质不一样了，它说明美方已失去'调解人'身份，变成了当事人，谈判也由三方变成两方。因此，小组会谈一开始，应反对美方

图为叶剑英（右三）和"三人小组"成员周恩来（右四）、马歇尔（右五）、张治中（右六）、军事调处执行部及第 1 执行组人员等在张家口市晋察冀军区司令部门前合影。

代表继续担任主席，小组的一切行动，应先确定调查程序，谁破坏程序，谁要负阻挠调查的责任……"

可是，小组会一拖再拖，几天后才正式开会，国民党方面的代表吴能定又姗姗来迟。他一来就贸然提出黄逸峰的代表资格问题：

"黄少将现在是军调执行总部中共方面的交通处长，似不宜担任特别小组的首席代表！"

黄逸峰微微一笑说："我有你们郑介民将军亲笔签署的证书，证明我完全有资格担任首席代表，你无权提出我的代表资格问题！"

吴能定把求助的眼光投向美方代表戴维斯。戴维斯眨了几下眼皮，有些不情愿地站起来说："既然我作为军调执行部里的工作员可以兼 25 特别小组代表，我想黄少将的代表资格也不会有什么问题吧！"

次日继续开会时，黄逸峰提出了调查工作程序问题，而戴维斯却冲着里屋打了个响指，随即走出 3 个穿作战服的美国军人，一个个神情呆滞，面容憔悴，为首一个少校的胳膊上还缠着纱布。

"下面，请 3 位在安平被袭击的美国证人向小组报告出事经过！"戴维斯边说边示意 3 位"证人"坐在早已准备好的椅子上。

"我抗议！"黄逸峰"噌"地站起来，大声说，"未经小组协议擅自将所谓证人带进小组会场是非法的。我要求美方的'证人'立即退出会场！"

戴维斯似早有准备，故意拉着长腔不紧不慢地说："我是小组主席，有权决定小组首先听取美方证人的证词。"

"同意！"国方新换的代表张叔衡说，"我们和美方意见一致，是多数！"

"不对！"黄逸峰说，"按重庆军事三人小组规定，任何提案必须经三方一致同意，若一方反对，提案则不成立。现在未经小组协议，不应该强迫我们听取单方面所谓'证人'的报告。"

戴维斯蛮横地说："你以代表资格听可以，不愿听也可以；以旁听资格听可以，不愿听可以出去！"

黄逸峰神色严峻地说："我向你正式提出：'安平事件'已使美方成为军事冲突的当事人，再不能以调处人的名义把持主席的位置。小组主席应由三方代表轮流担任！"

小组会又一次中途搁浅。

在军调部三委员会谈中，饶伯森和郑介民把拖长时间的责任推到共产党方面，认为是黄逸峰节外生枝地提出调查程序与小组主席的问题造成的。

叶剑英反驳说："确定小组调查程序，可以使调查工作有条不紊地进行，这是军调部工作的惯例，为什么唯独处理'安平事件'就不需要讨论程序了呢？是因为'当事者迷'吗？"

饶伯森是一位中国通，颇了解中国这句成语包含的潜台词，半晌没有说话。

叶剑英接着列举了大量事实，证明拖延时间的责任不在共产党代表。他说："特别小组成立后，美方利用小组主席的特权，迟迟不开小组会；在会上，国方代表又借故迟到，继而又以代表资格问题反对我方代表参加小组工作，甚至未经三方协商，即让听取单方面找来的'证人'的证词，同时又拒绝到解放区有关单位去调查，且对解放区'证人'来平不给安全保证。请问，这种做法公平吗？这种调查能弄清事件真相吗？"

饶伯森："美方担任小组主席是沿袭马、张、周三人小组早就确定的原则，如要更改，须上报请示。"

城府颇深的郑介民一直缄默无语，看着叶剑英和饶伯森在争论，只在紧要处插入一两句不着边际的话。这是他所希望的。

时间一晃就过去了整整 1 个星期，25 特别执行小组才离开北平，前往安平，首先听取了美海军陆战队第 1 师第 11 团 1 营营长贝尔查中校的证词，察看了事件现场，询问美方、共方的"证人"，最后访问了晋察冀军区司令员聂荣臻和驻华美国海军陆战队司令骆基。

到 9 月 4 日，调查又停顿了，会谈也陷入僵局，再也无法继续下去。

9 月 9 日，中共代表团单独举行记者招待会。会上，黄逸峰公布了《军调部第 25 特别小组中共代表关于安平事件调查报告书》。叶剑英发表了《关于安平事件调查结果的声明》，声明指出：安平镇发生的事件，是美国海军陆战队在冀东若干地区，不断配合国民党军队向解放区进攻的必然结果，美军应向我方正式道歉，并保证不再发生类似事件；立即把安平镇交还我方；驻华美军应全部撤出中国；美国政府必须停止对国民党政府和军队的援助，以维护中美人民之间的传统友谊……

叶剑英的话在大厅里回响，第二天就刊登在报纸上。

美国总统杜鲁门对蒋介石十分不满。

马歇尔准备结束他的特使之命。

1947 年元旦，美国驻华大使司徒雷登和身着戎装的吉伦将军神色严峻地走进叶剑英的办公室，递上一份声明的副本，声称美政府已决定终止其与三人小组会和军事调处执行总部之关系，军调部美方人员将尽速撤退。

叶剑英准备走了，他于 2 月 7 日晚上在北京饭店举行一次鸡尾酒会，与北平各界人士话别，感谢他们在军调部一年又一个月的工作期间，对共产党代表团的帮助、支持和关照。

1947 年 2 月 21 日，叶剑英率领军调部最后一批中共人员离开北平。

寒冷的风，吹动他灰色的八路军的军装。他登上舷梯，转身回望，在心里说："再见了，北平，我一定会回来的！"

第6章

—

迎接新中国的诞生

22. 中共中央后委书记

叶剑英是 1947 年 2 月 21 日率领参加军调部的最后一批中共人员离开北平回到延安的。

以前每次回到延安，他都感觉天空明朗，歌声嘹亮，笑语飞扬，甚至连漫天的风沙也透着一种说不出的温馨。可这一次回来，看到的景象则完全不同了，已经逼近的战争阴云，扫去了人们脸上的笑容。一些学校和单位早已经离开，有的正在匆忙离开，有的在悄悄做着离开的准备。

对此，叶剑英预料到了。进入 1947 年，国民党军队已由对解放区的全面进攻改为对山东和陕北两地的重点进攻。面对胡宗南压向陕北的 34 个旅 25 万兵力，中共中央决定主动放弃延安，除军委和中央机关的少数部门，大多都转移去了别的地方。学校和单位早已撤离，所以往日拥挤的延安城显得有些空空荡荡的。

又可以投入真刀真枪的战斗了，不用再像在重庆、北平那样，整天在谈判桌上唇枪舌剑地吵架。但是，当他向毛泽东汇报过后请求任务时，毛泽东却命他和杨尚昆一起组织指挥驻延安中央和中央军委机关的撤退。繁重、琐细而急迫的任务摆在面前，他立即投入了紧张和忙碌。

初春的陕北高原，寒风继续凛冽，飞沙依然扑面。叶剑英顶着寒风，冒着飞沙，沉着冷静地指挥中共中央、中央军委两个机关有条不紊地撤离延安。毛泽东等人也在 3 月 18 日黄昏之后撤出延安，3 月 29 日在清涧县的枣林沟举行会议正式作出决定：毛泽东、周恩来、任弼时率中央精干机关留在陕北，指挥全国的解放战争；刘少奇、朱德组成中央工作委员会，前往河北，进行中央委托的各项工作；叶剑英、杨尚昆组成中央后方委员会，叶剑英为书记，杨尚昆为支队司令，统筹后方工作，驻地就在靠近黄河边的山西省临县三交镇。

三交镇是一个山乡小镇，是山西省通往陕西省的要冲之一。叶剑英和杨尚昆率领中共中央和中央军委两个机关，于 4 月初到达这里，住进三交镇所属的一个小村庄双塔村，他及家人、秘书、管理员、警卫员一起挤住在村中的一座小院内。

听不到枪声，听不到炮声。双塔村里很安静，可叶剑英的心却静不下来。清晨，他早早起来，背依高高吕梁山，西望滚滚黄河水，仿佛听到越过浪涛传来的枪炮声；深夜，屋内的灯光久久亮着，他在灯下批阅来往文电，或者对着地图默默凝视。他心里想的是河那边毛泽东、周恩来、任弼时等人的安危，彭德怀率领的西北野战兵团的战况，其他各个战区的形势。越是这样看这样想，他越感到肩头责任的重大。

图为叶剑英（中）、彭德怀（左一）、朱德（左二）、聂荣臻（右二）、陈毅（右一）在延安时的合影。

是啊，他和杨尚昆两人领导的中共中央后方委员会，管理着一个庞大的摊子。这里有军委一、二、三局的一部分和总卫生部，中央办公厅、城工部、交际处、外事组、立法委员会、妇委、工委等部分单位和中央警卫团的一小部分，还有烈士家属以及从国民党统治区撤回的干部，共计3000多人。如何把这些单位和人员组织起来，完成好中央和军委交给的任务，是叶剑英时刻思考的问题。他记得，4月2日那天，周恩来、刘少奇、朱德、董必武、贺龙和他在三交镇讨论确定后委的任务，是协助在陕北主持中央工作的毛泽东、周恩来、任弼时指挥全国的解放战争，既要做好后方保障，又要当好作战参谋。

做好后方保障，当好作战参谋，是需要饱满的精神、高昂的斗志和坚定的决心的。叶剑英看到，自从来到这里，不少人的脸上都笼罩着不快不安的神色。这有两个方面的原因：一是有人认为大敌当前，应该到前线去冲锋杀敌才过瘾，躲在这远离战场的地方没意思；二是延安被国民党军队占领了，又不知道党中央和毛泽东的消息，人们的心情沉重啊！

必须把士气鼓起来，才能团结一心，完成担负的各项任务。他和杨尚昆商量，前一段出于保密的原因，毛泽东还在陕北以及西北野战兵团打的胜仗，都没有公开，现在要告诉大家，这可最能激动人心呀！因此，他们决定给后委的干部作一次形势报告。

听说叶剑英要作形势报告，人们早早地就拥进了会场，急切地等待着。会场设在一棵大槐树底下，西斜的阳光，从黄河的西岸照射过来，为刚刚吐芽的槐树枝条镀上了一层浅浅的亮色。为防备敌人的飞机前来空袭，叶剑英特意把报告会的时间选在傍晚时分。

"来了，叶参座来了！"有人小声说。

顿时，一双双眼睛里流出的兴奋目光，齐刷刷地迎了过去。

叶剑英和杨尚昆并肩走过来，夕阳的金辉洒在他们的身上脸上。叶剑英眼镜的玻璃一闪一闪的，映现着他欢悦和高昂的情绪。

在人们的笑脸和掌声中，叶剑英向大槐树下的土台子走去，人群中响起热烈的掌声。

这是村中的一片高地。叶剑英一个箭步跨了上去，双手抱拳，转着身子向人们表示致意。顿时，掌声更加热烈，更加响亮。

叶剑英松开双手，轻轻向下一按，亲切地说："同志们，你们辛苦了！"

他的声音不高，却如一声雷鸣，震动了会场，也平静了会场。撤出延安差不多一个来月了，开始的难舍难离，后来的焦急忧虑，一直煎熬着人们的心。现在，他们从叶剑英的神情、语言和动作上，看到了信心和希望。它如同和煦的春风，吹拂着人们的心头，多日来的郁积一下子全部化解了。

看着面前心情急切的人们，叶剑英的心里也很激动。这临县的三交镇一带，虽然是老解放区，但由于连年作战，生活本来就很艰苦，现在一下子集中了这么多人，吃的用的住的都非常困难，住房极少，许多人挤住在一起；天气刚刚转暖，买不到什么新鲜蔬菜，肉食品就更不用说了，可大家没有任何怨言，惦念的是前方的战斗，是毛泽东和党中央的安全，并为此日夜不停地努力工作着，即使那些想上前线的人，也是马思边草啊！这样的军人，这样的干部，怎不叫人从心里感动呢？

想到这里，叶剑英提高嗓门说："我首先告诉大家一个好消息，毛主席很好，中央的领导同志们都很好，他们正转战在陕北，指挥全国的解放战争！"

会场又欢腾起来，人群中响起雄壮有力的口号声：

"毛主席万岁！"

"中国共产党万岁！"

"团结起来，争取更大的胜利！"

叶剑英等会场肃静下来，接着说："目前的形势对我们很有利，我们给胡宗南留下了延安一座空城。现在他虽然进了延安，但是背上了一个很大很沉的包袱。在毛主席和党中央的领导下，彭副总司令指挥西北野战兵团，连续在延安的外围打了几个胜仗。"

叶剑英详细地讲述了青化砭、羊马河、蟠龙镇战斗的经过。从胡宗南的军队占领延安之后，如何急于寻找我军主力作战，我军如何在青化砭设伏，撤出延安7天之后就首战告捷，消灭敌整编第31旅，俘旅长李纪云、副旅长周贵昌、参谋长熊宗继等人。接着在羊马河全歼敌第135旅，活捉代旅长麦宗禹及团长多人。随后，在蟠龙镇又打了一个胜仗。

"今后还会打更多的胜仗！延安是我们的！整个中国都是我们的！"叶剑英说着高高举起握紧的右拳。

胜利的消息，激荡起人们心海的波澜，漾起人们脸上的笑容。哗哗的参差不齐的掌声，随着傍晚带有凉意的风向远方飘去。

看着这场面，叶剑英说："战争是残酷的，艰难的，大家既要有充分的精神准备，克服困难，战胜困难，又要有胜利的信心。我们虽然在这三交镇，但也有着光荣而重要的任务，一定做好自己担负的工作，为全国的胜利贡献一分力量……"

叶剑英话中的意思，人们自然是明白的，作为回报，又是一阵雷鸣般的掌声。

报告会一直进行到天黑之后才结束。

转眼之间，中共中央后委住进三交镇已经两个多月时间了。

对叶剑英来说，这是很长又是很短的两个多月。说长，是因为他盼望加快战争的进程，早一点取得解放战争的胜利；说短，是因为当他全身心投入繁忙的工作之中，加强对中央和军委两个机关合并后的集中领导，按系统落实各部门的任务，开展补助性、供给性的生产，解决生活供应上的困难，妥善安置老弱、幼小、疾病人员，迅速恢复各部门的业务工作，研究保卫保密、情报保障、通信联络、后勤供应等问题。忙碌中，不知不觉送走了一个又一个白天和黑夜，也就感到时间过得特别快。

由于毛泽东、周恩来、任弼时留在陕北还是保密的，精力也主要集中在大事上，所以中共中央、中央军委的命令、指示，绝大多数都由后委转达。各战略区和国民党统治区地下党的许多电报，也是先发到这里，由后委向中央转报。各野战军的作战经验总结，绝大部分都先送到后委，再由后委整理上报中央或介绍给各战略区。所有这些的主持者，自然是叶剑英，他必须及时准确、兢兢业业地做好。

刚到双塔村时，叶剑英就成立了中央外事组。亲自兼任主任，并将其分为3个处，分别负责编译、研究、新闻等。他抓紧和加强了中央城工部的工作，指导国民党统治区的武装、统战、城市斗争。每当看到案头堆得满满的等待批阅的文电，想着许许多多要处理的事务，他真希望时间过得慢些，再慢些。

进入6月以后，已是盛夏季节，白天变得很长，吃过晚饭之后，太阳还没有落山。叶剑英在院里慢慢地走动着，时而凝眉思考，时而停脚望着西天灿烂的晚霞。蓦然间，他看到管理员刘德明，就招了招手。

刘德明急步走过来，问："参座，有事吗？"

叶剑英笑了："噢，也没有什么事。今天的猪肝味道不错，你是怎么弄的？"

"这是用你的生活费开支的，很容易在街上买到的。"刘德明嘴里回答，心里却有狐疑。

原来，叶剑英当时每个月的生活开支是按小米的定量计算的，除伙食外，其他就是买一顶草帽和一根绳子，也要算进规定的小米数中去，绝不能超过。他又经常过问，唯恐超过定量或有特殊之处。今天，刘德明买来猪肝，因为油极少，怕炒出来不好吃，就想起在家乡弄野味的情景，便用火把猪肝烤熟，当时看到叶剑英吃得很满意，现在为什么要问呢？

叶剑英点点头："我是问怎么做的。"

刘德明："用火烤的。"

叶剑英："你快去把这个方法告诉邓大姐，她也会喜欢这个吃法的。"

邓大姐是邓颖超，她也住在三交镇。

"是！"刘德明说着跑步而去。

看到刘德明走远，叶剑英就转身走进房间，坐到桌前。微弱的阳光从小窗射进来，照着陈旧的木桌，照着上面摆得整齐的文电和几本书，新沏的浓茶冒着缕缕热气。警卫员熟悉叶剑英的生活与工作习惯，已做好了准备，知道他夜里要批阅文电，所以每次都在旁边竖起一根蜡烛。

叶剑英首先翻开有关情报的电文，仔细地阅读起来。

中共中央和毛泽东在陕北指挥全国作战，要了解全国的战争动态和国内外政治、军事形势，后委必须充分利用电台集中和驻地相对固定的有利条件，提供更多可靠的情报，供毛泽东等人指挥作战参考。为此，叶剑英找情报部门的负责人戴镜元听取汇报，明确地说："中央军委的电台百分之九十以上集中在三交镇一带，我们要做好情报工作，方针应以抓战略侦察为主。要加强对国民党重要军事部门、特务系统和各大战区的侦察，注意收集战略性的情报。电源不足，就采用手摇马达发电，设备性能差，就想办法进行改善。以后，你们要将收集的情报及时报给我，绝对不能误事。"

对这一部分文电叶剑英格外重视，每天都是最先批阅。

看着看着，叶剑英的眼睛一亮，心不由得一紧。这是一份关于胡宗南部董钊整编第1军的情报，上面清楚地写着他们已进到巡检司、马家台一带。

毛泽东、周恩来、任弼时等领导人现在处于什么具体位置呢？叶剑英急忙拿起火柴，擦燃后点亮了蜡烛。昏黄的光焰，照着他严肃的面孔。稍过一会儿，他一手端着蜡烛，走到挂在墙上的地图前端详起来，目光在王家湾、天赐湾、小河村等处移动。他们已离开王家湾向西转移了，一路上会顺利吗？能保证安全吗？

叶剑英重新坐到木桌前，喊来了秘书，说："立即让电台给中央发电，说董钊部已到巡检司、马家台一带，前委机关西去若受阻，建议往杨桥畔之南、青阳岔以北一线东向小理河。"

秘书飞快记下，并问："还有什么事吗？"

叶剑英沉思一下，说："刘、邓大军正强渡黄河，挺进大别山，西北、华东、华北、东北各战场都在激战，非常需要情报，如国民党军队的作战部署、兵力配置和蒋介石对战局的判断等。你去告诉戴镜元同志，让他们多搞一些这方面有价值的情报，供前方的同志正确选择战机和作战方向，保证战役战斗的胜利。"

"是！"秘书转身走了出去。

叶剑英摘下眼镜，轻轻揉揉眉心，不一会儿又重新戴上，伸手拿起一叠文电，就着烛光看一会儿，接着拿起笔写了起来。

一个稚嫩的声音忽然传过来："爸爸，路叔叔骂我是小坏蛋！"

路叔叔是警卫员路宝银，他看到天晚了就催牛牛回屋去睡觉，但牛牛却泡着要听歌，要看自编的皮影戏。路宝银被磨得急了，就说："你再不睡觉，明天就不和你玩了。"

"不玩就不玩，我和爸爸玩。"牛牛说着就想往叶剑英的房间去。

路宝银一把拉住她，说："不懂事的家伙，你简直是个小坏蛋。"

牛牛挣脱路宝银的手，跑进叶剑英的房间里告状来了。

叶剑英听到女儿的声音，头没有抬，手里的笔也没停，嘴里敷衍着说："嗯，你说他是大坏蛋吧。"

牛牛回到路宝银跟前，高声说："你是大坏蛋！"

"光会告状没出息，说得过我才算有本事。"路宝银笑着说。

"就告，看你怎么办！"牛牛说着又跑来说，"爸爸，路叔叔欺负我！"

这次，叶剑英抬起头，看到女儿那气呼呼的小脸蛋十分可爱，哈哈地大笑了起来。

本来以为爸爸会为自己出气的，可爸爸竟无动于衷地笑了，牛牛感到有些下不来台，泪水就从眼眶里流出来了。

"走，找路叔叔去！"叶剑英无可奈何地站起身，拉着女儿的手出了屋。

叶剑英见路宝银时努努嘴，路宝银也挤挤眼睛，两个人都哈哈大笑起来。

牛牛满以为父亲会批评路宝银，看到这情景，心里感到委屈，"哇"的一声哭了。

叶剑英向路宝银使了个眼色，说："哎，小路，你怎么欺负牛牛呢？看她吵得我不能办公了。"

路宝银做了个鬼脸。

"你看我说他了，行了吧？还不快去睡觉！"叶剑英轻轻拍了牛牛一下说。

叶剑英匆匆回到他的房间，身后送来路宝银哄牛牛的声音：

"别哭了，明天我给你找只小狗狗。"

"小狗狗？我要花的！"

叶剑英没有回头，脸上浮现出欣慰的笑容。但当他坐到桌前，面对那些文电，脸色顿时又严肃起来。

夜已经很深了，秘书推开门走进屋，报告说："给中央前委的电报已经发出，您对戴镜元同志的指示也传给他了。"

夜风轻轻吹来，蜡烛的光焰虽然微弱，但很明亮，把叶剑英的身影映在墙上。

叶剑英："好，前边的同志有了准确可靠的情报，就能及时定下决心，更多地打胜仗！"

秘书："您也该休息了。"

叶剑英："你先去休息吧，我很快就看完了。"

秘书走后，叶剑英屋里的灯继续亮着，直到很晚很晚。

1947年7月17日到9月13日，叶剑英前往河北省平山县参加了刘少奇主持的中央工委召开的全国土地会议，于9月下旬回到双塔村。

11月底，又应召到陕北中共中央在米脂县举行的"十二月会议"。会上，叶剑英见到了毛泽东、周恩来、任弼时、彭德怀、贺龙等人。离别半年多，相见分外亲切。会上分为政治、军事、土地改革3个小组，叶剑英担任土地改革小

图为 1947 年，叶剑英在中央后委驻地双塔村向干部们介绍人民解放军在东北的反攻形势时的情景。

组的副组长，和组长任弼时一起主持土地问题的讨论。

　　会议一结束，叶剑英就顶着 1948 年 1 月的冷风，急急忙忙离开米脂县。这次会议太重要了，毛泽东所作的《目前形势和我们的任务》的书面报告，对国内外形势的分析，在政治、军事、经济、整党方面的政策，是中国共产党在革命大转变关头的纲领，是夺取全国胜利的指针。他回到双塔村立即向后委的干部作了传达，组织学习毛泽东的报告，准备迎接新的胜利。这时的叶剑英，把全部的精力和时间，还是用在后委特别是军事工作上，没有去过问地方上的事情。

　　快到春节时，临县县委副书记冯文耀来到双塔村，要求见叶剑英。中共中央后委来到临县半年多了，叶剑英多次见过县委的领导，现在正是传统的春节之际，他以为是县领导前来慰问的，便热情地将冯文耀请进了他的办公室。

可是，冯文耀见了面却没有讲拜年的话，而是开门见山地说："叶参座，我是代表县委领导来向您汇报工作的。"

叶剑英避开冯文耀的话题，亲切地说："我们这么多人住在这里，给地方政府和乡亲们添了很多麻烦，我可得先感谢县领导和乡亲们呀！"

"千万别这么说。"冯文耀忙说，"谁不知道，自从你们来了以后，我们的工作更好做了，您还在百忙中亲自带人给村里打井，使老百姓喝上了水。应该我们感谢参座和中央机关的同志才是呀！"

那是刚到这里不久的一天清晨，叶剑英在村外散步，看到老乡们拿着瓢去舀水，便跟着到了石老梁山脚下，见很多人排着长队，走下十几级台阶到一个小洞里舀浑水，挑一担水要花好长时间，他的心里很难过，可一句话也没说。回来后，就让专门调来为他和其他领导人挖防空洞的石匠停下来，立即为群众打井，他自己早晚都抽出时间到打井工地去搬石头。

冯文耀要说的，当然不仅仅是打井这一件事。

叶剑英不愿多说打井的事，问："你说是来谈工作的，是什么事呀？"

冯文耀说："我们县委学习了中央会议的精神和晋绥分局发出的《关于改正错订成分与团结中农的指示》，部分县区干部对纠正偏向没有信心，大家想请您帮助解决这个问题。"

尽管冯文耀说得很含蓄，但叶剑英仍然听明白了真正的意思，那就是要求他出面领导临县纠正土改中"左"的偏向。

临县土改中有"左"的偏向，叶剑英虽然有过耳闻，但是没有去过问，主要原因是他的全部精力都用在协助前委指挥全国的解放战争上了，无暇顾及其他。还有一个不好说的原因，临县的土地改革是以康生为首的土改工作团主持的，他对康生没有好感。

对康生，叶剑英原来并不熟悉，是参加"延安整风"时才了解此人的。

1941年，中共中央确定在党内进行一次普遍的马克思列宁主义思想教育的整风运动。刚回到延安不久的叶剑英积极参加这场运动，在政治局扩大会议上他高度评价毛泽东的思想和实践，严肃批判王明的错误路线，回顾参加革命20多年来的情况，剖析自己的思想和工作，但看到审干运动中出现了严重混淆敌我两类矛盾的问题，就直接向党中央的负责同志反映说："延安哪有这么多特务呀？如果这样的话，那延安还能不能存在？这样搞法不行！"

叶剑英说的是实话，可实话最容易得罪人。极力搞"抢救运动"的康生非常不满，说叶剑英告"阴状"，思想右倾，并蓄意制造借口把叶剑英的亲属也说成"特务"，还两次不让他参加政治局扩大会议。

对左仲平被打成"特嫌"的事，叶剑英也极为气愤。

左仲平原在重庆曾家岩周恩来的住处当收发员，常和叶剑英在一张桌子上吃饭，一个会议室里开会，有时还在一起打牌，被人亲热地称作"小鬼"。当时的环境很险恶，情况很复杂，他不但收、送文件，还担负一些临时紧急的工作。"皖南事变"发生后，叶剑英忙于处理各种事情，就对左仲平说："你帮我要通上饶上官云相的电话，我来讲。"

电话接通了，左仲平把话筒交给叶剑英说："参座，要通了。"

叶剑英拿起话筒，严厉地说："我是叶剑英，你们对新四军军部发动突然袭击，是破坏抗战、反对中共的严重罪行！"

"这完全是误会。"电话里传来了上官云相的辩白。

"什么误会？你们所讲的误会，完全是何应钦、白崇禧们一手策划的阴谋！"叶剑英说，"我告诉你，你们围剿了新四军军部，但是还有新四军的部队，八路军也决不会袖手旁观，你们要对后果负一切责任！"

叶剑英一放下电话，左仲平就说："参座讲得太解气了，他们欠下的血债一定要加倍偿还。"

现在一闭上眼睛，叶剑英还能看到左仲平那张爱憎分明的面庞。

到延安后，左仲平先在中央党校学习，后因地方上需要干部，他被派到苟池盐务局工作。在"抢救运动"中，因其父曾在国民党军队当过军需官被推论成"CC"，他也成了"CC"派的特务，开除了党籍，下放到吴起县政府当文牍秘书。

叶剑英听说后，亲笔写了一封"左仲平同志在政治上没有问题"的证明信，派人送给吴起县的县长。县长亲自找左仲平谈话，道了歉，才恢复了他的党籍。

一定还有许多人像左仲平一样蒙冤受屈。叶剑英心里这样想，嘴里没有说出来。

看到叶剑英没有表示态度，冯文耀又详细地讲了土地改革的情况。

临县的土改运动开展得比较早，开始时，县里按照晋绥分局《怎样划分农村阶级成分》文件的要求，土地改革进行得很平稳。1947 年 3 月，康生率领的土改工作团到临县后，全面否定了晋绥分局的文件规定，并以中央领导自居，亲自搞了"三条标准"，作为划分农村阶级成分的依据，在剥削条件之外，又增加了历史、生活和政治态度等条件，这样一来，就搞乱了农村的阶级阵线，扩大了打击面。全县 121 个行政村 58400 户，定为富农的 9557 户，错定 4844 户。推行"群众要怎么办就怎么办"的做法，不必要地处死了 780 多人，其中地富分子 190 人，干部和群众 560 多人。同时，还侵犯工商业者的利益，造成大量商店停业、倒闭……

叶剑英非常震惊。他是农民的儿子，深知广大农民对土地的依恋和渴望。他曾在平山和米脂两次参加过有关土地改革问题的会议，参与制定过这方面的政策，更懂得正确贯彻执行政策的重要性。在中央会议讨论时他就说："内战时由于'左'的错误政策，却把自己孤立了。苏区里赤白对立，买不到东西，像海中孤岛，白区里剩下些光棍党员，最后连根都被拔掉。现在我们得到了广大人民的支援，蒋介石集团则日行孤立，但是我们并不是没有被孤立的可能。只有正确地执行联合中农，联合中小资产阶级的政策，才可避免。"

叶剑英不能容忍这样下去。尽管这时他已经接到中央的电报，知道后委很快就要搬迁，但他还是决定在走之前帮助县里纠正土地改革中"左"的偏向。

稍稍深思了一会儿，叶剑英对冯文耀说："我把你说的问题报告中央，请示中央应该怎么办。你先回去告诉同志们，问题会得到解决的。"

夺取全国胜利，要团结更多的人；建立和巩固政权，更需要团结更多的人。团结更多的人，就必须纠正"左"的指导思想和做法。送走冯文耀之后，叶剑英经过深思，将临县土改中"左"的问题报告了中共中央和毛泽东，同时提出了自己的意见。很快，他的意见就得到了批准。

得到中央和毛泽东的同意后，叶剑英便邀请临县劳动英雄、副县长刘万山和部分区的区委领导及群众代表开座谈会，还亲自到附近的农村进行实地调查，掌握了许多第一手材料，最后决定于 2 月 18 日召开临县土改纠偏会议。

会场设在三交镇。叶剑英一走进会场，就看到前来参加会议的县委、县政府、各区区委书记和土改工作团团员们投来的目光，顿时感到肩上沉甸甸的。

会议开始后，叶剑英首先传达了中共中央"十二月会议"、全国土地会议和毛泽东报告的精神，接着指出了临县土改中"左"的偏差的表现，那就是：用"左"的"查三代、看政治态度、比生活作风"作为划分阶级的标准，把相当数量的中农和其他人划到地主富农中去；推行"群众要怎么办就怎么办"的错误做法，对地主、富农和群众乱打乱杀，对党员干部"搬石头"，造成人人自危；提出"贫雇农坐天下，说啥就是啥"，排斥中农，违背土改中党的完整的阶级路线；推行侵犯工商业的过"左"政策，扼杀了工商业的繁荣和发展……

叶剑英对"左"的偏差的批评，有理论有事实，并有具体的数字作为根据。他的语调时而高昂，时而沉缓，激动时又气愤满腔，特别是讲到划分阶级成分时，不点名地批评了康生提出的"三条标准"，令所有在场的人都睁大了眼睛。他们原以为叶剑英是一位儒将，平时和蔼可亲，没料想讲到错误的东西时，那么严厉，那么丝毫不留情面。

指出问题，是为了解决问题；要纠正偏差，就要给人以纠正偏差的方法。因此，叶剑英向到会的人重申了中共中央关于生产资料的各种不同占有关系是划分阶级的唯一标准的规定以及划分阶级的 8 条新规定，又讲了关于如何对待各阶级各阶层的具体政策，如何处理打人杀人的后遗症，如何平分土地等问题……

会议结束不久，叶剑英就率领中央后委离开了临县三交镇，但他的讲话，却在那里继续产生作用，土地改革中的"左"的偏差很快得到了纠正，各项工作又走上了健康发展的轨道。

23. 华北军大校长兼政委

1948 年的春天，对中国共产党及其领导的军队来说，似乎来得特别早。

从前一年的夏秋季开始，中原、华北野战军渡河南进，调动了国民党南线的军队，使其处于被动地位；东北野战军发起冬季攻势，连续解放了许多大城市；晋察冀、山东、苏北和各战略野战军，在大量消灭敌人之后又开始了春季攻势。总之，夺取全国胜利的日子，已经为期不远了。

当 3 月的春风抚绿了山川原野、吹绽了各色野花的时候，在陕北转战一年多的毛泽东和周恩来、任弼时一起，恋恋不舍地告别相依 10 余年的陕北黄土地，从吴堡县的川口渡口东渡黄河，经过晋绥地区到达河北平山县的西柏坡。最后，叶剑英也率领中央后委机关离开临县三交镇到达西柏坡，与前委、工委机关合并到一起。

　　这时，解放战争就要进入第3个年头，全国各个战场的形势向着更有利的方向发展。叶剑英满怀喜悦地投入军委及总参谋部的工作，为全国的胜利努力工作。

　　5月上旬的一天，叶剑英奉命走进西柏坡那间泥土房的办公室。毛泽东高兴地说："参座来了，请坐。"

　　叶剑英坐下后就问："主席，有什么指示？"

　　毛泽东说："剑英，有一件事想跟你商量一下。今后战争的规模将越打越大，我们的干部大部分缺乏指挥大部队作战的经验，需要重新学习。中央决定在华北军区办一所军政大学，想让你去当校长兼政委，你看怎么样？"

　　这是一个让叶剑英高兴而又突然的消息。人民解放军开始战略反攻不久，他就感到参谋人才缺乏，准备向中央军委建议办一所参谋学校，并且专门派人到晋绥和晋察冀军区所属军事学校调查，考察部队参谋人员状况，搜集有关学校教育的资料。现在，毛泽东亲自向他谈了办综合性军政大学的决定，比他的想法更完备，使他有一种想法得以实现的兴奋和欣慰。至于去当校长兼政委，他又确实连一点思想准备也没有。

　　尽管毛泽东是以商量的口吻说出来的，但叶剑英仍然看成是决定，是命令，他没有犹豫，就立即说："得天下英才而教之，一乐也。中央这个决定，是对我的信任，我没有意见，只是多年没做这项工作了，担心完不成任务。"

　　毛泽东微微一笑，说："我们研究过了，认为你能胜任这项工作。中央决定调华北军区的萧克给你当助手，你们都有办校经验。"

　　叶剑英说："那我就试试吧。"

　　"不是试试，是一定要办好！"毛泽东说，"就按红大、抗大那样办，坚持理论联系实际，首先直接为战争服务，同时还要为未来的国防建设需要着想，为解放军的正规化建设培养人才。"

　　"是，我一定办好！"叶剑英坚定地说。

　　毛泽东笑了，向他伸出了右手。

　　毛泽东亲自谈话后，叶剑英又参加了华北局召开的会议。因为华北军政大学的重大问题是由中共中央决定，日常工作、后勤供应由华北局负责，华北局的会议就是专门讨论华北军大工作的，对招生人数、物资保障等事宜作出了决定。

华北局会议后，叶剑英就匆匆地赶往军政大学。一路上阳光明媚，暖风轻吹，即将成熟的麦子，如同大海的波浪，真是无边无际的大平原啊！叶剑英不由得从心里发出感叹。

副校长萧克、副政委兼政治部主任朱良才、教育部长谭家述等人热情迎候了他们的校长兼政委。看着眼前这些熟悉的从战争烽火里走过来的将领们，叶剑英对办好学校充满了信心。

如同每一次战斗之前分析形势一样，叶剑英和萧克、朱良才、谭家述等人一起研究了学校的情况。

华北军政大学是由5个单位合并到一起组成的：晋冀鲁豫军区的军政大学、陆军中学、青年教导团和晋察冀军区的军政干部学校、步兵学校等，总共1.2万多人。

叶剑英说："万事开头难，办军政大学也一样，何况又是这样的时候，办这样的学校，困难就更多了。党中央和毛主席把任务交给了我们，我们就团结起来，克服困难，把学校办好！"

萧克、朱良才、谭家述等人望着叶剑英。他们知道，面前的校长兼政委，就是黄埔军校的教授部副主任，是中国工农红军学校校长兼政委，有着丰富的办学经验，但谁也没说颂扬的话。那是一个真诚朴实多过奉迎浮华的年代。

"办好学校，要具备两个基本条件。"叶剑英说，"一是教育方针，二是教员队伍。教育方针，党中央和毛主席已为我们确定了。教育方针确定后，教员就是关键。"

谭家述说："军政大学的教员严重不足，只有编制人数的四分之一，而在四分之一中，水平和经验又十分不合要求，数过来数过去，能很快教课的只有36个人。"

多么可怜的数字啊！叶剑英不由得皱紧了眉头。他也在心里对自己说，有什么办法呢？这就是现实啊！我们军队的绝大多数成员来自贫困的农村，文化程度都不高，打了20多年的仗，战争的实践虽然锻炼、提高了他们，但如今是能指挥打仗的人千千万万，能来教课的人却极少极少。

想到这些，叶剑英说："教员的问题，中央不可能给派来，部队中也选不出来，那就只有靠我们自己想办法了。"

想什么样的办法呢？这成了叶剑英、萧克、朱良才、谭家述等军政大学领导们思考和探索的共同问题。

思索中，叶剑英想到了俄国十月革命胜利后，列宁利用旧军官作教员创办陆军大学的经验。是呀，党的七次大会中就指出，中国的旧军队、旧军官有几百万，不能简单地对待，必须争取、改造及使用他们。军政大学中也有不少旧军官，放下武器解放过来的100多人，自动或暴动过来的也有一些，虽然他们长期受到欺骗宣传，多多少少做过反人民的事情，甚至对我们抱有怀疑和敌视的态度，但是要团结、改造和使用他们，争取他们为人民服务。从长远看，这是人民军队的责任，从眼前看，能解决教员不足的问题。这不是两全其美的事吗？

叶剑英对萧克、朱良才等人说："我们能不能从那些脱离敌人营垒的旧军官和被我们俘虏过来的人中，吸收一些有真才实学的人来任教呢？"

萧克参加过北伐战争和南昌起义，任过红2方面军副总指挥，在江西苏区和晋察冀都团结使用过旧军队的人，长征途中还利用外国传教士帮助过红军，一听到叶剑英的想法，就说："参座说得对，这是个好办法。"

朱良才等人也一致赞成叶剑英的意见。

很快，叶剑英的这个想法变成了行动。军政大学先后收容104名解放过来的军官，民主建国军的504名干部，总共608人。学校先有意识地把他们分到各个大队，与解放军的干部打成一片，熟悉人民军队的生活，增进了解，同时也转变思想认识。

叶剑英常深入他们中间去，亲切询问学习和工作情况，发现生活上有什么困难，就注意给予解决。

有人担心家人生活与安全时，叶剑英就说："只要你们的家眷能想办法到天津，就容易进入解放区，我们欢迎你们的家眷来。"

有的俘虏军官的家乡已经成为解放区，想回家看看，叶剑英说："我批准你回家探望，发给路费，再给区、乡政府写一封介绍信，请给予方便和照顾。"

充分的信任，换来的也是信任，不但这些人情绪高涨，同时也影响和带动了其他的人。

有一位周教授也是解放过来的，因为他的资格老，水平也高，在同行中很有威信，人们都呼他"周老"。叶剑英找到他问："周老，你有什么困难吗？"

"可不敢，在校长面前，我是晚辈，怎么能称老呢？"周教授急忙说。

"能者为师嘛！"叶剑英亲热地说，"你既然来到了这边，咱们就都是自己人了，没有什么敢不敢的。今后，咱们就一起为办好军大贡献力量吧。"

"是啊！"周教授说，"就是有些人在那边干久了，一时放不下过去的官架子。"

叶剑英诚恳地说："这没有什么关系。请周老转告他们，我和你们一样，也是从旧军队过来的，也在那边干过，还当过将军呢，旧军队中那一套我知道。现在，把旧军队那些东西再拿到革命队伍中来，没多大意思。人过来了，架子也要放下来；架子放下来，才能从思想上站过来。"

诚恳的话语，显示出诚恳的态度，诚恳的态度又是最能感动人的。叶剑英的一席话，让周教授十分佩服，说："叶校长说得对，我要为办好军大尽自己的绵薄之力，并告诉别的教员也这样做。"

"好！"叶剑英说，"希望你多为搞好教学出主意。"

"我一定做到！"周教授爽快地说。

对于这样的做法，并不是所有人都能够理解的。不久，一些话就传到了叶剑英的耳朵里，什么"常败将军教常胜将军，这是给自己抹黑"，什么"过去没有他们，我们一样能办教育"等。总之一句话，不该关心旧军官，不该让旧军官来当解放军学校的教员。

乍听到这些话，叶剑英很生气。怎么能这样说呢？但转念一想，光生气没有用，还是得做说服和解释的工作。他严肃地说："这是我们领导上对争取、改造旧军官的政策教育不够，使一些干部没有真正了解到把旧军官争取到人民方面来对人民是有利的。这也是我们有些人胸襟狭隘的表现，不能容人，不能用人，没有收罗天下人才而善用的气魄，同时又骄傲自满，不愿向别人的长处学习。"

为此，叶剑英召开一次校党委会，他在会上说："党的七大会议中有明确的指示：中国的旧军队、旧军官有几百万，不能简单地对待，必须争取、改造及使用他们，因为这不是少数人的问题，我们的眼睛要看到几百万上面。我们军大是党领导的军队的一个部门，让旧军官当教员，是执行党的政策，没有什么错，以后还要做得更好。"

在分析了军政大学旧军官的情况后，叶剑英又引用了《共产党宣言》上的一段话："在阶级斗争接近决战的时期，统治阶级内部的、整个旧社会的瓦解过程，就达到非常强烈、非常尖锐的程度，甚至使得统治阶级中的一小部分人脱离统治阶级而归附于革命的阶级，即掌握着未来的阶级。所以，正像过去贵族中一部分人转到资产阶级方面一样，现在资产阶级中也有一部分人，特别是已经提高到从理论上认识整个历史运动这一水平的一部分资产阶级思想家，转到无产阶级方面来了。"

叶剑英的行动，他关于政策、实际以及理论分析的话语，为人们打开了一扇开阔视野的明亮窗口。

军政大学的学员，有从旅长、团长到连长、排长职务的军官，还有一部分战士；有军事指挥员、政工人员、地方干部，还有通信员、警卫员等，更有一部分从国民党军队中解放过来的青年军官，他们的经历和文化程度完全不同，想法更是不一样。

怎样培养他们？叶剑英决定从参谋训练大队抓起。

军政大学校址在石家庄西郊以西兵营为中心的地区。西兵营是日军侵华时期修建的一个屯兵基地，东西长约3公里，南北宽约1公里，四周挖了一条深4米、宽8米的壕沟，沟沿堆着3米高的土坎，内部以土坎与壕沟为界，隔成东、中、西3个营区。参训大队住在面积较大的中营区，营区内有一个400米见方的大操场。

参训大队领导接到叶校长要来讲话的通知，命令学员们立即跑步到大操场集合。

学员们以队为单位排成整齐的队形，人人心里都在猜测发生了什么事情。是敌机要来轰炸，是执行紧急任务，还是要进行实地演练？

学员们这样猜测是有根据的。当时，解放军不仅没有空军，也没有对空武器，国民党空军从保定起飞的敌机，20分钟即可到达石家庄上空。住在北平的傅作义也说，他的骑兵只需要一夜时间就可以直捣石家庄。因此军政大学实行的是战斗化管理和教学。参谋训练大队所辖3个学员队，每个队又分为3个区队，每个区队编为3个班，每个班配有1挺轻机枪、1枚掷弹筒、8支步枪以及相应的弹药，学员们以随时准备投入战斗的姿态进行学习。在教学方面，学校则强调从实际需要出发，紧密结合实际，每个课目都既讲又练，精讲多练，目的就是造就符合作战和建军需要的人才。所以，经常出现防空、演练和执行紧急任务的情况。

但是，学员们这次猜错了。他们刚列队完毕就看到，叶剑英脚步有力地走过来。

参训大队大队长周宏下达"立正"口令后，转身跑到叶剑英面前，立正敬礼，大声说："报告校长兼政委同志，参谋训练大队全体学员集合完毕，请您训话！"

叶剑英立正还礼，说："请归队！"

"同志们好！"叶剑英几步走到队列前，大声说。

"首长好！"学员们齐声回答。

叶剑英久久地看着学员们，严肃的目光里透着和蔼。

早在选调这个队的学员时，叶剑英就强调必须具备3个条件：一是经过战斗环境考验，政治上可靠；二是具有高小以上文化程度，不蠢不笨；三是年龄在25岁以下，身体健康，有培养前途。他在规定这些条件时也曾想过，这算什么条件啊，培养合格的参谋人员，不论从教学考虑，还是以后发展的要求，这些条件都太低太低了，但他又不敢提出更高的条件，眼前就是这么个现实嘛！

即使这样，够条件的人也不多，原定招收500名学员，只到了300多人。就是这些人，也有各种各样的想法。来自基层的连、排干部，认为凭自己的条件应该入主官队学习，回部队后当主官；来自首长身边和机关的警卫工勤人员，担心自己文化低，不安心学习；来自起义部队的人，觉得自己文化程度高，和文化低的一起学习没意思，个别人还说军政大学的条件和黄埔军校相比实在差远了，没什么好学的……

叶剑英就是听到这些反映后，突然决定到参训大队来讲话的。他真想狠狠地批评他们一顿，军人特别是未来的参谋，怎么能这样呢？不珍惜和利用现有的条件好好学习，还说这说那的！但他没有这样做，而是缓步走到学员们面前，逐个和他们握手，问叫什么名字，多大年龄，来自哪个部队，自然而又亲切。

"现在请校长给我们训话！"大队长周宏说。

叶剑英向立正的学员们敬了一个标准的军礼，然后说："刚才我检查了你们的军容，都很精神嘛！相貌堂堂，一表人才，是参谋的好苗子，我心里很高兴呀！"

这几句话，说得大家脸上浮满了笑容。

"在咱们解放军里，我算是个老参谋了，深知参谋工作重要，更知当好参谋不易。因此，我很早就想办一所正规的参谋学校，为全军培养参谋人才。这次党中央、毛主席决定创办华北军政大学，把培养参谋作为主要任务之一。我来之前，毛主席亲自找我谈话，指示我要把学校办好。开学那天，朱总司令亲自来给大家讲话，充分说明毛主席、朱总司令对办好军大和培养参谋是非常重视的。"

说到这里，叶剑英停顿了一下，敏锐的目光扫视着学员们，想从他们脸上的表情判断他们心里都在想些什么，对他的话有什么反应。

学员们眼睛都看着叶剑英，心里忐忑不安了。他们似乎从叶剑英的话里嗅出了一种气味。校长绝不会是单单来讲参谋工作的重要性的，对这一点，他早就不止一次讲过，肯定还有别的意思。于是，有的人心里怦怦跳动得急了起来，脸上开始发烧，头也低了下去，但马上又抬起来。队列里，是不允许这样的。

果然，叶剑英的话锋一转，略略提高了语调，说："可是，你们中有些人不愿意当参谋，有的对学好参谋业务缺乏信心。这些反映说明，对参谋工作和学习参谋业务还没有正确的认识，需要进一步端正学习态度。没有一个好的态度，是很难学得好的。"

这些话，叶剑英虽然不是疾言厉色说出来的，但却如同重重的锤子，狠狠地击打在学员们的心坎上，又像熏风吹拂春水，溅起一道道涟漪。不论击打还是吹拂，都一起落在学员们的心海里，引起了巨大的反响。

学员们目不转睛地看着叶剑英。叶剑英和蔼地看着学员们。他们目光相对，心心相对。

突然，叶剑英的脸色严肃了起来，声音更大了。他的右手使劲挥了一下，说："甚至有人说华北军大不如黄埔军校，没有学头。这完全不对！我当过黄埔军校教授部的副主任，蒋介石请我吃过饭，宋美龄给我斟过酒。我在那里待了那么长时间，比你更了解黄埔军校，你替它吹什么牛！"

大操场寂静无声，骄阳烈日下，人们的额头上沁出了汗珠。

也许是为了缓和紧张的气氛，叶剑英调整了自己的语气，又说："我们华北军大是毛主席、朱总司令亲自倡议创办的，从全军选调了领导干部和教员，并由中共华北局和华北军区全力保障，目的就是使它成为革命军队干部的摇篮。中央命令我来当校长兼政委，我一定竭尽全力，也希望大家共同努力，咱们一起把学校办好。你们有没有这个决心和信心？"

"有！"

雄壮的声音，是对叶剑英问话的回答，吹绽了他脸上的笑容。

"好！"叶剑英高兴而深情地说，"你们参训大队的同志，将来要在部队各级指挥机关工作，任重道远。要好好珍惜这次学习机会，以战斗的姿态完成学习任务。要学好革命理论，学好战术技术，学好参谋业务，不仅把道理弄懂，还要掌握一些技能。同志们，我们都要使自己成为文武兼备的优秀干部，立志做孙武子、诸葛亮、毛泽东那样足智多谋的人！"……

叶剑英在参训大队的讲话，很快就在军政大学传开了，并成为促进所有学员学习的动力。

对此，叶剑英自然是高兴的，他在写给毛泽东的报告中，充满豪情地说："军大是培养军政干部，学习战争的机构，是直接服务于战争的。现在集中了5000 个学员，使用了大量的人力、物力，准备以 1 年时间，培养出适合于军队需要和要求的干部……学校任务虽然十分艰巨，但我及军大校党委与全校从事教育工作的同志，向你和中央表示：我们当以最大的努力，来完成我们的任务。"

24. 首任新北平市长

忙碌中的时间过得特别快。1948 年的夏天过去了，秋天过去了，转眼到了冬天。

华北大地的冬天是寒冷的，但叶剑英的心里却热流滚滚。已经结束的辽沈战役，正在进行的平津战役，即将开始的淮海战役，以及西北战场的节节胜利，都振奋着他的精神和思绪，他决心继续下力气办好华北军政大学，为眼下的战争也为以后人民军队的建设，培养更多更优秀的军事人才。

就在叶剑英致力于军政大学的教学和管理工作时，一项新的任务又放到他的肩上。

1948 年 12 月 13 日，叶剑英连续收到两封毛泽东的电报。早上 6 时的电报说："荣臻、彭真、剑英、黄敬应时刻准备率领接收人员及工作干部乘车出发驰赴平、津。"下午4时的电报，则任命他为北平市委副书记、北平市军事管制委员会主任兼北平市长。

又是没有想到。

叶剑英思绪联翩。

两年前的这个时候，美国人出面调处的国共停战谈判实际上已告失败，身在北平的叶剑英正组织共方代表安全撤回延安。他曾坚定地说："我们离开北平只是暂时的。我相信，过不了几年，我们一定会回来的！"当时的他坚信会重回北平，但他没有想到会这么快，更没有想到他会当军管会主任和市长。

还是在西柏坡那间泥土小屋里，毛泽东对还未上任的中共北平市委书记彭真和市长叶剑英说："此次接管北平，影响中外，你们务必达到如同沈阳、济南那样的接收和管理成绩，不要落在沈阳和济南之后，特别要注意，不要犯接收石家庄初期那时的'左'的做法。"

这是很艰巨的任务，也是非常高的要求。

毛泽东提出这样的要求是可以理解的，因为不仅北平是中国共产党接管的第一个最大城市，而且准备作为国都，同时因为其他城市在接收过程中出现过问题。

叶剑英虽然身在军政大学，仍是关心国内国际的局势。1948年下半年以后，中国共产党逐渐接管一批大中城市，其间出过一些"左"的做法，如任意搬取公物，乱拿财物，抢购物资。毛泽东一经发现，就严厉批评这是农业社会主义思想，其性质是反动的、落后的、倒退的，应坚决反对。随后又推广接收沈阳的7条经验：

（一）确定"各按系统，自上而下，原封不动，先接后分"的接收方法。（二）迅速恢复秩序。（三）迅速处理俘虏与疏散弹药。（四）军管会内部各负责人，坚持原则秉公办理，制止争房子、汽车、工厂等纠纷。（五）对于重大事件容易出乱子的问题，必须预有充分思想准备。（六）入城部队有良好的纪律教育。（七）接收一个大城市，需要有充分准备和各方面称职的干部。此时的叶剑英，感到不论别处的教训还是经验，均是宝贵的财富，如同战场上的败仗、胜仗都是用鲜血和生命换来的一样，值得认真汲取。

肩负重任，带着思考，叶剑英穿一身旧棉军衣，乘一辆美式吉普车，在漆黑的夜色里离开华北军政大学，向北进发。他要先做好人员和思想的充分准备。

受命 4 天之后，叶剑英到达保定。中共北平市委在这里召开第一次会议，叶剑英参与讨论北平市委、市政府、军管会的组织机构及人选。

会上，叶剑英说："这次接管北平，意义十分重大。北平是一座中外闻名的历史文化名城，接管工作进行得如何，直接关系到共产党和解放军的声望，也影响到其他尚待解放城市的接管。我们每个人都要认清自己肩上的责任和要完成的任务，那就是迅速消灭混乱现象，安定社会秩序；保证全市粮食、煤炭等生活必需品的供产；尽快恢复生产。全体人员都要严格执行政策、纪律，防止剥削阶级思想作风影响，防止少数人腐化堕落。"

5 天之后，叶剑英率领接管人员到达涿县，认真学习中共中央关于城市接管的政策，在 1000 多名干部参加的会上，他又说："我们不仅担任的任务是新的，而且我们的组织机构也是新成立的，将来进入北平后的工作环境也是新的，所以这任务是十分艰巨的。我们必须按中央和华北局的指示办，在市委的统一领导下，兢兢业业地完成任务。"

7 天之后的早晨，叶剑英出现在长辛店。在这里，北平市委发出了《关于如何进行接管北平工作的通告》，研究决定北平军管会下设物资和文化两个接管委员会，叶剑英兼任物资接管委员会主任，副主任为戎子和，钱俊瑞任文化接管委员会主任。

叶剑英对戎子和与钱俊瑞说："哪个部门准备接管什么，被接管的单位在什么地方，里面有什么物资，有什么人员，都要事先搞清楚，不然就会打乱仗。根据东北和其他解放区接管城市的经验，应该做到各按系统，自上而下，原封不动，先接后分，不要搞得支离破碎。"

12 月中旬，也就是叶剑英受命 10 天之后，由他率领的所有接管人员，都顺利抵达房山县良乡一带，做好了接管北平市的一切准备工作。

此时，解放军正同国民党驻北平的华北"剿总"司令傅作义进行谈判，1949年 1 月 21 日终于达成了《关于和平解决北平问题的协议》，随后又成立了由中共和傅方参加的"北平联合办事处"，共同负责北平的接管工作。联合办事处主任叶剑英暂时住进颐和园万寿山上的益寿堂内。

1 月 29 日这天，叶剑英早早就起来了。今天是农历正月初一，是中国传统的节日，他睡不着啊！他在院中走着，轻声吟哦："爆竹声中一岁除，春风送暖入屠苏。千门万户曈曈日，总把新桃换旧符。"但当他停脚侧耳凝听，城内并没有送来连天的爆竹，偶尔的噼啪声也显得稀疏而零落。是啊，虽说北平已宣布和平解放，可城内的一切还是原来的样子呀！

叶剑英听着万寿山上送来的阵阵松涛声，凝重而冷硬；抬眼看山下的昆明湖，结着厚厚的冰层。其实，他并不是观景，而是思考着怎样开好下午的"北平联合办事处"筹备会议，这实际上是进行政权交接的第一次会议，绝不能出现差错。为此，他昨天就给傅作义写了一封亲笔信，信上说："宜生先生勋鉴：联合接交机关拟于明日（29 日）下午 2 时在城郊开筹备会，请转告贵方参加人适时到会为荷。"不知今天的会能否开得顺利？

还不到下午两点，叶剑英就来到景福阁，这是今天开会的地方。

副市长徐冰走过来说："时间还早呢，你怎么就来了？"

"今天虽说是筹备会，也是双方的第一次会议。我要等他们，不能叫他们等我。"叶剑英说。

"是啊！"徐冰说，又关切地问，"来到这里后，休息得怎么样？"

"这是个好地方，就是太静了，还真有点不习惯呢。"叶剑英笑了笑，转而说，"你告诉我们的同志，一定要注意保护好这里的古建筑和花草树木，绝不能毁坏。"

徐冰："大家都按您的要求做了，也很尊重这里的管理人员。"

叶剑英"那就好。这里的许多东西都是宝贵的文物啊！开会的事都准备好了吗？"

"应该准备好了，我再去看看。"徐冰说。

"对，一定要周密、安全。"叶剑英说。

徐冰走后，叶剑英便打量起景福阁来。当年颐和园叫清漪园时，这景福阁因阁基为昙花式而叫昙花阁，后被英法联军焚毁，光绪时在旧基础上改建，就改名为景福阁了，寓意为洪福齐天之阁。

叶剑英打量过雕梁画栋的建筑，目光便落在那两副楹联上，一副是："密荫千章此地直疑黄岳近；祥雯五色其光上与紫霄齐。"另一副是："演迪洪畴惟有九五福；绥康宝祚至于亿万年。"特别是前一副，下面的署名竟然是慈禧。叶剑英轻轻摇了摇头。

这时，院门口传来说话声音。接着，傅作义的代表，华北"剿总"副司令郭宗汾、副秘书长焦实斋以及原来参加谈判的代表周北峰等人走了过来。叶剑英转身迎过去，伸出右手热情地说："先给诸位拜年，恭贺新禧！"

郭宗汾双手握住叶剑英的手，连声说："给叶将军拜年，给叶将军拜年！祝您春节愉快，吉祥如意！"

叶剑英在和焦实斋握手时说："今天是大年初一，本来不应打扰各位的，可有好多事情等着我们去办，只有请各位海涵了。"

周北峰握住叶剑英的手，笑着说："刚才进门时，看到叶将军在观景品联，在想些什么呀？"

叶剑英笑着说："我在想两年前的今天，也就是 1947 年的 1 月 29 日，美国宣布他们退出军事调处执行部，我对美国代表说，你们还是回到你们的国家去吧，中国的事情还得我们中国人自己办。这不，咱们就来商量北平接管的问题了。"

"是啊，是啊！"周北峰说。

郭宗汾说："叶将军觉得这里景致如何？"

叶剑英说："这颐和园是个好地方呀！过去为皇帝、太后独有，可惜了这丽山秀水。今天我们这些凡人也进来了，以后我们要将它尽快开放，让老百姓都能到园里来游览。"

说着，人们走进了景福阁内。叶剑英、徐冰、陶铸、戎子和等人坐在一边，郭宗汾、焦实斋、周北峰等人坐在一边。

因为是大年初一，也是为了增添轻松欢快气氛，桌上摆了花生、瓜子、糖等过年的东西。

双方落座后，郭宗汾双手将一封信递向叶剑英，说："这是傅总司令致叶将军的信。"

叶剑英双手接过信，随即展开，只见上面写道：

剑英先生勋鉴：

　　1 月 28 日大函敬悉，兹派郭宗汾、焦实斋、周北峰前往参加，即请查照，并颂时祺！

料峭的春风，轻轻吹打着门窗，偶尔传来爆竹的响声。

叶剑英把信放到桌上，目光扫视一遍全场的人，兴奋地说："傅先生太客气了，他可是为保护北平这座历史文化名城立了大功的人。如果不是他的明智之举，我们不可能这么快就坐到一起共商大事。昨天，我同傅先生就筹备联合办事处问题通了信。今天，傅先生派几位先生来同我们合作，我们很高兴。我愿意代表我们的同志，向我们的朋友说明几点，以便今后共同工作。第一，双方在共同工作中，如果出现原则问题的分歧，希望朋友们要从共产党人的原则立场来理解我们。这种立场就是：维护最大多数人民的长远利益。第二，共产党人是履行诺言的，凡是我们通过了的决议，签过了字的文件，我们是坚决执行的。第三，我们愿意和真诚的朋友长期合作，并且希望有更多的贵方有识之士同我们合作。如果能将北平的经验推广到太原、大同、南京乃至全中国，那就更好了。"

郭宗汾等人频频点头，叶剑英刚讲完，郭宗汾就站起来，说："北平休战和平的事，做到今天已有相当收获，我们愿意这种收获更扩大。叶先生的谦虚、和蔼，我个人表示非常高兴。叶先生所提的原则，我们完全同意。傅先生的意图，很愿意将这个局部和平促成全面的和平，至少可做一个桥梁，并以最大的努力，于最短期间完成之。对于联合办事机构，我们愿以最大的诚意，请叶先生领导我们努力。"

叶剑英："城内现在治安情况如何？"

郭宗汾："总的还稳定，没有出大乱子。"

叶剑英："我很赞赏郭先生的坦诚，如果诸位不再有异议，那我们此次会就为联合办事机构之成立会议。中共中央已命我为办事处主任，至于副主任，傅先生确定由郭先生担任。"

"叶先生，"郭宗汾试探地问，"我们可以把联合办事处看成一个什么性质的机构？我想它应该是一个政权机关。"

"不是的。"叶剑英说，"对于这个问题，有两种看法：一种是局外人乱揣测，不明性质，以为是两家组成的像小联合政府那样的权力机构。另一种看法是把它当成工作机关，在一定时期内领受和完成一定的任务。我们应该把它看作是工作机关而不是政权机关。"

郭宗汾说："本人明白了，我回去一定把叶先生的话原原本本地转告给傅先生。"

接着，双方就有关事项进行了协商，在一些事情上达成了一致的意见：1月31日上午12时前北平城内所有之国民党军队一律撤出，开至规定地点，当日由人民解放军入城接防；入城后废止金圆券之使用，发行人民银行流通券，印刷机器、工人等由郭宗汾负责；联合办事处办公地点设在东交民巷御河桥2号……

北平市的接管工作，就是按照这个预定方案紧张有序、顺利进行的。

1月31日，国民党军队撤出北平市区，人民解放军进入城内接替防务。

2月2日，北平市军事管制委员会进驻城内。叶剑英召集国民党北平市长刘瑶章、警察局代理局长徐树训话，介绍中共北平市公安局长谭政文与他们见面，随即接管了警察局。

2月3日，人民解放军举行了进入北平的仪式，叶剑英和其他领导人在前门楼上检阅入城式的部队。

2月4日，叶剑英、徐冰等人到中南海原国民党北平市政府，在会议厅召开原市府全体工作人员会议，宣布接管政权机构，要求所有人员应各守其位，按

图为1949年2月12日，北平市举行庆祝解放大会，叶剑英在会上发表讲话，号召全市人民为建设新北平而奋斗时的情景。

照原有系统准备办理移交手续。

2月12日，北平市各界人民在天安门广场集会，庆祝北平解放，叶剑英在讲话中宣告军管会要完成6大任务：安全肃清一切反革命残余势力；系统建立人民的革命政权，推行新民主主义政策；接收一切公共机关、产业和物资，并加以管制；消灭一切混乱现象，建立人民民主的经常的秩序；解散国民党、三青团、民社党、青年党及南京政府系统下一切反动党派和团体在北平的组织；逮捕应该逮捕的战犯及罪大恶极的反动分子……

紧接着，各个单位、部门的接收都全面展开，物资和文化两个接管委员会，对上千个机关、企业单位进行了接管。很快，就接收了原北平市机关的5120人，旧政权下属的主要党政机关及国民党在北平的党、特、军、警等机关单位及公职人员25000余人；工矿企业、铁路交通、电信等单位技术专家和职工9000余人；教育、文化、新闻、出版单位23370余人。除人员外，还有大量物资，其中包括贵重物资和珍贵文物。

叶剑英虽然没有参加具体的接收，但所有的接收都在其掌握之中。他不但要听戎子和、钱俊瑞的汇报，还要解决工作中遇到的困难和问题。这是一个特殊的时期，旧的东西摧毁了，新的东西还没有健全起来，再加上各个单位的人集中在一起，几乎所有的事情都要叶剑英作出决断。

戎子和来了。叶剑英抬起头笑着问："怎么样了？"

戎子和知道叶剑英问的是物资接管情况，坐下后说："物资接管的工作已基本完成，就是还有一些零星的单位，做起来困难些。"

叶剑英抬手推一下眼镜，问："什么问题？"

"在接收一座仓库时，有些东西他们不愿交，对方的代表也赞同他们。"戎子和说。

"那些东西重要吗？"叶剑英问。

戎子和说："不是很重要。"

"在联合办事处工作，要多开动脑筋，注意方式方法，讲究策略艺术。"叶剑英说，"既要充分发挥对方代表的作用，又要加快接管工作的步伐。在大的问题上不让步，但在一些小的具体的问题上就不要同对方过于计较。有些对方认为有用而我方觉得无关紧要的东西，对方一时不愿意交，也不要强求，将来都会变成我们的。"

　　戒子和静静地听着，不时点头表示同意，他从心里佩服叶剑英的斗争艺术和工作方法。叶剑英一讲完他就说："参座说得对，我回去就告诉同志们这样做。"

　　刚送走戒子和，莫文骅就来了，进门就说："参座，请你给我们批几辆自行车吧？"

　　莫文骅是北平警备司令部副政委，叶剑英和他很熟悉，因此两手一摊说："我哪里有自行车呀！"

　　"怎么没有？"莫文骅说，"警备部队守卫的一座仓库里就有一批车子，可战士们一辆也没有动。他们成天跑路，能不能给他们解决几辆值勤用车？"

　　"战士们自觉遵守纪律的精神，很使我感动。批一些车子给他们，以便值勤，完全应该。可是，现在要东西的太多，我们军管会所属单位应该以身作则，起模范作用，宁肯自己吃点苦，也要尽量把东西分给别的单位才好。"叶剑英说着，用手指了指莫文骅，又指指自己，笑着说，"我们之间的个人关系很好，但是不能私相授受啊！老莫，你说对吗？"

　　莫文骅当即说："参座讲得对，我们是应该高风格，先人后己。"

　　叶剑英笑着问："我不批车子，部队不会有意见吧？"

　　"分配给你的东西，你都不要，部队怎么会有意见呢？"

　　莫文骅说的是事实。有一天，军管会的物资部长童陆生找到叶剑英说："报告参座，现在物资都分配得差不多了。我给军委机关分了一批东西，其中有些被服和办公用品，每个领导干部都分配一点，您要点什么？"

　　"我什么都不要。"叶剑英果断地说。

　　童陆生认真地说："我是正式向您报告这事，不是随便说的。"

　　叶剑英看着童陆生，说："我是军管会主任，又是市长，领导大家接管了旧北平的这么多物资，怎么能自己给自己分配呀！"

　　童陆生说："这又不是你伸手要的。"

　　叶剑英说："我知道。你现在手里有很多东西，车子、房子、被服，特别是那些古董，都非常珍贵，你可要保管好，如数交给国家，可不能随便给人呀！"

　　童陆生说："办公用品总是需要的吧？"

　　叶剑英想了想，说："那你就送一架打字机和一点派克墨水吧，要登记入册。"

这些，莫文骅是听童陆生说的，叶剑英也估计到莫文骅可能指的这件事，便故意避开说："部队不会有意见就好。"

"不会的。"莫文骅说，"部队进城以前，进行过政治纪律方面的教育和讨论，开展了'评入城资格'的活动，觉悟都有很大提高。他们感到，能入城参加警卫工作，是一件十分光荣自豪的事。有些没被评上入城资格的战士，还哭鼻子哩。"

"是吗？"叶剑英大笑起来，转而又说，"老莫，现在的社会治安形势还很严峻，我们还得采取一些有力措施，坚决打击和肃清暗藏的敌特，捕捉劫盗匪徒，处理散兵游勇。你回去告诉警备司令部领导和部队的同志，不仅要在战场上打硬仗，还要在新解放的大城市打好警备仗，提高警惕，保证安全。"

"有什么任务您就分配吧，保证完成！"莫文骅说。

叶剑英说："好，等我和彭真书记、谭政文局长他们商量后再请你们。"

送走汇报、请示的人，叶剑英伏案阅读文件。这是一份关于社会治安的材料，讲的是北平和平解放后的情况。

叶剑英读着读着，心里急了起来。这怎么行呀！进城前和入城后就调查过，国民党军队在北平的保密局、国防部二厅等特务和散兵游勇有 4 万人以上，而登记收容的只有 2 万人，同时，大量的枪支散布于城内。这些潜伏的特务、散兵游勇和反动党团员，对人民政府恶意中伤、诋毁诬蔑，极力夸大宣传人民政府本来做不到或根本不应该做的事，如物价暴跌、住房、租车不花钱等，以搅乱人心；有的国民党军统和中统特务分子，利用保甲联谊会、工商改进会、旧行业工会及学术团体等名义，冒充已得到政府批准，公开要求召开几万人参加的所谓"军民联谊会"，并打着民主党派的旗号到处去接收财物，以达到挑拨民主党派与政府的关系。他们还搞暗杀，进行暴力破坏，放火烧工厂，伤害人命，毁坏财物……严重地危害人民生命财产的安全和社会秩序的稳定。

和平解放的城市，治安情况本来就复杂，北平曾经是国民党反动派在华北的政治、军事中心，比其他城市更加复杂。对此，叶剑英早就有所估计，并且在接收市政权的第二天即 2 月 5 日，就签署命令发布了《北平市军管会关于国民党军散遗武器限期登记》的布告，明确指出："为建立革命秩序，维护社会治安，确实保障全市人民生命财产之安全起见，凡国民党匪军散遗于本市的枪支、弹药、武器均为非法武器，限即日起到本市人民政府各区之公安分局迅速报缴或请求登记，如有故违，一经查获，定以私藏军火论罪。"但是，一纸布告并没有威慑住顽固的分子，还得采取更有力更稳妥的措施呀！叶剑英的右手使劲攥了一下握住的铅笔，皱紧了眉头。随即，他要通了公安局长谭政文的电话。

谭政文急急赶到叶剑英的办公室，大声说："报告参座，我来了。"

"好，请坐。"叶剑英问，"治安情况怎么样？"

谭政文："混乱现象有所改变，但主动来登记的特务、反动党团员和枪支，距我们掌握的数字还相差很远。"

叶剑英："我们刚进城，要尽快稳定局势。北平将是党中央所在地，是即将成立的新中国的首都，是全国政治、经济、军事和文化中心，必须迅速有步骤地采取措施，从根本上解决社会治安问题。"

谭政文："我们一定抓紧。"

叶剑英："张荫梧那里有什么新情况？"

张荫梧是国民党的陆军上将，曾任过北平警备司令、北平市长。抗战初期，张任河北民军总指挥，屡次与八路军发生冲突，杀害抗日干部和八路军官兵，与共产党争夺政权，被毛泽东称为"摩擦专家"，叶剑英在重庆的参谋长会议上当着蒋介石的面揭露过。1948 年年底解放军包围北平，北平的军政要人纷纷南逃，许多人劝张荫梧离开，张不但不走，还组织了"华北民众自救会"，集封建遗老、落魄军阀政客、青洪帮头目及平津、河北一带的地主反动武装，企图上山打游击。北平和平解放后，张又企图长期潜伏下来，依靠美国人东山再起。北平市公安局多次通过中共地下党组织敦促张交出私藏的电台、武器。叶剑英知道此事，所以这样问。

谭政文："这个家伙死硬得很，仍执迷不悟，对我们的敦促置若罔闻。"

"看来他是要顽抗到底了。"叶剑英说，"这人是个隐患，你们要严密控制，待向中央报告后逮捕他。"

"是。"谭政文说。

叶剑英："另外，考虑再发个布告，敦促特务尽快投案自首，警告那些顽固分子，如若拒不登记，继续进行破坏活动，一定严惩不贷！"

谭政文："是。"

几天后，叶剑英得到中共中央的批准，以北平军管会主任的名义下令立即逮捕张荫梧。因张当北平市长时兼任过四存中学的校长，所以他住在这所学校里。公安局执行科长以叶剑英代表的身份到达位于府右街的四存中学，将其抓了起来。

审讯中，张荫梧供出了其阴谋集团的其他 8 名罪犯。公安局立即行动，逮捕了这 8 个人，共缴获轻机枪 3 挺、卡宾枪 2 支、长枪 229 支、掷弹筒 1 个、手榴弹 2 箱、电台 1 部。

谭政文向叶剑英报告说："张荫梧案的破获，震动了其他潜藏的特务！"

"好！"叶剑英说，"一定要在中央和毛主席迁到北平来之前，把社会治安搞好！"

可是不久传来的一个消息令叶剑英十分气愤：流散军人处理委员会西区分处将住在西四的马占山当作流散军人处理，并让其登记。

"你们知道马占山是什么人吗？"叶剑英质问。

"不就是国民党军队的一个将军嘛！"那人说。

叶剑英："他可不是一般的国民党将军，是抗日名将，是和平解放北平的有功之臣。"

原来，马占山虽然出身绿林，发迹于奉军，但"九一八"之后，奋勇抗击日军，血战东北江桥，喋血内蒙古阴山。1946 年后他不满蒋介石发动的内战，长期赋闲在北平。天津解放后，蒋介石派飞机接马占山去南京，马不但拒绝了，还劝说傅作义与解放军谈判，促进了北平和平解放。

那人说："我们不知道。"

叶剑英："不知道为什么不报告不请示？马占山是抗日名将，是我们党的朋友，他到延安去治伤，毛主席还举行晚会欢迎他呀！怎么能当作流散军人处理呢？"

那人问："那该怎么办？"

叶剑英："让你们的负责人纠正此事，亲自去向马占山将军道歉！"

放下电话，叶剑英愤愤地说："真是乱弹琴，不讲政策！告诉所有同志，按照中央规定的政策，加强报告请示，不准胡来！"

两年前军调部结束，叶剑英离开北平时，曾驱车在城内转了一趟，萧条的市面和饥饿的百姓，令他心痛眼湿。两年后，当他以北平军管会主任和市长的身份刚刚踏进北平城内时，看到的景象比那时更惨重。由于两年多来战争的

影响，通货膨胀，物价飞涨，日常必需品粮、煤、油、肉等物资奇缺，买卖
银圆外币，工厂停工减产，市民大量失业，人民群众的生活还处在相当困难
之中……

此情此景，让叶剑英心急如焚。如果说那时我们只能无可奈何至多是用自
己的努力早点改变它，那么现在我们已经掌握了这里的政权。掌权者的责任，
就是要给人民以安定的环境和基本的生活保障。这不但是共产党人的宗旨所决
定的，也是社会、人心稳定的关键。千家万户的切身利益，是和人心向背紧紧
联系在一起的。

对这一点，叶剑英在入城前不但想到了，而且做了准备。为了北平市人民
的生活，他和彭真等人商量，进城之后，一要抓粮煤供应，保证人民吃上饭；
二要抓兑换金圆券的金融工作，避免市场的混乱。他指定军管会的有关部门从
华北其他地区调运储备了 370 万斤粮食。

可是，事实比预想的严重得多。对于 200 余万市民来说，370 万斤粮食能
维持多久呢？原先确定的对金圆券以"收兑为辅，排挤为主"的方针也不顺利。
入城之始，金圆券与人民币的比价是 1∶1，很快又变为 3∶1。这样虽然对政
府有利，但对普通群众的生活冲击太大。银圆对人民币的比价攀升到 240∶1。
多么可怕的景象啊！

当所有这些都摆到叶剑英面前时，他虽然心里如火在燃烧，但头脑却如水
一样冷静。在战场上，如果遇到强大的敌人，只有奋勇地冲上去，用拼杀取得
胜利。此时面对的，尽管不是烽烟四起、枪炮炸响，但也是一场严峻的战斗。
是战斗，就不能躲闪，更不能退缩。

叶剑英果断地作出了决定，有关部门立即落实：

立即从察哈尔省购进 3000 万斤粮食；同时，千方百计把商人的粮食也购了
进来；

组织力量从外地运进了大批食盐；

保护和计划好门头沟的 10 万吨煤；

在收兑金圆券时，对工人、学生、职员、贫民及独立劳动者给予一定的优
待，以每人半月粮食为准，用低于市场的比价，即以 2∶1 的比价兑换 150 元
人民币。

发布《北平市军管会关于禁止银圆在北平市流通和买卖的公告》，规定："从

即日起禁止银圆在北平市流通和买卖，或以银圆计价，违者定予惩处；公私团体与个人所持之银圆，得持向人民银行及其所指定之兑换所按牌兑换。"

社会治安有了好转，人民群众的生活有了基本保障，叶剑英的心才稍稍安稳一些，便想见见他的同乡、中和医院院长钟惠澜。他现在生活得怎么样，有什么困难需要帮助解决吗？

叶剑英和钟惠澜虽是广东梅县同乡，但却是两年前才认识的。钟惠澜毕业于北平协和医院，获美国纽约州立大学医学博士。两年前叶剑英和他率领的中共代表在北平军事调处执行部工作时，都在钟惠澜任院长的中和医院就医。

一次叶剑英看完病后亲切地问钟惠澜："钟先生府上哪里？"

钟惠澜说："我是广东梅县雁洋堡阴那山人。"

"怎么这样巧，我也是梅县雁洋堡阴那山人啰！"叶剑英说。

"是吗？"钟惠澜惊奇地看着面前共产党的大官，想到自己 1919 年五四运动时以梅县学生联合会会长身份率领学生上街游行、下乡宣传的情景，想到 1935 年在上海五卅运动时与同学一起组织"协医学生沪案后援委员会"和在德国汉堡热带医学研究院撰写抗议国民党政府与日本侵略者签订《何梅协定》的义愤。

两个人越谈越亲热。钟惠澜在一张处方纸上写了曹植的《七步诗》："煮豆燃豆萁，豆在釜中泣；本是同根生，相煎何太急！"叶剑英谈共产党关于和谈的主张和当时国共双方的情况，使钟惠澜大开眼界。和谈破裂、叶剑英返回延安之前，原想邀请钟惠澜及中和医院名誉院长关颂涛到金华酒家吃饭话别的，但考虑到钟惠澜的人身安全，就取消了原定的打算，并托人转告："为了不给钟先生添麻烦，不能对你们表达我们的谢意了。希望钟先生好好治病救人，我们后会有期。"

叶剑英心头一直存着这个遗憾，所以这次进到北平后，他就想去看望钟惠澜，可终因事务缠身没能抽出时间。今天，一定要挽回这个遗憾。他喊来警卫员说："你坐我的车去中和医院，把钟惠澜院长和他夫人接到我家里吃晚饭。"

"那今天晚上就可以不加班了。"警卫员说。

"送走钟院长后再加班。"叶剑英说。

警卫员："都什么时候了，还加呀，今晚就歇歇吧。"

叶剑英："不行呀！小鬼，毛主席叫我来当军管会主任、市长，我就得当好嘛。人民的衣、食、住、行得管，社会治安要管，事情多着呢，哪有时间歇呀！"

警卫员："那就以后再请钟院长嘛。"

叶剑英："也不行。他是老朋友，又为和平解放北平出了力。我们不能慢待有功人。不能再拖了！"

原来，傅作义也常到中和医院和钟惠澜家里请他看病。解放军包围北平后，傅作义在一次看病时谈起中共中央和平解放北平的条件，问钟惠澜有什么看法，钟惠澜坦言说："傅将军应该三思呀！如果真的打起来，北平这座文化古都就将变成一片废墟，民族文化遗产也将毁于一旦。那我们将来怎么向历史交代？"傅作义沉默了好大一会儿，才叹着气说："看来真是人心所向、大势所趋呀！"此外，钟惠澜还和一些社会名流在他的病人、康有为女儿康同璧家里集会，商量如何为和平解放北平尽力……

警卫员："我这就去接钟院长。"

叶剑英："去吧，路上一定注意安全。"

警卫员："现在外面好多了。"

叶剑英："那也不能大意。"

警卫员走后，叶剑英由钟惠澜又想到一些有名的知识分子，如燕京大学校长陆志韦、清华大学校长叶企荪，以及张奚若、钱伟长等人，也应该关心他们生活上的困难，解除他们的疑问，征求他们对建设新北平的建议。要邀请他们开个座谈会。对朋友要真诚相待，绝不能对不起他们。

参加过中共七届二中全会回到北平，叶剑英就开始为毛泽东和中共中央进驻北平日夜紧张地忙碌。因为那次会后，中共中央和人民解放军总部决定由西柏坡搬至北平。

叶剑英和第4野战军司令员林彪、政委罗荣桓、参谋长刘亚楼、华北军区司令员聂荣臻、政委薄一波、北平市委书记彭真、北平警备区司令程子华，以及中央代表李维汉在北平六国饭店开会，具体研究了阅兵的问题：

叶剑英主持迎接中央迁平组织委员在北平开会，研究如何做好各项准备工作和行军路线；

叶剑英和李克农致电周恩来、任弼时、杨尚昆，报告迁移的详细安排和建议；

　　叶剑英和中央军委铁道部长滕代远开会研究铁路交通实施方案……

　　毛泽东、刘少奇、周恩来、朱德、任弼时是 3 月 23 日离开西柏坡的。当时，毛泽东幽默而寓有深意地说："今天是进京赶考的日子。"

　　周恩来说："我们都要考及格，不要退回来。"

　　毛泽东说："退回来就失败了，我们一定要考个好成绩，我们决不当李自成。"

　　3 月 24 日傍晚，叶剑英和滕代远在涿州迎到毛泽东就说："我们已按 21 日的电报报告，做好了一切准备。中央首长夜里乘火车进北平，经丰台，然后开到清华园火车站，下火车后乘汽车去颐和园。明天下午，在西苑飞机场举行入城式，检阅部队，接受各界代表的欢迎，与民主人士见面。"

　　也许是叶剑英满布倦容的脸色和有些沙哑的声音，使毛泽东忽然想起了什么，说："我听收音机了，你那个讲话，真是声嘶力竭啊！为新政权呐喊，就是要有这么一股劲头。"

　　毛泽东指的，是 2 月 12 日也就是农历正月十五元宵节那天，北平市委、市政府在天安门广场举行的庆祝北平解放大会上叶剑英的讲话。那天，叶剑英在讲话中首先宣告："北平市人民政府成立了！北平市人民第一次有了自己的政权机构，古老北平获得了新生！"他用诗一般的语言说："让我们在自由的天空、自由的城市里边，来庆祝北平人民第一次获得真正的自由和民主。北平的和平解放，为中国人民解放事业创造了新的榜样。这是与中国共产党正确的领导、人民领袖毛泽东的战略天才以及人民解放军的英勇善战不可分离的。"当讲到这样一段时，叶剑英提高了声调："敌人虽然受到了人民力量的致命打击，但是敌人还没有最后的死亡，敌人还在美帝国主义导演下用各种欺骗的方法，即用伪装和平的方法，企图苟延残喘，作最后的挣扎和顽抗，这种企图我们必须加以彻底的揭穿和彻底的揭破。"

　　叶剑英也笑了，说："请主席早点休息，夜里乘火车进北平。"

　　毛泽东说："党中央进入北平，这是一桩大事，政治意义十分重大，是党和军队胜利历史上最有意义的事情，叶剑英参谋长、聂荣臻司令员、彭真书记要计划好，中央派周恩来副主席主管这次活动。"

　　3 月 25 日凌晨 2 时，在开往北平的火车上，叶剑英又向毛泽东等人汇报北平的情况，说："北平和平解放以后，不少民主人士来到北平，也有不少民主人士来信来电，表示坚决拥护共产党，要和共产党很好合作，希望共产党在北平建立全国性政府。"

毛泽东："这是因为他们还不知道我们要在北平建都的事。"

叶剑英："和平解放北平，这也是一大奇迹，在古今中外战史上是不多见的。"

毛泽东："战史上不多见，咱们今天就见到了，这也是傅作义将军立了一大功。"

叶剑英："北平和平解放后，人民欣欣鼓舞，成群结队走上街头游行庆祝，用不同的方式表示对解放军的欢迎。部队入城时从前门大街开进东交民巷时，雄壮、整齐、威严。"

毛泽东："老百姓的生活和社会秩序怎么样？"

"北平和平解放后，工厂照常生产，商店照常营业，学生照常上课。北平旧的政权机关和官办机构，我们都派了接收人员。社会秩序很好，也没有发生骚乱。"

毛泽东："听说你把'摩擦专家'张荫梧抓起来了？"

叶剑英："他太顽固，再不抓就影响安全了。"

毛泽东："那他就不能再摩擦了。"

叶剑英："是呀！"

毛泽东脸上浮现出明显的笑容，说："和平解放的城市一切照常，这就好了。要对参加军事管制的人员讲清楚，我们不但能解放大城市，还要能管理好大城市。"

刘少奇、周恩来、朱德、任弼时等点头赞成。

清晨 6 点钟，列车缓缓驶进清华园火车站。叶剑英引领毛泽东到颐和园休息。

傍晚时分，毛泽东、刘少奇、周恩来、朱德、任弼时在西苑机场检阅部队后，即由叶剑英陪同住进香山的双清别墅。

深夜，叶剑英才回到自己的住处，几天来紧张的身心略略放松了一点。毛泽东和中央安全到来，他可以集中精力抓北平的恢复和建设了。

1949年3月25日，中共中央及中国人民解放军总部从西柏坡迁往北平。叶剑英前往北平西苑机场迎接。图为叶剑英同毛泽东、朱德、刘少奇、周恩来、任弼时等在西苑机场时的情景。

　　事实上，叶剑英的很多时间和精力，还是用到了和南京国民党政府的谈判上。1949年4月21日，国民党政府拒绝在《国内和平协定（最后修正案）》上签字，毛泽东、朱德当即发布了向全国进军的命令。

　　也就是这一天，叶剑英在北平市人民政府第一次科长以上干部会议上说："市政工作的基本任务，是发展生产，也就是把一个消费的城市改变为生产的城市。发展生产，不是一句简单的空话，需要各方面的工作切实配合。"

　　经过反复调查和思考，叶剑英决定着手整顿北平的摊贩。

　　叶剑英之所以这样做，是有他的道理的。摊贩是一个社会问题，表面上只涉及一部分人，但在剧烈的社会转变时期，它直接关系到人民生活的稳定，影响到新生政权在群众心目中的形象，甚至影响到政权的巩固。

　　进城后，叶剑英就派人进行调查，看到5万余户摊贩，占居民人口的10%左右。他们把摊子摆在诸如正阳门大街、宣武门、崇文门、西单、东单等闹市，占据了人行道，甚至挤占三轮车、人力车、汽车、电车的路线，造成交通事故。摊贩们抢了原来在商场、商店里的生意，妨碍了商业的发展。还有些摊贩棚户，出面选举代表、建立组织、划分势力范围，扬言若政府取缔他们，就准备请愿，有的坏人也混入其中进行破坏活动。

这样下去不行，必须整顿治理，既要使他们营业合法化，又要使营业场所有序化；既要使他们组织化，又要使其服务化，也就是有利于服务人民生活和城市的建设。所以，叶剑英责成市政府有关部门召开一次摊贩代表的座谈会，他不但自己参加，还请彭真参加。

座谈会是 5 月 23 日晚上召开的。季节虽然已经进入了初夏，早晚还是弥漫凉意。参加座谈会的摊贩代表们，都早早地到达了。大概由于赶路太急和心情紧张，有的人额头沁出了汗珠。他们聚到一起，就相互打听今天开会的内容，猜测新政府会如何对待他们。可是谁也说不清楚，一个个神情紧张地等待着。

叶剑英和彭真走进会场，一眼就看到了摊贩们的神色，并且透过神色看到了他们的心态。他含笑抱拳拱手，算是向人们的问候和致意。

彭真首先讲话。他讲了为什么要召开这样一个座谈会，扼要地介绍了党和政府对摊贩的态度及处理办法。

这些摊贩代表们从彭真的话中了解了共产党对他们的政策，紧张的气氛有所缓和。座谈中，不少摊贩代表发了言。有的人赞扬共产党和解放军，有的人讲生活的艰难，有的人认为需要管理，有的人说不明白政府究竟怎样对待他们。终因心存疑虑，发言总不那么热烈，讲得也小心谨慎。

叶剑英微笑地看着人们，说："同志们！今晚利用这个时间，不妨碍大家的生产，请大家到这里来谈。"

摊贩代表看着面前这位身穿军装的市长，竟然称呼他们为"同志们"，心里顿时受到了震动，这就是说，共产党和人民政府是把摊贩当作自己人看待的，这使他们感到亲切，有的人竟相互注视，脸上浮出了笑容。

叶剑英注意到了人们情绪的变化，接着讲了共产党是人民的政党，政府是人民的政府。讲了接管 3 个多月来，北平状况是有改善的，不过要办的事情很多，只能一步一步去做，然后真诚地说："你们的生活很苦，过去受了很多压迫和苦难，共产党领导中国人民革命就是为了把受压迫受苦的人解放出来，从事建设与生产，逐步地使大家都有饭吃，有衣穿，有屋住，有书读，生活得好。我们对摊贩还没有管过。这方面我们还是学生，你们是先生，要和你们商量一下，如何管理，集中大家的意见，我们便去办。"

叶剑英停下来，目光扫视着全场，问道："在这里我先要大家答复一个问题：过去国民党的市长们、国民党的市党部和你们开过会没有？对你们用什么方法管理的？"

这一问，使会场顿时活跃起来，参差不齐的声音回答道：

"没有。"

"那些大官，见都见不到，还会同我们开会吗？"

"他们用皮鞭打，他们不开会，是下命令。"

会场平静下来后，叶剑英继续说："是呀！国民党把人民当毛驴，对毛驴用打的方法来管，对人民也用打的方法来管。北平几十年来那些做官的哪一个把人民当作人？只有共产党才把你们当人看。"

这些话，把人们的情绪完全调动了起来。大家目不转睛地看着他们的市长。

会场上很静，静得能听到人们的喘气声。

"整顿摊贩，"叶剑英略略提高声调，说："第一，把位置整理适当，需要迁移的就选择地方迁移。有的是就地整顿。双行改为单行，阔的改为狭一点。摊贩的位置，并不是要你们摆在没人的地方，我们要求不妨碍交通，不招来火灾，不隐藏敌人。第二，就是要办手续，登记领牌照，纳点税。各区设摊贩管理委员会，先搞一下临时登记，不论是活动的，还是固定的，都要在摊牌上标明。我们如不收税，即是鼓励大商贩和你们竞争。管理摊贩是为你们好，如果以后大商贩还要摆摊，政府没法解决。但位置好的生意也就好，应该多拿点税，位置差的可以少出一点。详细税则，将来向大家公布。第三，就是摊贩们要组织起来，有组织则秩序容易搞好，且可以避免坏人侵入，什么事情都可以有秩序地办理。"

叶剑英所讲的对摊贩整顿的意见，既十分合乎真情又合乎道理；既为了搞好秩序，又从摊贩的切身利益着想；既是作为市长讲政府的要求，又是用的朋友式的商量口气。

当座谈会结束时，夜已经很深了。那些摊贩代表中的绝大多数，原来拧紧的眉宇间，都舒展开了。

叶剑英一回到办公室，就看到钱俊瑞已等在那里了，见了面就说："参座，《赵城藏》和《经典释文》已分别交给北平图书馆和故宫博物院了。"

"太好了！"叶剑英高兴地说，"你做了一件对子孙后代功德无量的好事！"

钱俊瑞忙说："怎么是我做的呢？没有您参座的亲自关注过问，我是办不成的。"

《赵城藏》是金代所刻的一部大藏经，称《金藏》，十分珍贵，原保存在山西省赵城县的广胜寺，故又称《赵城藏》。日军占领山西时，曾阴谋夺走，寺内的和尚报告了在当地打游击的八路军，后是薄一波派部队将其抢救出来，为此还牺牲了几个战士。接管北图的干部见北图购有散存的《金藏》数十卷，善本专家赵万里认为应立即抢救。经薄一波亲自批准，太行行署于4月30日将《金藏》运送到北图。

《经典释文》是宋刻本，共24册，原为元代国子监官书，海内孤本，价值名贵。后来由宫中散出，分存在北平图书馆5册、沈阳博物院18册、天津名藏书家周叔弢1册。叶剑英知道此事后，责成北平军管会和沈阳博物院交涉，将其所藏让给北图，并请天津军管会动员周叔弢捐赠或低价出售所藏1册。当24册收齐后，北图又将《经典释文》全部交由故宫博物院收藏。

这一切圆满办完后，钱俊瑞便来向叶剑英报告。

"你等一下。"叶剑英对钱俊瑞说，随即喊来秘书，说："你告诉他们，根据刚才座谈会的情况，以我的名义起草一个《北平市人民政府关于管理摊贩及棚户暂行办法》，对依法登记手续、领取营业牌照、按章交纳租税等事项作出具体的规定。"

秘书走后，叶剑英和钱俊瑞从《赵城藏》《经典释文》，谈到文物景点的保护、科技教育、文学艺术、新闻出版，还谈到了发展生产、收容乞丐、处置娼妓等问题。

钱俊瑞认真倾听，感慨地说："参座，你怎么从打仗行家变成建设专家了？"

叶剑英："这也是逼的。你这个文化人穿上军装不也蛮像军人的吗？"

钱俊瑞："我只是外表像，你可是从里到外像个地方干部了！"

叶剑英略有所思地说："国内外反动势力散布说'共产党管不好城市'，我们就是要让他们看看。当然，管好城市光靠我们还不行，但我们应该尽最大努力打下一个好的基础。你说是吗？"

"是的。"钱俊瑞说。

叶剑英说："那我们就共同努力吧！"

第7章

—

主政广东

25. 赣州决策

1949年9月8日，毛泽东亲笔为新华社写了一则电讯稿：

（新华社北平8日电）北平市长兼北平军事管制委员会主任叶剑英将军奉命赴两广工作，担任中共中央华南分局第一书记（张云逸为第二书记，方方为第三书记）及广东军区司令员兼政治委员。为此，中国人民革命军事委员会任命聂荣臻将军继任北平市长兼北平军事管制委员会主任。

在电讯稿的最后，毛泽东还特别注明："今晚12时前播出。"

此时的叶剑英，正在江西省南部赣州的省立师范学校里。他是5天前的9月3日到这里的，当即就主持召开作战会议，和原华南分局书记方方，第4兵团、第15兵团及两广纵队负责人陈赓、郭天民、刘志坚、邓华、赖传珠、洪学智、曾生、雷经天等人研究解放广东的问题，根据敌我双方的情况，制定了两套作战方案，于9月8日这天和陈赓联名上报中央军委。当这个消息在收音机里传出的时候，叶剑英正和方方一起研究广东地方武装配合野战军作战的问题和华南分局《关于支前工作的决定》。

对于叶剑英的这次任命，中共中央 7 月下旬就决定了，毛泽东在一封电报上最早说到这件事。7 月 22 日，周恩来在他主持的中央汇报会上介绍进军两广时讲到华南分局的人选时说，叶剑英在北平的工作将于月底结束。8 月 9 日至 14 日，北平市举行第一届各界代表会议，叶剑英参加这次会议并作了《北平市半年来接管与施政工作》的报告后，即冒雨匆匆离开北平。

因连日暴雨冲毁平汉铁路北段，叶剑英绕道徐州转郑州，经过汉口、九江、南昌赶到赣州。

叶剑英听到广播，朝方方一笑，说："你的身份公开了。"

"参座的身份也公开了。"方方说，"你就领着我们干吧。"

"还得依靠你和原在广东的同志哟。"叶剑英说。

确实，叶剑英对方方是十分信赖的。这不仅因为他们早就认识，也不仅因为 3 年前在北平军调部时，他就派方方作为广东军调执行小组的中共代表前往广州，在错综复杂的情况下找到东江纵队并顺利将其北撤到烟台后，就留在广东坚持斗争，担任华南分局书记，领导各地的武装斗争，取得很大的成绩，更主要是因为毛泽东把他们比作"活水"。

那是叶剑英受命之后，毛泽东找他谈话，说了解放广东、广西的部署、领导机构组成、各级干部配备、解放广东的步骤、接收、管理及准备对付帝国主义经济封锁及军事干涉等问题，特别强调指出对原华南分局及各级党委在广东工作的成绩要有恰当的估计，要处理好南下部队官兵、地方干部同当地干部的关系。

叶剑英说："我过去长期在军委和主席身边工作，时时得到主席的教诲，工作比较好办。这次到华南，要独当一面，感到比较吃力。"

"北平市的接收和管理就搞得不错。"毛泽东说，"广东情况更复杂一些，你去比较合适。你一定能胜此任。"

叶剑英正为缺少南下干部着急，说："我们是'水尾田'，没有水了。"

毛泽东先是一愣，接着便笑了。叶剑英是客家人，客家人把分田分到最后的稻田叫"水尾田"，即缺水的田。是呀，在目前形势下，到处都争抢着要干部，叶剑英显然是以此比喻干部都被别处抢走了，他那里没有干部。就说："你那里有一股泉水嘛！"

叶剑英明白毛泽东所说的"泉水",是指以方方为书记的原南方分局和两广纵队有取之不尽用之不竭的干部源泉,就表决心似的说:"我们一定尽快解放广东,解放华南,为即将诞生的新中国建立一座巩固的国防南大门。"

因为有了毛泽东的话,也出于对方方的了解,叶剑英不但与方方进行了长时间单独的交谈,认真听其意见和建议,还专门请方方在华南分局的干部会上介绍广东的情况。方方以生动的语言讲了广东的风俗民情,广东人的性格特点、饮食文化、生活习惯及宗教信仰等,令到会的人特别是北方人听得津津有味。

叶剑英收起面前的文件说:"咱们两个广东老乡,和其他人一起,去解放和建设广东吧。像你那支《欢迎老大哥》歌中唱的一样:一齐打到广州去,一齐活捉阎罗。解放全广东,解放全中国!我们一起来欢舞高歌!"

方方:"那是我在观看文工团排练会演文艺节时即兴写的,非常粗糙,请参座批评。"

叶剑英:"很及时,很鼓励,唱着它打回广东去。"

方方:"我听你的指挥。"

叶剑英:"听中央和军委的指挥。你像过去一样放手干就是了,出了问题我担着。"

把一切都部署安排就绪,叶剑英感到稍稍轻松一点。晚饭后,他走出自己住的房间,来到师范学校的院外。

9月的赣州,还很炎热。傍晚时候,虽然有微风吹过,可白天的热气没有完全退去。叶剑英来到晒谷场边的土围子上,伸展一下腰身,呼一口长气,新鲜的稻谷气息扑鼻而来,使他觉得芳香沁脾,十分舒畅,深情地注视着远处。多年生活、战斗在北方,很久没有嗅到这样的气息了。

第4兵团司令员陈赓、第15兵团司令员邓华也走了过来。爱开玩笑的陈赓远远就说:"参座有了闲暇,看来一切顺利。"

叶剑英说:"你们两个不也是一样吗?"

"那可不一样。"陈赓说,"你可是我们的总指挥哟!"

"你这个陈赓,非要把担子推给我,就是为了图轻松呀?好在中央和主席不让你偷懒!"

他们之所以这样说是有缘由的。第4野战军总部在7月下旬曾指示,由4兵团的军、政首长指挥4兵团、15兵团的行动。叶剑英到达以后,陈赓就提出由叶剑英统一指挥。叶剑英考虑到自己是分局第一书记，不仅要管军队，还要管地方，便坚持仍由陈赓统一指挥两兵团及两广纵队的作战行动，并得到了中共中央的批准。

陈赓："你是参座，理所当然由你指挥。既然主席说了话，那就我指挥部队，你指挥我好了。"

邓华："那我就老老实实听你们两个的指挥。"

叶剑英："是你那个48军打下了赣州，我们才有了这立足之地嘛！"

邓华："哪里用得着一个军，其实就那么1个团，一下子把这赣州给拿下了。"

叶剑英："10多年前我们打这里的时候，费了那么大的代价，还是放弃了。"

邓华："幸亏放弃了，不然要死很多人呀！"

陈赓："也是大势所趋，国民党军队已没有了战斗力，真可以说不堪一击！"

叶剑英："是啊！你们读过辛弃疾那首《菩萨蛮·书江西造口壁》吗？就是写这里的：'郁孤台下清江水，中间多少行人泪！西北望长安，可怜无数山……'"

陈赓打断叶剑英的话，说："参座又诗兴大发了，我们这些武人可不敢在你面前班门弄斧啊！"

叶剑英："我是想到其中的两句，用到我们现在的全国形势上，还是很恰当的。'青山遮不住，毕竟东流去。江晚正愁予，山深闻鹧鸪。'"

陈赓："是很恰当：'青山遮不住，毕竟东流去'！"

邓华："郁孤台就在离城不远的地方，参座和陈司令想不想去看看？"

陈赓："大战在即，我开完会就得赶回去，部队正等着打仗呢。"

叶剑英："真想去看看郁孤台，看看辛弃疾写的清江水，还有八镜台、通天岩，可惜还没完成毛主席交给的任务，只好等解放全中国再说了。"

不远处，方方也向这里走来，旁边跟着个10多岁的小女孩，穿着一身蓝色制服。到叶剑英跟前时，方方轻声示意说："他就是叶伯伯，快叫伯伯！"

小女孩是方方的女儿，名叫方惠平，是刚入伍不久的小兵。在前来赣州的行军路上，每当疲劳时，父亲就给她鼓劲说："快了，就要与南下大军会师了，可以见到叶剑英伯伯了，他是人民解放军中的高级将领！"所以，方惠平对叶剑英这个名字是熟悉的，听到父亲的示意，亲切地喊道："叶伯伯，您好！"

"小娃子好！"叶剑英站起身，亲切地握住方惠平的小手，上下打量着。

方方说："她才入伍不久，还没有发军装，穿的是游击队的衣服。"

叶剑英拍拍方惠平的手说："娃子，你该换一套军队的衣服了。"

"对、对、对！"陈赓说着把警卫员招到跟前，"你马上去给她领一套女军装来，记住要小号的。"

警卫员飞跑而去，叶剑英又问了方惠平的年龄、上过几年学。方惠平都一一作了回答。叶剑英听了后点着头，似乎略有所思。

不一会儿，警卫员就抱来了一套草绿色的军服、军帽和军鞋，交到方惠平手上。

方方说："惠平，伯伯们发给你这套军装，是希望你无愧于解放军战士的称号。今后你要执行好三大纪律八项注意，要更严格要求自己，明白吗？"

"明白了，爸爸！"方惠平不好意思地说。

陈赓说："快去换上吧，这样就更像战士了。"

叶剑英也站起来，说："我们也该回去了。"

夕阳的斜辉，照着一行人向师范学校走去，一边走一边交谈着。

10月1日这天，叶剑英的心情处在极度的兴奋之中。

中午刚过，他就回到自己的住室，对警卫员说："把收音机调好，准备收听开国大典的广播。"

警卫员调着收音机，叶剑英则坐在桌前，微微闭着眼睛，是在等待，是在休息，还是在思考？确切地说，是兼而有之。

他是在等待。在3月的七届二中全会上，在他迎接中共中央和毛泽东进驻北平时，在毛泽东要他赴两广工作的谈话中，在来来往往的电报里，他就知道中华人民共和国即将宣告成立，但当这一刻真的变成了事实，他还是禁不住地亢奋起来。多少年的烽火硝烟，多少年的出生入死，不论战场上挥军冲杀，不论在统帅部里参与运筹，不论在谈判桌上舌战对手，不都是为了这一天吗？

他是在休息。这些天他太累了。从来到赣州后，就不停地开会，研究作战计划，研究支前工作，他又和入粤先遣组的何维、卢克华、曾小芳3人谈话，请他们转告广东的人民，百年来中国人民受帝国主义的侵略欺侮，广东人民对帝国主义是很仇恨的，但当前的主要敌人是国民党反动派，不要把对象搞错了。

他是在思索。两天前的9月28日，他和陈赓联名签发了《广州外围作战命令》，通报了敌情，分析了敌人的动向，下达了迅速解放全广东的任务，同时将部队分为 3 路军，即 4 兵团为右路，15 兵团为左路，两广、粤湘赣、粤中纵队为南路，并规定了各路军的进军方向、路线及相互间的协同。这个命令也上报了中央军委。军委会批准这个命令吗？部队准备得怎么样了？

突然，收音机响了，先是丝丝拉拉的响声，接着是播音员的声音："毛主席来啦！毛主席健步登上了天安门城楼！"随着传来的是人民群众的欢呼声和鼓掌声。

叶剑英立即坐直身子，睁开微闭的眼睛，目光透过镜片落到收音机上，仿佛看到了毛泽东、刘少奇、周恩来、朱德等人的身影，看到广场上如海的人群，一个个脸上绽开欢乐的笑容。

林伯渠宣布典礼开始后，就响起毛泽东洪亮的声音："中华人民共和国中央人民政府已于本日正式成立了！"

这是多么亲切熟悉的声音，这是多么激动人心的声音！叶剑英情不自禁地鼓起掌来，眼角有些湿润了。

随着播音员的报告，叶剑英的眼前掠过一幕幕情景：毛泽东按动电钮，五星红旗冉冉升起；军乐声中，50 门礼炮齐鸣 28 响；人民群众的欢呼声一浪高过一浪；朱德乘车检阅各兵种部队，宣布人民解放军总部向全国进军的命令："我命令中国人民解放军的全体指战员、工作员，坚决执行中央人民政府和伟大的人民领袖毛主席的一切命令，迅速肃清国民党反动军队的残余，解放一切尚未解放的国土，

图为新中国成立之初，主持华南地区工作时的叶剑英。

同时肃清土匪和其他一切反革命匪徒，镇压他们的一切反抗和捣乱行为……"

警卫员看着叶剑英的眼睛盯着收音机凝神静听的样子，用遗憾的口气说："太可惜了！"

"什么太可惜了！"叶剑英头也没转地问。

"首长如果不是到这里来，就能亲眼看到开国大典的盛况了！"警卫员说。

叶剑英看了警卫员一眼，说："是有点可惜，可是也非常值得。不但无数英勇牺牲的人看不到，广大的指战员也不能看到啊！你没听到朱总司令在命令中说，'战斗任务还没有最后完成'，我们就是在完成战斗任务，以实际行动庆祝中华人民共和国的成立，这也是值得光荣和自豪的啊！你说对吗？"

警卫员说："对是对，可就是有点让人惋惜。"

一声"报告"的声音传来，走进一位作战参谋，说："报告参座，中央批复说'同意你们向广州进攻之部署'。"

"这么快！昨天政协会才结束，今天举行开国大典，看来毛主席又是彻夜未眠！"叶剑英感慨地说，接着指示参谋，"告诉陈赓司令员，各路军按照预定部署，从明天开始就向余汉谋集团发起进攻，正式打响广东战役，完成毛主席、朱总司令交给我们的任务，向新中国献上一份厚礼！"

"是！"参谋立正敬礼而去。

参谋走后，叶剑英站起身，走到墙上挂着的一幅地图前，目光在曲江、翁源、新丰、和平、龙川、河源等处移动，最后落在了广州上。

暮色降临的时候，方方和秘书等人走进来。

方方说："参座，人民群众和部队官兵正在举行庆祝新中国诞生的庆祝大会，等着你去参加呢。"

叶剑英转过身，高兴地说："走，去和大家一起庆祝我们中华人民共和国成立！"

26. 非常手段

广东战役按预定的部署打响了。

左、右、南3路大军合力推进，占曲江，克翁源，攻龙川，直逼广州……一封封载着胜利喜讯的电报被送到叶剑英的面前。

10 月 14 日上午，陈赓电告：第 4 兵团先头部队接近广州市郊，守城的刘安琪 21 兵团向南逃窜，他已命令第 4 兵团不进广州，直接向佛山、三水、四会、高要方向追击……

叶剑英赞扬地说："他这是把入城的光荣任务留给 15 兵团。这个陈赓，虚怀若谷，大将风度！"

10 月 14 日下午，邓华电告：15 兵团已从北郊的沙河进入市区，占领了国民党政府南迁广州的"总统府""行政院"以及"广州绥靖公署""省政府""市政府"等机关……

叶剑英高兴地对方方说："部队已经将广州打下，现在该我们去接收和管理了。告诉大家准备好，很快就出发。"

"大家早就做好了充分的准备，随时可以出发。"方方说。

"好。"叶剑英说，"明天电告中央，后天出发。"

10 月 16 日，叶剑英一行离开赣州。人们分乘几辆大卡车和小吉普车，行驶在蜿蜒崎岖的山路上。

叶剑英坐在一辆小吉普车内，不时地看着车窗外掠过的高峰深谷和一簇簇花草树木，平静的脸上透出明显的凝思。

就要进入广州了，叶剑英的心里自然是激动的。多么熟悉的地方啊！那优美的白云山，那悲壮的黄花岗，那小巷深处的曾家祠，那黄埔军校所在的长洲岛，那弹火交织的沙河、长堤、观音山……都在他脑海和眼前闪现。

人最难忘的是铭刻痛苦和光辉的地方。"飒飒东风扫暮霞，木棉落后更无花。箫声咽似寒潮咽，不见秦楼见月华。""百战归来意气雄，廿年人事各西东。关心最是公园路，十丈红棉依样红。"叶剑英微闭双目，在心里默默吟诵他过去在广州写下的诗句。

"首长，您累了吧。"警卫员说。

叶剑英的思绪被打断，轻轻"啊"了一声。

秘书问："要不要歇一歇？"

"也好。"叶剑英说。

司机张德鑫选好地方将车停了下来。

叶剑英下车站到路边，目光扫视着连绵的群山，起起伏伏，如大海的波浪，在薄雾中涌来涌去。

方方、朱光等人也下车走过来。

叶剑英对他们说:"告诉司机同志,注意检查好车辆,在这山路上开慢点,千万不要再发生龙南那样的事了。"

那是他们离开赣州的第一个晚上到达江西龙南时,有一辆汽车下坡时失控翻倒路旁,4人牺牲,13人受伤,叶剑英当即报告中央,并亲自组织安葬,开追悼会。

说到此事,大家仍很沉痛。

方方说:"这是我们工作做得不细。"

叶剑英说:"他们没有牺牲在战场,却死于接收路上的车祸。就要胜利了却看不到胜利,太可惜了!"

"是的。"朱光说,"那我们就以更好的接收让他们在九泉下瞑目吧。"

叶剑英:"摆在我们面前的是怎样接收、管理好广州和整个广东。这是中央和毛主席交给的任务,很艰巨呀!"

方方:"参座有接管北平的经验,广东就不在话下了。"

叶剑英:"不能这么说。广东靠近香港、澳门,海南岛未解放,还有个台湾,比北平更复杂一些。北平的经验可以借鉴,但不能完全照搬。"

的确,叶剑英根据在北平时的做法,于10月6日以华南分局的名义发出通知,决定成立广州市接管委员会,同时,从广东的实际出发,思考适合当地的

图为出任广东军区司令员兼政治委员时的叶剑英。

做法。他之所以调朱光为接管委员会书记，也是出于这样的目的。因为朱光曾在广州读过书，参加过广州起义，了解广州的基本情况，更主要的是因为他参加过解放东北的斗争，先后接管过齐齐哈尔和长春，有这方面的经验。

叶剑英："老朱，现在我们接管的干部具体有多少人了？"

朱光："总共 3000 多人。除从老解放区抽调干部组成的南下工作团及随军南下的学生外，还有广东、香港抽调的 1000 多人。此外，还从华南文工团以及社会上新招收了一批具有初中以上文化程度的学生。"

叶剑英："接管干部已经这样了，虽然还少一点，也难再增加了。关键是怎样统一领导，依靠工人阶级，团结知识分子，争取团结尽可能多的自由资产阶级，与帝国主义、封建主义、官僚资本主义斗争，打一场胜仗！"

朱光："我看没有问题，有部队作后盾，有干部做骨干，有您在赣州讲的方针和政策，会接管好的。"

叶剑英："我们共产党能把城市夺过来，也能够管好，这是没有问题的。可到了具体工作上，还是千万轻视不得。再说，安定秩序，团结人民，恢复发展生产，搞好各项建设，说起来简单，做起来哪有那么容易？还有，发展生产，搞好建设，是我们以后长远的责任啰！"

方方和朱光凝神静听，不时点头表示同意。

叶剑英："我在赣州讲了，接收可分政权、物资、文化、外侨 4 类，前两类要快，后两项可以放慢。到时还得按系统接管，不能弄乱了。你们二位考虑考虑，那些区级机关、事业等各部门各单位的接管，以及由谁去负责。"

"是！"朱光说。

10 月 21 日，叶剑英、方方、朱光及第 15 兵团负责人进到广州市当即发布了《广州市军管会成立布告》。时隔一天，即 10 月 23 日，又发布了《接管敌伪财产》的布告，命令广州市内敌伪各级党政军机关与各处反动组织团体，一切军事、政治、经济、文化、交通企业等部门，均在接管之列。

与此同时，3000 多名接管人员分赴广州辖下的 33 个区级机关、事业单位，进行全面的接管，每个系统都有人负责：政府系统朱光，党群系统钟明、廖似光，部队方面方强、吴富善，公安政法系统陈泊，财政系统蔡馥生，工交系统云青⋯⋯

叶剑英随时听取各方面的汇报，注意可能出现的问题，研究应对的方法，特别是治安、供应、金融等几个方面。他像一位船长，紧紧把握着方向，注视着水流和礁石、漩涡。

广州确实有它的特殊性。

人民解放军渡过长江之后，广东就成了国民党的大本营，李宗仁的"总统府"、阎锡山的"行政院"都搬到了这里，还有其属下的省政府、市政府。广州又是军队攻打下来的，好像一场巨大的风暴将表面的一切卷走，而暗中的东西仍然滞留着。当刘安琪的部队自知无法抵抗溃离广州时，城内尚有10万散兵游勇，1万余人的旧警察和常备自卫队，国民党的特务部门将流窜到港澳的散匪有组织的派回来，有时一天竟达400多人。这些人会合在一起，到处抢劫、杀人，因此各类案件不断发生，最多时一天46起。还有一些不法分子，公然冒充军管会的组织和人员，明目张胆到一些单位去接管……

这种情况，叶剑英虽然早有预料，但没想到会这样严重。他召开座谈会征求各方面意见。断然要求警备部队和公安部门迅速除掉那些冒牌的接管组织和人员。严厉打击土匪、特务的嚣张气焰，尽快扭转城市的混乱现象。

按照叶剑英的要求，警备部队很快查清了那些冒牌组织，向其负责人发出"请柬"，"邀请"他们按规定时间前来"议事"。当那些人怀着不同的心情来到时，警备司令部负责人当众宣布："你们都是非法组织，必须立即解散，停止一切活动，并将经手接管的资产全部移交给警备司令部。"

非法组织的头头们心里不满，但在强大的威慑下，也不得不交出随身所带的证件、符号及材料。

可是，在办理登记手续的过程中，突然一声枪响，一颗子弹射倒了警备司令部的一名干部。

警卫战士们立即开枪还击，并严密封锁现场，逮捕了顽抗分子。接着，又出动部队搜查非法组织住地，收缴私藏的枪械600支，对800余人进行了审查和甄别。

与此同时，市委和市军管会采取了整肃治安的强硬措施：命令收缴一切非法武器，收容国民党军散兵游勇；开展搜捕潜伏特务和盗匪的活动；成立人民纠察和冬防委员会。

11月11日，广州举行了大规模的庆祝解放大游行和人民解放军入城式，叶剑英和陈赓、赖传珠、邓华、方方等人检阅了部队。那盛大的群众游行队伍高呼口号，特别是入城部队威武雄壮的阵容和手中闪闪的刀枪，对于那些怀恨不满、伺机破坏的组织和人员，确实是一种强大的震慑。

入城式的第三天，即 11 月 14 日，莫雄从香港到了广州，他是叶剑英亲自派人请来的。

在叶剑英心中，莫雄是个有功有过、恩怨并存的人物。他 16 岁参加同盟会，18 岁入新军。第一次东征，叶剑英是第 2 师参谋长，莫雄是该师第 3 旅旅长，在白茫花关于进军方向的争论中，他反对蒋介石的主张，支持叶剑英的建议。1927 年叶剑英参与组织领导广州起义时，莫雄又是镇压起义的人。

可人又是复杂的。莫雄为人爽直、很讲义气，他忠于孙中山的三民主义，对蒋介石的做法不满，便积极靠近共产党。他在江西时曾把蒋介石第二次"围剿"红军的军事情报交给中共地下党组织，对红军取得第二次反"围剿"胜利起到了重大作用；他在贵州毕节专员任内，巧妙掩护了长征途中的红 2、6 军团顺利通过其防区；在抗日战争初期，他释放了关押在南雄县监狱中的数百名中共党员和红军战士……

所有这些，不但叶剑英记住了，而且毛泽东也记住了。叶剑英南下时，毛泽东曾对他说："你记得广东有个莫雄吗？他是我们党的老朋友、老同志，你一定要找到他。无论他过去犯过什么罪，一定要安排他工作。"

进入广州后，叶剑英就注意打听莫雄的下落。一天，他从莫雄一位旧部李作林口中得知，解放前夕国民党广东省主席薛岳怀疑莫雄是"共产党"并下令捕杀，莫雄得到友人通风报信，携同家人逃往香港。叶剑英马上派李作林带着自己的亲笔信专程赴香港去请莫雄，莫雄便随李作林回到了广州。

莫雄不但是老朋友，对眼下的社会治安和争取有经验的旧人员，也会起到其他人起不到的作用。叶剑英立即对秘书说："今晚不安排其他事情了，我要在家里请莫雄吃饭。"

"听说莫雄过去不怎么样，这样的礼遇是不是太高了？"秘书说。

"莫雄过去确实干过反革命，犯过罪，但他后来对革命做过贡献，那贡献是我们做不到的，也是十分危险的。"叶剑英感慨地说，"我们现在坐了天下，就不应该忘记这些人的功劳，更应该发挥他的作用。"

晚上，叶剑英在梅花村的家中热情接待莫雄。他握住莫雄的手关切地问：

"您还好吗？生活怎么样？眷属好吗？"

莫雄感动地说："很好、很好，谢谢您的关心。我曾钦佩过蒋介石，和他的关系一度很好，可他却把我关进监狱；我和薛岳的私交甚厚，为他指过路，他却要捕杀我。对共产党对您个人，我都是犯过罪的，你们竟然这样对我，真是胸怀宽广啊！"

叶剑英真诚地说："不要这样讲。我们共产党人向来不念旧恶，不记私仇，何况您又是有大功于我们的人。现在，就请您来和我们建设新中国吧。"

莫雄："剑公，你最了解我，你安排我工作吧，什么样的工作我都愿意干！"

叶剑英："不要急嘛。先休息休息，安顿好家庭，以后有你干的。"

当时，广州市江北地区的土匪武装十分猖獗，叶剑英提议莫雄当了江北治安委员会主任。当以莫雄名义招抚土匪的布告发布后，不少认识莫雄的土匪头目纷纷前来缴械投降，江北的匪患也很快得到肃清。

社会治安状况的转变，不但促进了接管工作，也保证了金融战线斗争的胜利。稳定的社会秩序，又为经济恢复和建设创造了良好的条件。因此，叶剑英于 11 月 27 日《在广州第一届各界人民代表会议上的开幕词》中满怀喜悦地说：

让我来代表大家讲一句不算骄傲的老话吧：天下事大定矣，吾人好自为之。我们人民，就是国家的主人。主人翁们！让我们亲密地团结起来，密切合作起来，克服一切困难，战胜内外的敌人，建设我们的新广州。

27. 指挥渡海作战

进入 12 月的广州，天气已经明显变冷，凉风吹来，带着阵阵袭人的寒意。广州市的接管工作基本结束了，叶剑英心里很满意，甚至还有点骄傲。

傍晚时分，气温开始下降，叶剑英的身子打了个激灵，随之站起来，边走边说："我去看看陈赓，这次可不能再让他像上次那样受委屈了！"

叶剑英所说的上次，是指 1 个多月前，陈赓指挥第 4 兵团以每天 75 公里的行程，连续 5 天大追击，在阳江、阳春全歼国民党军的 21 兵团，胜利地结束了广州战役，于 10 月 27 日那天从曲江到广州向叶剑英汇报情况和请示下一步的作战。得知陈赓要来，叶剑英让人在东山找了一座原国民党官僚的公馆，一是让陈赓好好休息一下，二是作为他的临时司令部。

房子很宽阔很华丽，可随行人员安排住宿时却叫苦不迭。原来，公馆内没有一样家具，连一张床也没有。

警卫员好容易找到一把椅子，非常疲劳的陈赓坐到椅子上，看着部下无计可施的样子，哈哈一笑说："不用忙了，赶快将地图铺在地板上，至于睡觉嘛，打地铺就挺好的，比山沟强多了。"

按照陈赓的吩咐，参谋在地板上摆开地图，陈赓趴在地图上研究敌情，夜里就睡在地板上。

第二天清早，叶剑英、方方、邓华赶去看望。陈赓忙搬过椅子让叶剑英坐，自己和方方、邓华却站着。

"你也坐。"叶剑英坐下后，看到陈赓、方方、邓华仍然站着。再看看，整个屋里就1张椅子。便站起来，到各个房间看了一遍，每个房间都既没有椅子，也没有桌子和床。

陈赓忙说："别看了，快听我给你汇报吧。"

叶剑英问："陈司令，你夜里就睡在这地板上？"

"不能睡呀？我的参座，这比初进上海的同志睡在大街上好多了。"陈赓说，"可以保持艰苦奋斗的光荣传统。"

"你的身上可是有很多伤啊！"叶剑英说过看着方方和邓华。

方方不好意思地说："不知哪个单位干的，把家具全搬走了。"

"太对不起你了，陈司令！"邓华说，"你打到城边不进城，我们进来住下了，你来了却连张床也没有准备下，都怪我！"

"陈赓呀！"叶剑英动情地说，"我们在广州接管了原国民党137个政权系统，78个银行、工厂、仓库，83个电业、工厂单位，还有100多所大中小学和87个军队医院、仓库，竟让你这个多次负伤、为解放广州立下大功的人来到这里的第一夜睡在地板上，实在是太不应该了！"

陈赓说："参座呀，你这样说我可就担当不起了。我只是临时在广州住几天，有无家具都无所谓，你们都何必这样呢！"

尽管陈赓毫不在乎，叶剑英一直把这件事记在心里，所以这次听说陈赓要来广州，就让人安排一处好房子。他又听说给副市长朱光安排的房子还没搬进去，就指示打扫干净，配齐家具，先让陈赓居住。

叶剑英见到陈赓就说："这次没有再睡地板吧？"

"谢谢参座的关心。"陈赓说，"这里睡得这么舒服，我真的不想再回前线了。"

"那可不行，云南那边还等着你去指挥解放呢，我有再大的胆子也不敢留住你陈赓呀！"叶剑英说。

"让你参座说对了。"陈赓说，"所以你光让我睡好觉还不行，我这次可是来向你化缘的。"

叶剑英明白陈赓的意思，说："讲吧，要什么我都满足你。"

陈赓："我们在廉江把桂系张淦的兵团吃掉了，军委要我向云南进军，我需要一些军需用品。"

叶剑英："没问题，你让人列个单子，我叫他们给你办。"

这时，隔壁传来争执声：

"请帮我们筹集 × 万双军鞋。"

"我们确实有困难。"

叶剑英从对话中听是第 4 兵团和华南分局的干部，示意警卫员把他们喊过来，问清了情况后，对华南分局的那位干部说："毛主席指示我，解放广州要依靠强大的第 4 兵团。广州解放后，要大力支援第 4 兵团向广西、云南进军。后方要服从前线，再大的困难也要想法克服。"

"是！"那位华南分局的干部说，"我们一定做到。"

"这是大局，做不好就是失职！"叶剑英加重语气说。

"没有那么严重。我也是没有办法才来化缘的，请你们尽量帮助解决。"陈赓笑着对那位干部说，然后又转向 4 兵团的干部，说："这里刚刚解放，也有很多困难，你应该体谅。有些问题可以慢慢再解决。"

叶剑英："你那里是前线，广州比你好办得多。"

陈赓朝那两个干部说："你们去商量一下吧。"

那两个干部走后，叶剑英又和陈赓交谈起来。

陈赓："参座，听说你在广州打了个金融战役，有什么经验可供我到了昆明使用？"

叶剑英："广州过去是帝国主义国家对中国长期进行经济侵略的重要市场，一大批买办官僚地主分子以广州的十三行一带为基地，大肆搞金融投机，走私贩私，炒买金银、外汇。我们进来后采取了一些措施，但从11月中旬开始，由于受到全国性物价波动的影响，大批游资流入广州，以十三行为大本营的地下钱庄和金融投机商人乘机兴风作浪，并制造谣言，说解放军滥发钞票，每个团都配有一架印钞票的机器，支前司令部抛出大量票子抢购物资，市面上还出现了假钞票。我们不得不果断地取缔非法地下钱庄，同时向商人借款支前。在12月5日那天下午2时，市公安局干部、一部分警备部队和工人、学生突然出现在太平南路十三行一带，对这里172家钱庄中的130家进行检查，收其账目，审讯经理，严惩了大规模的投机者。这政治和经济的两手，狠狠地打击了那些有意捣乱的不法者，扭转了广州金融的混乱局面。"

叶剑英兴致勃勃地说着，当发现陈赓微笑静听，不由得笑起来："你这个敢于直言的陈赓，怎么让我自吹自擂呢？"

陈赓："不，你说的这些经验对我们到了云南可有很大作用呢。你是知道的，我做过地下工作，打过仗，可对经济工作是完完全全的外行。"

叶剑英："我还不知道你的机智劲？不过，你要到云南去还得打几场苦仗呢，那里可是国民党的最后一个基地了，他们是不会轻易放弃的。"

陈赓："您这里也还有一块硬骨头呀！"

叶剑英知道陈赓说的硬骨头是指海南岛，就说："是呀，广西战役快要结束了，下一步就是海南岛了。"

陈赓："到时要是需要的话，你就下命令，我立刻就来。"

叶剑英："就怕毛主席不同意啊！要是他答应，我就请你这位战将来。"

陈赓："祝你们早日解放海南岛！"

叶剑英："我看为时不会太久了。"

叶剑英的估计是对的。

1949年12月中旬，中央军委指示，解放海南岛的任务由40军和43军担任。遵照中央军委指示，第4野战军命令，第40军、43军和加农炮兵第28团、高射炮兵第9团及工程兵一部共10万余人，组成解放海南岛的渡海兵团，叶剑英统一领导，邓华、赖传珠、洪学智具体组织指挥。

这些天，叶剑英的目光总是情不自禁地落在墙壁上巨大军事地图的一个地方，那就是海南岛。这个又名琼崖的中国第二大岛，虽然面积只有3.03万平方公里，但与雷州半岛隔海相望，是华南天然的海上屏障，有着十分重要的战略位置。

广西战役结束后，在湘粤桂战役中溃逃的余汉谋、白崇禧残部，和岛上原有的国民党军会合在一起，组成了5个军19个师，另有50艘舰艇、30架飞机及地方保安和警察部队，共10余万人，在海南防卫总司令薛岳的统一指挥下，组成环岛立体防御，企图以海峡天险为屏障，长期盘踞。怎样尽快将它解放过来，是一件应该认真对待的事情。

叶剑英的思绪在飞速旋转，两个多月前华东野战军在金门失利的阴影又浮动在他的心头。那是10月24日深夜，第4野战军的28军对距厦门最近处仅5.5海里、面积只有124平方公里的金门岛发起攻击。战斗开始时很顺利，解放军一部不但登上了岛，还激战一天打退了国民党军的反扑。但由于退潮，又未及时组织船只返航，更主要因敌增援部队赶到，以坦克、火炮和飞机相配合，解放军不但未攻下金门岛，而且两批登上岛的9000多人，大部分壮烈牺牲，一部分被俘虏……多么惨痛啊！

在第15兵团召开的海南岛战役作战会议上，叶剑英又特别强调了这一点，加重语气说："海南之战，一定要吸取金门之战的失利教训，关键是要充分准备。知己知彼是准备的首要问题，下面就请海南琼崖纵队符振中同志介绍海南的情况。"

符振中是琼崖纵队的参谋长，他曾奉司令员冯白驹的命令，偷渡过琼州海峡，向华南分局和第15兵团全面汇报了海南全岛的情况。这一次，他是和副司令员白马山一起带领约一个连的兵力，又一次偷渡过海，前来参加作战会议的。叶剑英亲自听过符振中和白马山的汇报，留下了深刻的印象，不止一次地想，琼崖纵队两次偷渡成功，而且第二次还带领一个连的部队，既然他们能过来，我们为什么不能过去呢？

在人们关注的目光下，符振中首先介绍了国民党军队在海南岛的军事部署：以第32军守卫岛的东部；以第62军及教导师、暂编第13师等部守备岛的北部；海陆空主要用于环岛巡逻和海上封锁。

符振中在讲完这些之后说："根据中央军委的命令及华南分局关于'应集中全部力量，进行迎接支援大军渡海作战解放琼崖之准备工作'的指示，琼崖区党委和琼崖纵队在毛栈召开了党政军负责人会议，全面分析了岛上形势，研究接应大军的具体部署，迅速组织支前机构，扩大民兵组织，开展征集钱粮的‘一元钱一斗米’运动，强化情报和瓦解敌军的工作。当大军开始渡海时，我们还将破坏交通干线，袭扰敌军的战略要地，牵制、迷惑敌人，分散敌军注意力，直接和间接配合渡海作战。”

符振中还转达了琼崖纵队司令员冯白驹关于海南岛战役的两条建议：一是乘敌防备不严，先偷渡一批兵力，以加强琼纵的接应能力；二是如果这个办法不行，就先派一批军事干部和技术人员上岛，并运一些枪支弹药过海，以充实琼崖纵队的武器装备。

符振中讲完之后，就进行了讨论。大家分析敌我双方的优势和劣势，发表关于渡海作战的意见。

对战争，叶剑英太熟悉了。此时，他如同一位高明的棋手，俯瞰着汉界楚河的两边，想着怎样将手中举起的棋子落下。他认真听着大家的发言，想着符振中两次的介绍，思索着冯白驹的建议，一个作战方针逐渐明晰起来。

大家发言之后，叶剑英综合讨论的意见，提出了海南岛战役的方针：积极偷渡，分批小渡与最后登陆相结合。他加重语气说：“关键就在结合上。”

出席会议的，都是身经百战的指挥员，他们一听就明白了叶剑英的意思，认为这是一个符合实际的作战方针。我们军队既无现代化渡海工具及海军空军配合，也无渡海作战经验，因此要尽量避免在海上与敌人周旋。采取小规模分批偷渡，一可避免敌人发觉，二可增强岛上的接应力量，三可为大规模渡海摸索经验。叶剑英强调的“关键就在结合上”，也是非常有道理的。如果仅有小规模的偷渡而无大规模的强渡，一将会使战役发起时间旷日持久，易失战机，造成被动；二将会分散我方兵力，形不成拳头，易被敌人各个击破；三将会让敌人摸到我军行动规律，重新调整部署，增加我军渡海困难。因此，必须巧妙地把小批偷渡与大规模的强渡结合起来。

作战方针定下了，叶剑英对邓华、赖传珠、洪学智、韩先楚等人说：“你们先做好准备，等军委和毛主席批准后就干吧，我要去动员人民群众全力支援你们了。”

那是叶剑英全面指挥渡海作战的日子。他一方面关注和掌握战局发展变化的全面情况，另一方面抓紧做好支前工作。有了可行的作战方针，有了英勇顽强的官兵，再有源源不断的粮食、弹药和物资输送到前线，保证作战的需要，才能取得战争胜利。

叶剑英主持召开广东全省支前工作会议，以华南分局名义做出《关于支援海南岛作战的决定》，要求各级党委、政府和所有军民，一切为了前线，一切为了胜利，全力以赴做好解放海南岛的支前工作。他成立了广东省支前司令部，任命尹林平为司令员、方方为政治委员、谢育才为参谋长。在支前司令部之上，又设立了以他为首的广东省支前委员会，并在梧州、长沙、廉江开设3个办事处，从分局、省政府机关和兵团部抽调得力干部参加，还动员地方的科技干部与船工帮助部队进行海上训练，培训了5000多名水手。

广泛高涨的支前热潮，换得了巨大的物质成果。据统计，在解放海南岛期间，广东省大陆地区征集粮食3500余万公斤、船只2660余艘、牛车4.5万多辆，修筑公路3264公里、桥梁94座、渡口6个，随军参训、参战的科技干部上千人、船员1.2万多人、民工96.6万余人，运输了大批物资……所有这些，在取得战争胜利中发挥的作用，是显而易见的。

海南岛战役打响后，第40军一个加强营于1950年3月6日第一次偷渡并取得成功；第43军一个加强营于4月11日偷渡成功。4月17日开始大规模渡海作战，4月23日占领海口，5月1日全部解放了海南岛。

但当胜利的消息传来，当前线报捷的电报摆到叶剑英面前时，他只是放下手中正在阅读的书，很快看了一遍，微微点了点头，拿起书继续读起来。

28. 以经济为中心

熟悉历史也熟悉现实的叶剑英懂得，已经掌握政权的共产党，必须努力迅速恢复和发展生产，使工人生活有所改善，使一般人民的生活有所改善，否则就会站不住脚，就不能维持政权。

自己是中共华南分局第一书记、中南军政委员会副主席、广东省政府主席、广州市市长，手中掌握着很大的权力。权力是什么？是责任，有多大权力就有多大责任。

叶剑英决心领导人民开发、建设新的华南。

如何把决心变为行动？叶剑英在研究实际，在寻找办法。

根据广东城市比较发达的实际，叶剑英就想以广州为中心，领导几个较大的城市；地委以较大城市为中心，领导大县城；县城领导镇，以形成通过抓好大城市推动中小城市，通过抓圩镇联系广大农村的局面。他先按照公私兼顾、劳资两利的政策，对工业和商业采取部分调整的政策，缓和了劳资之间的矛盾，使生产得到恢复并逐渐发展。

在抓城市的同时，叶剑英抓了圩镇的建设。在他看来，圩镇是乡村的集中。它一方面紧贴着农村，在经济上文化上都与农村有着密切的联系；同时它又是城市的基层组织，是城市与乡村联结的纽带。因此，他决定抓好圩镇的建设，把广大的乡村带起来。

1950 年 3 月，叶剑英主持华南分局召开会议，作出《关于建立广东城镇系统工作问题的决定》，把广东全省 273 个镇分为 5 种类型：一是以手工业和半机器工业为主的生产性圩镇（如石湾、伦教等）；二是以城乡物资交流为主的城镇（如惠州、小榄、容奇、四会等）；三是以内外交流为主的沿江沿海和边境的圩镇（如江门、深圳等）；四是消费性的、以商品供给为主的圩镇；五是出产和集散鱼盐的圩镇。

1950 年 5 月，叶剑英起草了华南分局《关于圩镇工作给各地委的批示信》，强调做好圩镇工作。

叶剑英的这些做法，得到了毛泽东的赞许。

1950 年 6 月 6—9 日，中国共产党召开七届三中全会，毛泽东在会上作了《为争取国家财政经济状况基本好转而斗争》的报告，特别是在《不要四面出击》的讲话中，强调必须稳步前进，调节各个方面的关系，团结工人、农民、小手工业者以及民族资产阶级和知识分子的绝大多数，集中力量向国民党残余势力、封建地主阶级和帝国主义进攻，不要四面出击，树敌太多，造成全国紧张。毛泽东的意思很明白，那就是制定进一步调整工商业的政策。

叶剑英发言时说："广东在公私、劳资、城乡、内外的许多工作上遇到了一些困难，也的确有些毛病和麻烦……应该采取调整的方法，达到共存共荣，和平转变。"

毛泽东赞扬地说："讲得好！"

叶剑英说："在这一时期，政权制度是新民主主义的。生产建设的武器就是调整，也就是限制。依靠调整、限制，达到公私兼顾，劳资两利，城乡互助，内外交流，也就是达到恢复、发展生产，繁荣经济的目的。"

毛泽东插话说："有些事我们要自己限制，要把尾巴夹紧一点。"

叶剑英继续说："自己办的贸易、办的工厂多了，公的多了，私的就会垮，也要限制一下。公的劳动条件太高，也要限制一下。现在的政权是共产党领导的政权，是大家都承认和拥护的，生产手段也是社会主义的，所以我想是可以搞好调整的。要以调整的方法来克服生产中间所发生的毛病，不要使这类毛病发展到激烈的对抗，要互助互利，达到各得其所，这是有利于恢复发展生产的，也是有利于人民的。"

从北京回到广州之后，叶剑英加快了广东民主改革的步伐。他在私营工厂组织生产委员会，以工人为主，资本家也参加，实行民主，加强了对生产的管理；他多方面开辟资金来源，动员部分工人参加集资，解决了资金不足的问题。这些具体的措施和办法，调动了工人和资本家两个方面的积极性，推动了生产的发展。

叶剑英继续花气力抓好圩镇建设。他专门召开圩镇工作会议，不但亲自主持，还反复讲述圩镇在发展经济中的重要性，指出"我们广东要做好城市工作和发展工业，同时，又要在农村进行各种民主改革与社会改革和发展农业生产。要做好城市工作，发展工业，就要大力帮助农民，而解决好作为城乡关系间纽带的圩镇问题是重要的实施步骤"。

思想高度重视，加上具体有力的措施，华南的圩镇活跃起来，工农联盟巩固了，城乡间产品交流畅通了，甚至广东不少滞销的土特产品，如荔枝、香蕉等，也源源不断地销往华北、东北等地。这样一来，促进了整个经济的发展和繁荣。

这些，在1951年于广州举行的华南土特产交流大会上充分表现了出来。

这次交流大会是中央人民政府政务院财经委员会决定的，叶剑英是直接领导者和组织者，任筹备委员会主任。他把这次大会看成是华南经济力量的总检阅，总检查，总宣传，总交流，动员3000名工人，1000多名教授、专家、教师、学生和干部参加筹备工作。同时还组织南宁、梧州、湛江、西江、珠江、潮汕等地，先后举办了土特产展览交流大会或小型展览会，为华南的交流大会做了精神和物资的准备，并积累经验，创造了条件。

华南土特产交流大会于1951年10月14日开幕。这是广州解放两周年纪念日，它展示了两年来的巨大成就，叶剑英用题词吐露了他的心声："华南的山区水域平地蕴藏着丰富的资源，位于亚热地带，具备着优良的生产条件，同胞们，用我们的勤劳、智慧和经验来建设我们伟大的祖国！"

这诗一样的语言，是对华南美好前景的热切预言和展望。

1950年6月25日开始，一场战火在朝鲜半岛上熊熊燃烧起来。远在华南的叶剑英却在为种植橡胶而呕心操劳。

乍看上去，这是两件截然不同的事情，但却又紧紧地联系一起。

朝鲜战争爆发后，本来就仇恨中国共产党的帝国主义，趁机对新中国实行经济封锁和物资禁运，而橡胶作为一种世界性的战略物资和主要工业原料，更属于禁运之列。在帝国主义的淫威下，许多生产橡胶的国家不仅不向中国出售橡胶成品，就连橡胶种子和树苗也封堵起来。于是，中国政府和人民便作出了建立自己的天然橡胶生产的决策，华南地区是适应种植橡胶的主要地区之一，创建华南天然橡胶生产基地的重任，就顺理成章地落在了叶剑英的肩上。

叶剑英凭着他对国际国内形势的熟谙，敏锐地看到，种植橡胶不仅是和帝国主义斗争，也是工业和国防建设的迫切需要，义不容辞地接受了党中央交给他的直接领导华南大面积垦殖橡胶的任务。

"这是一件大事，我当负全责，努力以赴。"这是叶剑英的保证，也是他的誓言。

很快，叶剑英亲自担任局长的华南垦植局成立了。他组织华南地区大专院校及北京农业大学、山东大学、金陵大学等大批师生分赴各地勘察；他要求所属地区各级党政机关将凡有橡胶知识或实际经验的干部，一律调配做植胶工作；他注意发挥橡胶科研人员、归国华侨中老胶工的作用……

时间不长，一支橡胶垦植队伍就在华南建立了起来。

华南适合种植橡胶的地方，主要是高雷地区和海南岛。所谓高雷地区，是指高州和雷州半岛。对这里能不能种植，不少人持怀疑态度，叶剑英决定亲自去实地看一看。

听说叶剑英要去考察，保卫部门都为他的安全担心。因为当时的社会治安情况还比较混乱，而叶剑英又是国民党特务机关和坏人暗杀的主要目标。国民党国防部保密局发出过"干掉叶剑英"的密令，香港的特务机关曾派人潜入广州暗杀叶剑英，并制定了安放定时炸弹、在饭菜里放毒药等方案。为此，中共

图为叶剑英（左一）在雷州半岛时的情景。

中央社会部长李克农奉毛泽东之命，派专人前往广州破案，将潜入和暗藏的特务一网打尽。所以，公安部门试图劝阻叶剑英外出。

叶剑英还是出发了，这是 1951 年 11 月 21 日。他要亲眼看一看橡胶树的生长和分布情况，他要亲自熟悉橡胶生产的科学知识。尽管有关人员已经向他作过报告和介绍，但他还是要去看，他觉得，光靠听汇报和书本的知识，是不可能当好领导的。

雷州半岛在广东省的南部，那里有高高的山，有深深的谷，也有丘陵和平原。已经 54 岁的叶剑英，和其他人一样白天翻山越岭，穿林涉水，走村串户，夜晚风餐露宿，能借住到村镇简陋的民房就算是好的了。

已经进入冬季，这里的气温虽然比北方高些，但也冷气袭人，尤其是在深山野岭之中，往往爬山时浑身汗水，停下来冰凉冰凉的。

在徐闻县，有一处当地华侨引种的 2000 多株老橡胶树。叶剑英的眼睛一亮，围着这些树一遍遍地看，一次次地抚摸，向树的主人问这问那，从树的生长、管理到出胶情况。他深情地对华侨说："橡胶对国家太重要了。工业没有橡胶就像人没有双脚，人没有双脚就会瘫痪，工业没有橡胶就会使飞机、汽车没有轮子，机器没有传送带，也会陷于瘫痪。大力发展我国的橡胶事业，是关系到我国工业和国防建设的大事情，希望你也贡献一分力量！"

在茂名县，有些生长了一二十年的老橡胶树，虽然疏于管理但长势良好。

叶剑英脸上浮现出抑制不住的笑容，充满信心地说："帝国主义在橡胶上封锁我们，就是企图逼我们低头，我们一定能建立起我们自己天然的橡胶生产基地，争取橡胶自给，打破他们的封锁和禁运！"

在高州城附近，叶剑英指着3株橡胶树兴奋地说："这里是北纬22度线，这3株橡胶树告诉我们，由此向南都可以种橡胶！"

跨过琼州海峡，叶剑英踏上了海南岛。在这座刚解放1年多的海岛上，他去儋县，到文昌，上陵水，看胶园工人割胶、收浆、加工胶片的生产过程。令他心痛的是，20年代初期一些爱国华侨就在海南地区种植橡胶，但由于连年战乱、社会动荡，全岛虽然有8000多个公私胶园、350万棵胶树，但都基本上没有人管理，胶树不但分散，而且和普通杂木混在一起，产量很低。

望着眼前衰败的景象，叶剑英坚定地说："必须改变这种状况。海军、空军有基地，工业有基地，橡胶也应有基地，成为供应种子的策源所，舍此不能发展，也无法吸取经验。"

叶剑英风尘仆仆地回到广州，顾不上休息，立即用他掌握的大量第一手资料，给毛泽东和中共中央写信，报告他的考察结果，认为高雷、海南土壤肥、荒地多，可以大力发展橡胶，在这些地区经营几百万亩胶林，是可以在数年之内完成的。同时提出了要把橡胶事业的发展同国防建设和其他经济建设事业结合起来，要调整前线的军事部署，加强铁路、公路、邮政、民航等方面的建设，并且加强海南岛的领导和行政机构。

中共中央和毛泽东采纳了叶剑英的意见。中央人民政府政务院和中央军委抽调2万名军队指战员，组建为林业工程第1师、第2师和1个独立团，分住湛江、海南和广西地区，担任垦殖橡胶的光荣任务。各地抽调的一批有专业知识和管理经验的干部，充实和加强了华南垦殖工作的队伍。部队官兵和地方干部、技术人员齐心奋斗，推动橡胶事业的前进。

华南橡胶事业轰轰烈烈地发展起来了，中国的橡胶事业轰轰烈烈地发展起来了。看到这些，作为拓荒者的叶剑英满怀信心地笑了，他真想写一首诗，抒发胸中的激情，可却没有写出来。7年之后的1959年，他又一次踏上海南岛视察热带植物研究所时，才吟哦道：

四十年前旧胶园，

100
1921-2021

红色岁月

红色历程

红色史诗

红色经典

将来发展看无边。

橡胶好比人中脚，

结合机床更向前。

29. 受到批评

中国是一个农业国，土地是农民赖以生存的切身问题。毛泽东最早最敏锐地看到了这一点，在领导中国共产党进行革命的过程中，把农村作为基地，从开始的打土豪分田地，到后来的减租减息，把人口最多的农民集合到自己的旗帜下。正是依靠最大多数的农民出兵出粮，支援前方，巩固后方，不断发展壮大，才打败了国民党军队。夺取政权之后，又首先满足了广大农民对土地的要求，实行土地改革。

同样从农村走出来的叶剑英，最能深刻地理解这一点。他踏进刚刚解放的广东，就想到全省的 2800 万农民，占总人口的 90％，因此 1950 年 1 月召开的广东省首次党代会议上，就把"准备土改"列为会议的一项重要议程，要求有关部门加强对农村的调查。4 个月以后，他又让李坚真负责全省的土地改革工作。

李坚真是 1926 年入伍的女战士，1931 年在闽粤边区就参加过土地革命，解放战争时期又在华中参加过土地改革。她受命之后，带领调查组到兴宁、梅县及珠江三角洲地区进行了 1 个月的调查，回到广州向叶剑英、方方汇报农村土地的占有情况，农民的生活、觉悟程度和对土地的迫切要求。

叶剑英凝听过后说："兴梅地区山多田少，群众要求土地非常迫切，应该尽快开始土改！"

1950 年 6 月 14 日至 23 日，中国人民政治协商会议第一届全国委员会举行第二次会议，讨论改革封建土地制度问题，刘少奇作《关于土地改革问题的报告》，毛泽东在闭幕词中号召各阶层人士积极支持土地改革。6 月 30 日，中央人民政府颁发了《中华人民共和国土地改革法》。此后，在约有 2.8 亿农业人口的新解放区，有区别有步骤地开展了土地改革运动。

关于土改，叶剑英有经验，也看到过教训。3 年前，他参加过全国土地会议，在中央工作会议上是土改组的副组长，会后在临县纠正过土改中"左"的偏向。实践使他牢记，在土改中，既要满腔热情，又必须注重广东社会情况复杂、华侨多的实际。因此，他决定先在兴宁、揭阳、龙川3县进行试点。

基于这样的考虑，叶剑英建议组成一个强大的土改工作团，李坚真任团长，林美南、罗明分任第一、第二副团长，其成员还有吴南生、杨应彬、廖伟、钟俊贤等人。另外，又从南方大学抽调600多名学生参加了土改工作团。叶剑英对土改工作团的人员说："广东是新解放区，干部没有土改经验，我们先从3个县开始搞，但着眼点要放在全省，从3县的土改中取得经验，培养干部，逐步向全省铺开，就是全省着眼，3县着手。你们到下面后，要不折不扣地执行中央的方针、政策。要紧紧团结贫雇农，团结中农，团结大多数，结成农村反封建的统一战线。要注意斗争策略，为全面的土改工作提供成功的经验。"

大批的土改团员分散到各个县里去以后，遇到许多实际问题，需要给予解决的政策。叶剑英和方方一起及时了解进程、分析问题，研究政策。

这一天，李坚真向叶剑英和方方汇报工作，请示说："农村中不少地主同时又是工商业者或华侨，对他们的土地、财产、房屋怎样对待？对'公尝田''祖尝田'应该如何处理？"

叶剑英没有立即表态，问："大家的意见呢？"

"意见不一致，有人主张一律没收，有人认为应该慎重。"李坚真说，"广东是华侨之乡，商业比较发达，农村中不少地主，同时又是商业者或华侨，他们的财产不能一律没收，而要讲究政策，区别对待。对其中雇人耕种或出租的土地以及高利贷要没收，属于工商业部分和华侨房屋不没收；对'公尝田'要没收，但对'公尝田'的收租人，则要按其本人实际情况划成分。"

叶剑英："我赞成这个意见。"对华侨兼地主、工商业者兼地主，要具体情况具体分析，不能搞一刀切，要注意保护华侨、工商业者的利益。对国民党起义人员和一些上层人物，也要具体情况具体对待。"

李坚真："有的起义人员，家里还有枪、有堡垒，群众要求把他们抓起来斗争。"

叶剑英："只要交出枪，对他们还是要坚持团结的方针。"

李坚真："我们一定注意斗争策略，保护好工商业。"

叶剑英："对的，要向大家讲清楚工商业一定要保护的道理。你想想，没有了商店，兴宁的布，紫金的锅头，还有其他地方的土特产品，怎么能够流通？你没收了一家商店，别的商店就不敢开了，老百姓怎么过日子呢？"

　　当 3 县试点做法和部署报告给中共中央时，毛泽东指示说，土改面积除规定 3 县外，其他各地委均需选一个区进行试点。

　　读到这个指示，叶剑英马上意识到毛泽东是说这样做土改的速度太慢了，于是立即又增加了惠阳、鹤山、曲江、宝安、遂溪、丰顺、英德、普宁等 8 个县为试点县，并召开华南分局土改工作会议，讲朝鲜战场和蒋介石企图进攻华南地区的形势，号召大家发动群众，加快广东的土改运动，并且提出了四个结合：（一）时间与空间结合，即根据农业生产季节性的特点，着眼于抗美援朝战争形势的发展，分别地区，争取时间，有重点、有次序、有选择地进行工作；（二）点与面结合，即从点入手，从面着眼，由点到面，逐步展开；（三）热与冷结合，即领导者与领导机关要经常保持冷静头脑，同时又要保持群众运动的热情；（四）快与稳结合，即在稳的基础上求快，又在快的要求下求稳，使土改运动迅速广泛地开展起来……

　　尽管如此，广东的土改还是受到中南土改委员会负责人的批评，说广东土改试点县的工作缺乏农运高潮，党内部分同志未坚决站在农民方面，土改搞得不猛烈；照顾其他阶级多，照顾农民生活少；对敌人不够狠，对群众不够热。这主要是针对保护华侨和工商业者的做法。

　　对这些批评，叶剑英既充分考虑，但又认为土改试点县的工作既执行中央制定的土改政策又是从广东的实际出发的，成绩是主要的，经验也是可行的，总结了经验教训，继续领导土改运动的开展。不过，叶剑英凭着他的政治敏感，心里也萌生出隐隐的忧虑。

　　叶剑英的忧虑不是多余的。

　　1952 年 6 月，毛泽东把叶剑英、方方、陶铸召到北京参加中央书记处扩大会议，开始就说："这里是最高会议，讨论广东问题。"

　　对会议内容，叶剑英已有预料，但令他感到突然的，是对方方的批评。

　　毛泽东对方方说："你犯了两条错误：一是土改右倾；二是干部问题犯了地方主义错误。"

　　叶剑英意识到，毛泽东批评方方，也是批评自己。自己是主要负责人，当然要负主要责任。他也曾听到过右倾和地方主义的说法。不久前，薄一波到广东了解"三反""五反"运动情况时，就有人向薄反映地方主义的问题。薄也和他谈过，但他没有多作解释，总觉得事实就是事实，最有说服力。薄一波从广东回到北京向毛泽东作了汇报，并认为，叶剑英和方方回到本地工作，不可避免要使用一些熟悉情况的本地干部，很难说这就是地方主义，而且他们是坚决反对"五同"（即同宗、同乡、同学、同事、同庚）的。毛泽东显然没听进薄一波的话，相信了片面的反映。

毛泽东严厉地说："我要打快板，方方打慢板。全国 3 个乌龟，广东、福建和广西，现在福建、广西上去了，广东还在爬。"

毛泽东接着又对方方说："你做了 10 件工作，9 件做好了，但是土改这件中心工作没有做好，因此降你一级。"

叶剑英说："我是分局的主要负责人，应负主要责任。"

毛泽东说："叶剑英在华南工作是有成绩的，他对这个问题没有什么责任，更不能说他是搞地方主义的头头，大家要理解他。当然，包括叶剑英在内，各地的同志都要从这件事中总结教训，防止今后再发生此类错误。"

即使如此，叶剑英心中的负担也没有丝毫减轻，他为方方不平，又不能不接受毛泽东的批评。在华南分局随即召开的反右倾、反地方主义扩大会上，叶剑英作了检讨，主动承担责任，反复说："在土改问题与地方主义倾向问题上，我都应负主要责任，因为我是分局的主要负责人。"

华南分局扩大会议结束后 1 个多月，叶剑英感到胸部疼痛，有时心律失常。中共中央立即派医疗专家到广州对其进行治疗，接着又派飞机接他到北京治疗和休养。

第 8 章

——

统帅部岁月

30. 军事大演习前后

经过半年多的医治和疗养，到 1953 年 2 月，叶剑英的病情基本好转，紧张和劳累也有所缓解。虽然心头的不解和压抑并没有消除，但他还是写信给毛泽东，要求回到华南去工作。

可以想见，叶剑英向毛泽东写信时，心情一定是非常复杂的。广东是他的故乡，是他为追求孙中山而战的地方，是他听从党的指示举旗暴动的地方，他想倾尽心血把那里建设得更好，可却受到误会和不公正的批评，还和他一起战斗的许多人，都受到了不同程度的批评。他可能觉得应该回到那里去，和他们一起同甘苦共患难。

中共中央对他的工作已另有考虑，任命他为中共中央中南局代第一书记、中南军政委员会代主席。

4 个月之后，即 1953 年 10 月，叶剑英又接到命令，调他回北京，担任中共中央军事委员会委员、中央人民政府人民革命军事委员会委员。

真的要离开华南了。叶剑英抽空去看了归元寺和古琴台，便告别了武汉，乘火车到达北京。随后，他参加了全国军事系统党的高级干部会议。

这次会议，是毛泽东批准、彭德怀主持召开的。这是一次总结过去几十年人民解放军的工作，确定建设一支优良的现代化革命军队的总方针总任务，以及关于军队组织编制、军事训练、党委领导和实行兵役制、薪金制、军衔制等重大问题的会议。1953 年 12 月 7 日开幕那天，朱德到会致辞，要求会议总结过去几十年的工作，确定今后的方针任务，并研究和解决当前军事建设中必须解决的若干重大问题。彭德怀代表军委作《四年来的军事工作总结和今后军事建设上几个基本问题》的报告，部署了军队员额、组织编制、制度改革、办好学校、军事训练、司令部建设、政治工作、后勤建设、公安部队和国防工程、党委领导等 10 个方面的工作。

叶剑英出席这次会议，也对军队建设的若干问题发表了意见，提出他的建议，特别是在军事训练和政治工作上，阐述了全军训练的重点在军士、特种兵训练在技术以及办陆海空军中小学、教导师、学文化、政治学习、统一教育计划等问题，不但有高远的目光，又十分具体实在。

入夏后，叶剑英又感到身体不适。其实，他的病一直没有全好，是带病坚持工作的。现在，不好再强撑，便经过批准，到青岛去疗养。

青岛是一个美丽的海滨城市、著名的疗养胜地。在太平角和汇泉角之间，每一条路都以中国有名的关隘命名，如山海关路、嘉峪关路、武胜关路、居庸关路等，因此统称为"八大关"。叶剑英住的山海关路一号疗养楼，灰墙红瓦，掩映在绿树丛中，面对着茫茫大海，无边波涛，楼内却优雅宁静。

疗养的生活是悠闲的。叶剑英有时在室内读书，有时凭栏眺望碧海汪洋，有时漫步沙滩，有时挥臂击浪，有时则执竿垂钓。

钓鱼，是叶剑英的一个爱好。他坐在大海岸边，将缀着鱼饵的线抛进水中，凝望着波浪翻滚的大海上，轮船往来，渔帆隐现；岸边成群的大人和孩童在弄潮戏水。高高蓝天在头上遮盖，远处的海岛如熊罴在跃动。此时，他胸中的波涛与大海的波涛相交融相碰撞，完全汇合在一起，起伏激荡。

这天，叶剑英钓到了不少鱼，便请也在青岛的郭沫若、于立群夫妇吃"全鱼宴"。这两位从北伐战争时就认识的老友，回忆往事，畅叙诗文，漫话历史，纵论时事。从秦皇汉武到李自成、洪秀全，从李益的《江南曲》到苏轼的《竞渡》，从抗美援朝到经济建设……真是酒逢知己，话语投机。

入夜后，叶剑英激情澎湃，诗思难抑，挥笔写出了昂扬的诗篇：

小楼明一角，
深隐绿丛中。
海阔天如盖，
山遥岛似熊。
轻波垂钓叟，
旭日弄潮童。
忽忆刘亭长，
苍凉唱大风。

诗言志，歌咏言。这首诗虽然是写景之作，但却寄托了胸中的感慨之情。

不久，叶剑英离开青岛到北戴河继续疗养。

北戴河也是一处避暑、疗养的好地方。在这里，叶剑英从他所住的东山，看形状似莲蓬的山峰，平滑如镜的海水，野鸭飞翔，海鸥驻足。身心均已得到恢复的叶剑英，忽然感到岁月在不断流逝，自己总在疗养，太可惜了。这种心情，又通过诗表现了出来：

大陆回环海一湾，
望中迢递起层澜。
双凫碌碌沙鸥懒，
病卧东山惜岁年。

如果说在青岛写的诗，抒发了叶剑英心中的抑郁，那么在北戴河写的这首诗，是透示出他为军队和现代建设效力的急切渴盼。

叶剑英的渴望很快就得到了满足。

1954 年 6 月，还在疗养的叶剑英被正式任命为中央人民政府人民革命军事委员会副主席；

1954 年 9 月，在第一届全国人民代表大会上，叶剑英被选为中华人民共和国国防委员会副主席；

1954 年 11 月，叶剑英被任命为中国人民解放军武装力量监察部部长；

1955 年 4 月，叶剑英被任命为中国人民解放军训练总监部代部长……

早在中华人民共和国成立之初，中共中央主席、中央军委主席毛泽东就提出："我们的国防应获得巩固，不允许任何帝国主义者再来侵略我们的国土。在英勇的经过了考验的人民解放军的基础上，我们的武装力量必须保存和发展起来。我们将不但有一个强大的陆军，而且有一个强大的空军和海军。"

毛泽东设计和描绘的这个蓝图，由于朝鲜战争的爆发，迟缓了一切预想的步伐。但是科学技术的飞速发展和世界各国军队武器的巨大变化，又使得中国军队的现代化、正规化建设刻不容缓。所以，朝鲜停战协定刚刚签字，1953 年年底就召开全国军事系统党的高级干部会议，重新明确了军队现代化建设的道路及其要解决的问题。

叶剑英就是在这样的时候，相继担任武装力量监察部部长和训练总监部代部长的，可以说是重任在肩。

作为政治家和军事家的叶剑英敏锐地看到，现代科学技术已经在军事上得到广泛的应用，原子弹、导弹、火箭等尖端武器不断地改变着战争的样式，中国军队的建设，也面临着这样严峻的新课题。所以他上任后就集中精力积极探讨未来战争和现代条件下的军队建设和作战问题，阐述人民解放军在原有基础上建立一支现代化、正规化的强大国防军的重要意义，研究由单一兵种型向诸兵种合成型军队转变过程中领导机构设置、组织指挥系统、编制体制确立以及军政教育、武器装备、供给保证等问题，提出具体的建议。

在军队的高级干部会议上，叶剑英分析人民解放军的现状，指出在武器装备、人员素质上与现代战争要求的差距。他引用《封神榜》上神话传说的风火轮、芭蕉扇、雷震子、土行孙、千里眼，说那其中的许多东西，在今天的原子时代都已经出现了，人民解放军必须加强现代化建设，首先要培养干部，军队的现代化首先是干部的现代化；培养干部的内容总起来是军事、政治和专业知识……

在军委扩大会议上，叶剑英科学分析世界上发生的现代战争，概括出现代战争的 3 个特性：战争出现的突然性（"不宣而战""迅雷不及掩耳"）；战况发展的迅速性（"地中鸣鼓角，天上下将军""瞻之在前，忽焉在后"）；组织协同的复杂性（"诸军种、兵种在时间、空间上的组织协同，复杂的作战指挥"）……为适应现代战争的特点，必须进行现代条件下的军事训练，迅速提高部队战斗力……

针对有些干部对原子武器的威力存在认识不足和过分夸大两种倾向，叶剑英向中央军委提出了全军训练原则的报告，强调要加强在原子武器条件下和夜间的训练……

为把这些正确的认识变为现实，叶剑英又进行着艰苦细致的具体工作。1955年上半年，叶剑英分批组织各大军区司令员、政治委员等高级指挥员的战役法集训，不但学习理论，进行想定作业，还让工程兵、化学兵模仿原子弹爆炸的示范表演，从而提高了高级指挥员的理论和实践水平。

战役法集训结业时，叶剑英经过充分准备，进一步从理论上作了总结。他首先肯定原子武器具有冲击波、光辐射、穿透辐射和放射性沾染4种性能，杀伤力很大，同时又说："但是光靠原子武器，并不能决定战争胜负，原子武器的产生和使用，不但不能代替其他兵种兵器的作用，恰恰相反，原子武器要有其他兵种兵器积极的密切的配合，才能发挥其作用。故原子武器的出现，如同当年在战场上出现火药、出现坦克、出现飞机时一样，对其他兵种的作用，及实施战役、战斗的方法，会发生重大的影响，但不能引起战役战斗原则上的革命。故实施战役战斗的基本原则是仍然有效的。"

接着，叶剑英又详细讲述了原子武器条件下战役准备的时间、主要突击方

图为1964年2月，叶剑英在广州观看某部侦察学习，并接见参加学习的指战员。

向的选定与变更、战役布势、关于集团军快速集群的使用、合围与歼灭敌人重兵集团及第 2 梯队的使用、提高战役速度等问题。

参加集训的高级指挥员们的目光，被叶剑英的讲话启开了一个新的视野。

11 月的辽东半岛，天气已经变得很冷了。呼啸的寒风，掠过光秃的原野；无边的大海，涌动着起伏腾跃的浪吼。大海、陆地，狂风，共同演奏着一部冬天的大合唱。

在大连的一个宽大房间里，身着元帅军服的叶剑英，格外庄重和威勇地指挥着新中国成立后第一次最大规模的军事演习。

两个月前，在中南海怀仁堂里举行的中华人民共和国元帅授衔授勋仪式上，彭真宣读中华人民共和国主席令，毛泽东亲手将命令状和一级八一勋章、一级独立自由勋章、一级解放勋章授予朱德、彭德怀和他等人。当时，他的心里十分激动，决心把自己的精力全部献给新时期的国防和军队建设。

这里是演习的指挥部。为了从理论和实践上探索原子武器条件下的战争和训练问题，叶剑英亲自组织和领导这次军事演习。

墙壁上挂着大比例的辽东半岛地图，叶剑英的目光落在旅顺、大连、大孤山、庄河、花园口、貔子窝等地，它与华北和山东半岛相望，构成中国重要的战略方向。熟悉历史的叶剑英，自然知道这里自古以来就是兵家必争之地，日本和沙俄都在这里争夺过，帝国主义侵略我国往往也是先侵占这里。

拂去历史的烟尘，叶剑英看到 18 个兵团以上的领率机关和 32 个实兵团的 6.8 万官兵，还有飞机、舰艇、坦

图为身着元帅服的叶剑英。1955 年 9 月，叶剑英被授予中华人民共和国元帅军衔及一级八一勋章、一级独主自由勋章和一级解放勋章。

克和火炮，都在等待着他的号令。演习就是打仗，他是这场演习的总导演，也就是这个战场上的总指挥。注视演习的，有毛泽东等中共中央和中央军委的领导人，还有来自全国各地的高、中级干部。

尽管已经作了充分的准备，也有着各种预案，但叶剑英的心里仍然是兴奋中夹着缕缕紧张。千军万马的战场上，谁知道哪里会出现一点意想不到的事情呢？

叶剑英离开地图，走到窗前，看着不远处的大海。波涛汹涌，无边无际，海鸥翔集，渔帆点点。祖国的大海多么宽阔美丽，过去它蒙受过许多屈辱，现在绝不能允许任何外国侵略者再来玷污它的圣洁。

因为这是在原子和化学武器条件下进行的，是带部分实兵和集团军两级首长和司令部的现场演习，表现了战役、战斗训练的高级形式，所以叶剑英十分重视，为之花费了大量的精力和时间。仅仅在选择敌人的突击方向上，就绞尽了脑汁。（一）要选择航渡距离比较近，并且靠岸比较容易的地方；（二）海岸地形性质便于登陆，便于机械化部队活动，又能够容纳大量登陆部队上岸后有良好的道路网，便于迅速地向纵深发展进攻和前出到防御者主要集团翼侧，威胁防御的主要集团，求得迅速达成战役目的。经过反复比较和选择，叶剑英定下了设想敌人在庄河方向实施主要突击，以此来加大演习的难度。

这是周密的计划。集团军 210 公里的防御正面，直接防御海岸的第一梯队，在敌人登陆的主要方向上建立了稠密度比较大的兵力和火器，而且在纵深梯次

图为抗登陆战役学习结束后，叶剑英在总结大会上作总结讲评报告时的情景。

配置了自己的防御，并把防御的前沿配置在高潮线，海岸还留有一部分警戒兵力。位于纵深的第二梯队和各种预备队，为了不过早地同敌人接触，在战斗刚开始时，都处于隐蔽状态。

随着叶剑英发出的命令，机械化部队、坦克部队、工兵分队、化学分队以及航空兵和海军的海防部队也出动了，他们的任务是防止敌人的空降和空袭。在海岸防御官兵消灭敌登陆部队的同时，海上和空中也歼灭了敌人的空降兵。

一幅威武壮阔的画面铺展开了：陆地、天空和海面，织成巨大的天罗地网。岸上，坚决不让敌人登陆；已经登陆的敌人，还没站稳脚跟就被反冲击、反突击切断了和接续部队的联系，陷入灭亡的境地。

在演习的现场，叶剑英冒着冷风，向参观见学的高级干部作现场讲解。

11 月 3 日，刘少奇、周恩来、邓小平、彭德怀、贺龙、陈毅、聂荣臻等人来到了现场，兴致勃勃地观看了军事演习。11 月 15 日，主持军委日常工作的副主席、国防部长彭德怀讲了话，要求部队认识军事训练的重要性，抓紧训练工作，注意协同动作，积极提高部队各种技术水平，认真贯彻执行各种军事条令。

演习圆满地结束了，叶剑英对演习作了总结和讲评，对演习的课目和意义作了进一步的说明，着重讲了从演习中看出的若干问题，诸如如何看待毛泽东十大军事原则对现代战争的指导意义，如何加强党的领导和政治工作，怎样进行战役的组织指挥。

在这次讲话的基础上，叶剑英撰写了《论抗登陆与抗着陆》一文，发表在1956 年 1 月 21 日出版的《八一》杂志特刊上。

1956 年 9 月，叶剑英将他对加强中国军队革命化、现代化建设的思考写成了《关于军队建设问题的一些意见》一文，全面详尽地论述了正确认识和处理好国防建设和经济建设、人和技术、军事工作与政治工作、官兵之间与上下之间、集中和民主、军队和群众及地方党政、现实和发展、学习外国先进经验和发扬我军优良传统等 8 个方面的关系。这是叶剑英对人民军队建设倾注的热情，抛洒的心血，浸透着他的忠诚和智慧。

在论述学习外国先进经验和发扬我军优良传统时，他写道："为了加速我军的现代化建设，必须大力学习外国的先进军事经验，这是非常重要的，我军在学习外国经验时，必须结合中国的实际情况，结合我军的历史经验。我军过去的丰富经验，虽然由于条件的限制不能满足现代化建军和作战的要求，但这些血汗的结晶对现代化军队建设和作战要求来说，仍是非常宝贵的。我们这些宝贵的经验不仅不能丢掉，而且必须在新的条件下加以发扬。墨守过去的经验，不努力学习外国的先进经验是不对的，但丢掉自己的经验，完全搬用外国的经验则是错误的。"

叶剑英的分析是辩证的、全面的，他也是这样做的。恰恰在这个问题上，他被卷进了"反教条主义运动"的旋涡。

1956 年，苏联共产党召开第二十次代表大会，批判并全盘否定了斯大林。5 月，毛泽东作了《论十大关系》的演讲，提出要"有分析有批判"地学习外国经验，"不能盲目地学，不能一切照抄，机械搬用"。6 月，中共中央发出《关于学习〈改造我们的学习〉等五个文件的通知》，进一步提出"克服实际工作中的主观主义即教条主义和经验主义，特别是克服学习马克思列宁主义和外国经验中的教条主义倾向，克服学术研究、报刊、宣传、教学工作中的教条主义、宗派主义和党八股"。这些，在军队中也引起了很大的反响。

新中国成立后，就采取了对苏联"一边倒"的政策。军队建设上也是如此，请顾问、购武器、买设备，甚至条令、规章、制度也是从苏军引进的。训练总监部负责统一领导全军军事训练，统一全军军事思想和军事动作，介绍苏军的军事科学，研究解放军各个历史时期的战争经验，管理全军各高级军事院校。在学习中共中央通知时，部里出现了两种认识。一种意见认为，提高训练质量在于更深入、更全面、更虚心地学习苏军经验，以尽量缩短我军在正规化、现代化水平上与苏军的差距，当前的主要问题是继续解决学习苏军经验的思想障碍，克服经验主义；另一种意见认为，6 年的实践证明，苏军的一套并不都适合中国的情况，应对苏军教材的内容进行鉴别取舍，对苏军的训练方法和制度，凡不符合我军优良传统的应予改变，要克服训练中的教条主义倾向。作为训练总监部代部长叶剑英的看法是，学习苏军的经验，既不能像老牛吃草那样不分青红皂白，吃下去再"反刍"，也不能像驴子吃草，东瞻西望只看不吃，最后饿死。他在《关于军队建设问题的一些意见》一文中关于学习外国先进经验和发扬我军优良传统关系的论述，也是有感于此而发的。

叶剑英的看法没有能统一人们的思想认识，争论仍在继续，而且随着形势的发展越来越激烈。

1957 年 2 月，主持中央军委日常工作的彭德怀根据南京军事学院战役系一个学员写信向他反映在教材、教学方法上都有教条主义倾向，以及教授会主任写信向当时任中共中央总书记的邓小平反映学习和运用苏军经验的问题，带领总政治部主任谭政、副总参谋长陈赓和工作组到南京军事学院去了解情况。彭德怀听取各方面的汇报后，于3月2日发表讲话，首先肯定了南京军事学院取得的成绩，并列举各种成果加以证实，同时也从内容、方法上指出教学中存在的缺点："根据汇报的情况来看，不是有无教条主义的问题，而是教条主义相当严重，最主要的表现是教学内容和我国我军实际情况不相适应。"

彭德怀的讲话传到训练总监部后，仍然没有统一人们的思想认识。

从3月15日至5月3日，叶剑英主持召开训练总监部党委扩大会议，围绕如何评价学习苏军经验，是否应该在原子条件下进行训练及如何进行反教条主义斗争等问题展开讨论。叶剑英不完全赞同工作组对南京军事学院教学的评价，他在3次讲话中都是阐述学习苏军经验和发扬人民解放军优良传统的关系，强调端正学习的态度和方法，并要求有自我批评精神，敢于承担出现问题的责任。

叶剑英是这样说的，他自己也是这样做的。1958年4月8日，叶剑英到达南京军事学院。这时，反教条主义运动已逐渐升级，南京军事学院院长刘伯承和训练总监部代部长叶剑英都受到了批判。叶剑英在对全校教职学员发表讲话时，对军事学院的成绩作了充分的肯定，勇敢地承担了关于"教条主义"的责任。他真诚地说："有人说学院是教条主义的头头，但应该说，全军包括院校和部队都有教条主义的成分，当然不必安上一个教条主义的帽子。过去训练中出现教条主义倾向，主要责任在领导。训总（即训练总监部）首先要做自我批评，不要把责任推到底下，因为我们照抄、照翻、照印、照发，毫无疑问你们底下只好照办，我们四照，你们只一照。"

此时的刘伯承因身体不好已向军委请假疗养，学院的工作由陈伯钧、钟期光代理。叶剑英在讲话中深情地说："我们的刘伯承同志经历了40多年的战场生活、军队生活，精通俄文，战斗经验丰富，像他这样的同志是很少的。他很红，很专，就是不健。他八九次受伤，为革命为人民流了很多血，是我们国家和人民的宝贝，应该很好地维护他的健康，以便他能更好地负责国家大事。"

1个多月以后召开的中央军委扩大会把军队的反教条主义运动推向了高潮。训练总监部被说成"教条主义的司令部"，南京军事学院被说成"教条主义的大本营"。毛泽东也对这两个单位提出了批评。患病的刘伯承作了检讨，还受到错误处理。还有一些人也受到了思想批判和组织处理。

面对如此形势，叶剑英也不得不违心地作了检讨。

1956年秋天以后，叶剑英仍是训练总监部的代部长，但主要时间和精力都用于筹建军事科学院上，只在1957年3月主持了训练总监部1个多月的党委扩大会，到秋天就离开了训练总监部。

31. 开创军事科学院

建立军事科学院，是1956年秋天叶剑英经过反复思考，向中央军委和毛泽东提出的建议。

叶剑英之所以提出这个建议，出于两个方面的原因：一是飞速发展的科学技术给军事科学领域带来许多新的课题，中国军队的现代化建设急需军事理论的指导，作为全军主管军事教育训练的他感到势在必行；二是介绍苏联军事科学的工作是由训练总监部负责的，这个部的工作很多，不可能更多注意军事科学的问题，设立军事科学院就能集中人员和精力全面系统地开展军事科学的研究，以便统一人民军队的军事思想。

这是一个具有远见卓识的建议，毛泽东不但很快给予批准，随后又根据叶剑英拟定的《军事科学院组织机构与建院方案》，批准成立军事科学院筹备委员会，由叶剑英任主任。于是，创办军事科学院这个解放军历史上的空前创举和重任便由叶剑英肩负了起来。

对毛泽东的命令，叶剑英总是毫不迟疑地坚决执行。他立即和筹委会副主任黄克诚、张宗逊，委员彭绍辉、甘泗淇、洪学智、余秋里等人一起，调配干部，选择院址，设计布局，召开会议，研究规程，编制体制，明确思想，确定任务。1958年1月军事科学院临时党委成立时，他马上以临时党委书记的身份，召开第一次会议，讨论军事科学院的工作计划大纲。

和叶剑英坐在一起的党委成员宋时轮、彭绍辉、杨至诚，不但个个是身经百战的勇将，有丰富的作战经验，也有较多的文化知识和办军校的实践。宋时轮于1925年就入黄埔军校学习，担任过各级军政干部，还当过红军学校分校校长、红军大学大队长、解放军总高级步校校长兼政委。彭绍辉也是这样，他不但能打仗，并且担任过随营学校的大队长，抗日军政大学的教育长、副校长。

杨至诚毕业于黄埔军校，当过军政大学校务部长，还到苏联伏龙芝军事学院学习过。叶剑英熟悉这些助手，对工作也就充满了信心。

在叶剑英的主持下，临时党委成员对军事科学院的营房建设、组织建设、制度建设、人员配备、干部学习以及同驻外武官建立科学研究的联系等问题，一一进行了研究。这些在战场上都曾指挥过千军万马的人，此时又在为首创中国的军事科学院的具体问题而费尽心机。

最后，叶剑英语重心长地对他的助手们说："我们军事科学院是个生产部门，要出成品。如果1年、2年没有出成品，或出的净是废品，别人就会认为搞这个机关没有必要，如果开张3年还搞不出成品或搞出了一些废品，别人会考虑这个机关要改组。"

平静话语里包含的分量，在场的人是能够听得出来的。

如同在战斗之前听了战斗动员一样，他们的心里都沸腾起高涨的激情。

军事科学院的建院大会，是1958年3月15日举行的。

时值春天，风变得暖和，阳光分外明媚，树绽新绿，花吐芬芳，清新的气息沁透人们的心脾。新建的中国人民解放军军事科学院沐浴在烂漫的春光里。

它位于北京香山附近一处向阳的山脚下。这些建筑，是叶剑英亲自主持设计、修建起来的。它的环境优雅安静，适合于进行科学研究。为了干部的生活供给和身体健康，还在院内设立了门诊部、幼儿园和合作社，以保证科研人员专心致志地从事军事科学的研究工作。

庆祝自己的军事科学院成立，自然是一个大喜的日子，所有人员都早早地到了会场。别看只有100多人，却来自全军各个部队、各个单位。从今以后，他们就要在这里为中国人民解放军的军事科学研究事业贡献心血和汗水。崭新的工作在呼唤，他们都有一种冲锋的激动。

在这样的日子里，叶剑英的心里自然也是十分兴奋的。他提议创办的军事科学院，毛泽东批准建立的军事科学院，他任院长兼政委的军事科学院，人民解放军有史以来第一次建立的军事科学院，从今天开始就要名正言顺地出现在史册上了，它不但会得到全军广大指战员的欢迎，也会引起世人的瞩目，更会在未来的战争中发挥应有的作用。为了这一天，他已经进行了1年多的操劳和奔波啊！

当叶剑英身着元帅服出现在会场时，唤起了一阵热烈的掌声，人们衷心地拥护他们的院长兼政委。

会场平静下来之后，叶剑英就开始了讲话。

"我们是中国人民解放军军事科学院，是研究军事科学的一个机关。这个科学院是什么性质？是个学校，是个学习机关，或是个生产机关，当然，它不是养老机关。我说它是学习、研究、生产三个东西统一的机关。"

叶剑英详细地分析了学习、研究、生产三者之间相互促进的关系，着重讲了要生产两种产品：一是生产部队急需的东西，总结人民解放军乃至古代的近代的和外国的战争经验，解决对战争规律全面的系统的认识；二是生产适合中国特殊情况的条令、战役战术等普遍真理的东西。

叶剑英最后鼓励人们，为了完成担负的任务，每个人都要意识到自己是研究科学的人，要做军事科学家，要有科学的态度，要郑郑重重地把科学事业当成庄严的事业，好好学习，天天发展。

军事科学院正式建立了，叶剑英非常希望能当面向毛泽东报告，以便直接听取指示。但过了一段时间，他还是写了一个文字的报告，讲述了军事科学院建院的经过，并就军事科学研究工作的方针、任务、对象及方法步骤等作了请示。

这份报告是直接写给毛泽东的，后面的署名是"军事科学院院长、政治委员叶剑英"，时间是"1958年5月25日"。

3天之后，即1958年5月27日，中共中央军委扩大会议在北京召开。6月29日，毛泽东第二次召开小组长座谈会，说："军队训练已经8年了，连一本战

图为1958年3月15日，军事科学院正式成立，叶剑英与全体人员合影。

斗条令都没有搞出来，这次要集中一些有丰富工作经验和战斗经验的同志，搞出一本自己的战斗条令来。"

关于条令的问题，在 1953 年 12 月召开的全国军事系统党的高级干部会议上就提出来了，叶剑英一直记在心里。在军事科学院成立大会上，他又作为军事科研的一项重要任务提出来。3 天前，他在写给毛泽东的报告中还说："编写适合我军的作战条令，已成为当务之急，有刻不容缓之势。"

听了毛泽东的话，叶剑英觉得这是毛泽东直接交给他的一项具体任务，一定要努力完成。会后，他就把编写战斗条令作为 1959 年军事科研的中心，并要求这一年完成初稿，并通过实验、试行、审查、修改，于 1960 年内定稿。

叶剑英在军事科学院办公和住的地方是 2 号楼。这里四季松柏青翠，秋天枫叶如丹。楼内堆放着许许多多书籍，政治的，军事的，科技的，文学的，如同一座图书馆。叶剑英除了工作就是读书。他读书的范围十分广泛，除政治、军事外，文史经哲、诸子百家、诗词歌赋，都仔细阅读，并不时记下观点和心得。

这天，研究部的一位干部走进叶剑英的办公室，见他正在聚精会神地读一本书，写字台上还摆着一大摞军事方面的书。那位干部迟疑了一会儿才压低嗓门喊了一声："报告！"

叶剑英放下书，说："请进！"

那位干部走到写字台旁，看到叶剑英读的书是恩格斯的《自然辩证法》，觉得很惊奇，说："叶帅在读这样的书啊！"

叶剑英拍拍书说："这是恩格斯 1873—1883 年间研究自然辩证法时写的一些论文和札记，他根据大量自然科学材料，揭示了自然界的客观辩证法，论证了辩证唯物主义是关于自然界、社会和人类思维发展的普遍规律。我们只有自觉地掌握辩证唯物主义，把唯物辩证法的规律和专门科学结合起来，才能正确地解决各种复杂问题。我们是搞军事科学研究的，军事本身就充满辩证法，我们用辩证唯物主义指导，就能搞好军事科研，也能编写出符合我们军队实际的条令来。"

"叶帅抓得真紧啊！"

"我这个军事科学院的院长，实在是惭愧，脑子里的科学也不多。"叶剑英感慨地说，"怎么办？要么爬上琅琊山，要么退休，解甲归田。现在不让我退休，我就还是要爬山，爬军事科学的大山。马克思五六十岁学俄文，我也要干到老，学到老。人生就要干，要斗争，要战斗，过前进的人生。"

又说："你们小伙子还年轻，是不感到时间宝贵。我也是从小伙子过来的，上过小学、中学、云南讲武堂，以及当兵，时间说过就过去了，现在是时不我待啊！"

32. 编写条令

叶剑英在为编写条令而忙碌奔波，不顾寒冷酷热。

1958 年 12 月中旬，他到了武汉。

这是武汉的冬季，天气严寒，江风凛冽，没有什么急事，人们是不愿到这里来的，但叶剑英来了。他心里装的全是条令。即使 1 个多月前，他率领中国军事代表团访问波兰，在华沙公园里，在维斯拉河大桥上，特别是波兰古都克拉科夫以及法西斯残酷屠杀人民的奥斯维辛集中营，时时感到为了加强军队的现代化建设，为了保卫领土的完整和国家的安全，要早一点把战斗条令编写出来。回国之后，他安排一下其他工作，就赶来这里召开座谈会了。

叶剑英重视这次座谈会，还有一个原因，那就是前来参加座谈会的是一批有着丰富战斗经验的战将和军委各总部、各大军区的领导人，如粟裕、宋时轮、杨勇、杨得志、张宗逊、张爱萍、韩先楚、萧华、许光达、许世友、唐亮、廖汉生、陈再道、洪学智等人。会上，他讲了和朱德等军委领导人多次交谈、经过军事科学院党委多次讨论后形成的蓝图，粟裕等战将也都讲了他们的看法和意见，座谈会开得生动活泼而又富有成效。

望着熟悉的人，听着坦诚的意见，叶剑英说："我非常感谢同志们，你们是在帮助我完成毛主席交代的任务。大家知道，我们应该有自己的条令，也能够搞出自己的条令。几十年了，我们军队有自己的一套东西，都在毛主席脑子里，在各位元帅的脑子里，也在你们大家的脑子里。具体来说，建军原则、建军路线、建军理论、战略问题，在毛主席的脑子里，在毛主席的军事著作中，战役、战术方面的宝贵经验，如同一粒一粒的珍珠，散藏在你们的脑子里，这次座谈会上你们谈了一些，今后还得想办法把它们都搞出来。"

叶剑英这些话和形象、生动的比喻，赢得了一阵阵热烈的掌声。他站起身，庄重地向人们敬了一个标准的军礼。

白天开座谈会，晚上叶剑英就和军事科学院的一些人讨论座谈会的成果。

突然，叶剑英问一位研究员："你们读了《马克思恩格斯军事文选》没有？读懂了没有？"

《马克思恩格斯军事文选》是叶剑英组织选编的，收录了马、恩有关军事的著作，以作为领导和研究人员学习之用。

那位研究员回答："读了一些，没有读完，更不敢说都读懂了。"

"是啊！很难一下子读完。"叶剑英说，"恩格斯在那个年代，条件那样差，还写了那么多军事著作。他甚至花费那么大精力，专门对步枪的历史作了那么系统的研究，写出了那篇《步枪史》。时至今日，我们从事军事科学研究的人，还写不出那样的作品，说起来真是令人惭愧！"

"是的。"那位研究员说。

叶剑英说："好吧，让我们以革命导师从事科学研究的态度和精神为榜样，挤出时间下功夫读书，刻苦钻研学问。眼前的当务之急，就是尽快把战斗条令编写出来。"

在 6 月的炎热中，叶剑英又到了素有"火炉"之称的南京。

两个月前，彭德怀率领军事代表团出国访问，对前往机场送行的叶剑英说："要尽快把战斗条令搞出来。"

叶剑英了解彭德怀雷厉风行的工作作风，更尊重他刚正不阿的人品和军事指挥艺术。此时的彭德怀又是中央军委日常工作的主持者，他的交代，叶剑英也是当作指示执行的。

从机场回军事科学院，叶剑英就找有关领导和研究人员商量，决定采取突击行动，并将人员进行分工，一部分搞军师条令，一部分搞团营条令，一部分搞连以下条令。他自己出席过第二届全国人民代表大会第一次会议、参加过舟山半岛渡海登陆演习后，就到大连去召开编写条令的座谈会，座谈会一结束，他就急急赶来南京，参加由军事科学院组织的全军编写军队战斗条令概则专业会议。

会议是 6 月 24 日开始的，承担编写条令的各大单位人员，带来了他们写出的解放军战斗条令概则初稿，在一起进行汇稿和修改的工作。叶剑英于 7 月 14 日到达南京时，专业会议已经开始多日，因此，会务人员就将厚厚一大沓初稿放在了他的面前。

叶剑英并没有马上看初稿，而是首先向与会人员讲编写合成军队战斗条令的意义。他从 1927 年南昌起义建军说起，详尽论述了中国共产党领导军队在几十年战争中的指导思想和作战方法，除遵循古今中外战争共有的普遍规律外，还有许多特有的东西。这些特有的东西，毛泽东在他的军事著作中虽然已作了高度的概括，但具体指导战争的经验，还没有系统地总结出来。他强调说："解放后，情况发生了根本的变化。在和平环境中，军事训练成为军队的中心工作。集中一批干部，一面总结我军革命战争的经验，一面吸收外军的长处，发展自己的军事学术，研究编写出各种条令和战略、战役、战术的理论，是非常重的。不仅编写战斗条令如此，编写其他条令也是如此。"

7 月的南京，正值酷暑夏季，气温多在 35 摄氏度以上，长江上的凉风徐徐吹进市内，不但驱不走闷热，而且很快就升温，形成黏黏的湿热，置身其中，时时都是汗流浃背。

白天，叶剑英着装整齐地主持会议，听取人们的修改意见。

有人提议说："天气太热，是否可以随便一些？"

"不行！"叶剑英断然地说，"我们这些人都是编写条令的，自己先要照条令的要求做，一切都必须正规起来。如果领导和编写条令的人都不按条令去做，那条令还有什么严肃性？"

看到 60 多岁的叶剑英也是汗水湿透军衣，就再也没有人说什么了。

到了晚间，仍然是闷热难当。叶剑英在他的住室里坚持不住了，就拿起条令初稿，走进地下室里。其实，地下室里也是又闷又湿又热，叶剑英之所以到这里来，一是想安安静静地干事情，二是为了躲开别人，放松一下自己。

在地下室里，叶剑英放下条令稿，就脱去外衣，只穿着背心和裤衩。他告诉警卫员说："不要说我在这里，也不要让人进来。"

叶剑英细细地阅读着，逐字逐句地推敲着，右手中的红蓝铅笔，或者在旁边做着记号，或者直接着手修改。这是一个重要的科目，这是一项严肃的工作，这是涉及部队训练和战斗的大事情，不能有一点马虎和疏漏啊！

不一会儿，脊背上的汗水就湿透了背心，额头上沁出的汗珠，在电灯光下闪闪发亮，架在鼻梁上的眼镜，总是向下滑动。他不得不摘下来，擦一擦重新戴上，然后拿起毛巾拭去额头、脖子上的汗水，继续阅读起来。

警卫员换了一盆凉水，涮了涮毛巾，说："首长，这天气实在太热了，你不用亲自动手，只指出问题，让其他人修改就行了。不是来了那么多人吗？"

"这是关系到军队建设的大事情。我要求他们要经过定目、定稿、汇报、审稿、合稿 5 道工序，哪一道也不能少。文字上要准确、明快、简洁，避免艰涩难懂。他们已经费了很多时间，下了很大的功夫，搞成了这个样子，我怎么能不认真地对待呢？这也是对别人劳动的尊重嘛！"叶剑英说着拍拍写字台边的一大堆初稿。

那是 6 本条令概则，共计上百个条目，数十万字。

叶剑英又埋头阅读起来，明亮的灯光把他的身影镂刻在地下室的墙壁上。

正当叶剑英在暑热的南京夜以继日地审改战斗条令概则初稿的时候，中国共产党内发生了一件大事。

1959 年 7 月 2 日，中共中央政治局在风景秀丽的庐山召开扩大会议。7 月 14 日，彭德怀给毛泽东写了一封对"大跃进"和人民公社意见的信。7 月 24 日，毛泽东严厉批判了彭德怀的信。

8 月 2 日，中共中央在庐山召开八届八中全会，叶剑英参加了这次会议。会上，进一步批判彭德怀，16 日闭会时通过了《中国共产党八届八中全会关于以彭德怀同志为首的反党集团的错误的决议》和《为保卫党的总路线，反对右倾机会主义而斗争》两个文件。会后彭德怀不再主持军委日常工作，由林彪取而代之，总参谋长黄克诚也被调离。

因为编写战斗条令是毛泽东部署的，所以这项工作并没有因为军委日常工作主持者的改变而中断。在叶剑英的主持下，这项工作仍在进行，各军区、军兵种、各院校分工负责编写的各种条令和教材，也在继续进展。到 1959 年年底，总共编写出空军、海军、炮兵、装甲兵、防化兵、通信兵、铁道兵等战斗概则和条令，以及司令部、后方勤务条令等 20 余种，编写出各种专业的条例、教程、教范、教材等 1.5 万余份。有些条令和教范还送到部队，通过实践检验其效果，然后再进行修改。

1961 年 4 月，中央军委在广州召开条令验收会议，主要是编修合成军队战斗条令。叶剑英是军委负责制定条令的主要领导人，也参加了这次会议。

会议中间的一个星期日，叶剑英办完几件急需处理的事，便来到池塘边钓鱼。

4月的广州，天气已经很暖和了，树绿花红，木棉如火，徐风吹来，温馨怡人。叶剑英身着一身浅色的中山装，坐在一张藤椅上，轻轻放下钓钩，目光透过镜片落在池水上面。乍看上去，他十分专注，其实心里也不时掠过验收条令时的各种意见。

这时，有3个人朝叶剑英走过来，他们是周世忠、张竭诚、赖春锋，都身着少将军服，走到跟前，双脚立正，敬了一个军礼："叶帅好！"

叶剑英转过脸，眼里流出热情的笑意，抬起一只手指指水塘："一起钓。"

周世忠等3人本来是想向叶剑英请教修改条令中一些问题的，此时不知怎么办才好。

叶剑英："抓紧时间工作，挤出时间学习，偷点时间休息。你们工作了6天，也该休息一下子。先来一起钓鱼。"

说话间，警卫员把钓竿送了上来。

周世忠等人不好意思打扰叶剑英的雅兴，也钓了起来。

叶剑英眼睛注视着浮在水面的鱼漂，问："你们会不会钓？"

"钓是可以钓，就是技术不高。"赖春锋说。

叶剑英："那就在钓中提高，一切经验都是从实践中来的嘛。"

周世忠、张竭诚、赖春锋3人的心里一动，叶帅该不是弦外有音，借着钓鱼技术说战争经验和编修条令吧。

他们猜的也对也不对。说对，是因为叶剑英的心里也装着编修条令的事；说不对，是因为他只是讲的普遍道理，并无有意识的特定所指，而且他接着讲的是鱼的种类、特性、活动规律以及钓场、时间、鱼竿、鱼饵的选择……

周世忠等人听得入了神，不由得说："钓鱼也有这么多学问呀！"

叶剑英看周世忠等人都对钓鱼不感兴趣，就领着他们回到住处，进到会客室，指着茶几说："会抽烟的抽烟，不会抽烟的喝茶。当然，会抽烟的也可以喝茶。"

周世忠、张竭诚、赖春锋3人坐下，还没来得及说明真正的来意，叶剑英就笑着问："你们是不是来和我谈编修条令事的？"

他们会心地笑了，一齐点头："是的。"

"好呀，你们担负的任务光荣啊！"叶剑英说，"有什么困难吗？"

"就是有些问题吃不准。"张竭诚回答。

接着，3个人先后讲了一些弄不准的问题。

叶剑英静静地听着，不时皱一下眉头。他的心里又何尝没有苦衷呢？林彪主持军委日常工作后，以"反教条主义"为名，下令收缴、烧毁了不少书，其中也包括条令。就说这次条令验收会吧，林彪会前对条令本来是肯定的，会议开始又变了调，使会上出现了争论。叶剑英为此很伤脑筋，不得不花很多时间去讲这些条令是根据毛泽东的指示编写的，是毛泽东军事思想的具体反映，是中国人民及其军队同国内外敌人打了几十年仗的经验总结，并且吸收了外军先进的东西，达到了国际水平，从而统一了人们的思想。做任何事情都要讲清重大意义，以调动参与者的积极性，是十分必要的，可一味讲意义而不注重实际的东西，也是舍本逐末。

周世忠等人讲完，叶剑英略作沉思，说："编写条令是我军正规化、现代化的基本建设之一，实际上是总结过去的战争，找出精髓的东西，用条条归纳起来，颁布下去，作为训练干部和指挥作战的依据。要写好这样一部战斗条令，不是一件容易的事，必须以我军的作战经验为主。要把战争的实践上升到理论的高度，使之条理化、系统化、规范化。"

周世忠等人凝神静听。

叶剑英停顿一下，端起茶杯慢慢呷了一口，目光扫视过面前的3个人，继续说："你们都是红军时期参加革命的老同志，打了不少的仗，多数是胜仗，也有少数打得不好的。你们是战争的参加者和见证人，对于游击战、山地战、平原战、水网稻田战、大兵团作战，当然都有许许多多的体会，现在又担负军事科研、院校教学和组织训练的任务，一定要学会分析哪些是对未来战争有用的，哪些已成为过去，不能把什么都一篮子装进去。"

周世忠等人不住地点头。

叶剑英接着说："我们这支军队从建军开始到新中国成立，整整打了22年仗，作战时间之长是世界军队少有的。不仅如此，新中国成立后还有个抗美援朝战争，后来又有西藏、甘南平叛和沿海打击国民党军队窜犯等作战，所以说我军的作战经验是很丰富的，应该把它充分反映到条令中去。也正因为有了这许多丰富的经验，才形成了我国独有的毛泽东军事思想。因此，我们编写条令的指导思想要以马列主义、毛泽东军事思想为指针。"

周世忠等人不时低头朝本子上记着。

叶剑英又说："当然，以我军为主，不是不要吸收古代的养分。我们中华民族有几千年的文化史、战争史，从传说中的五帝时代到清朝末年的四五千年间，进行了几千次战争。在我们民族的文化宝库中，有极其丰富的军事典籍、军事学遗产。我们应当吸取其精华，批判地继承下来，使我国无产阶级的军事科学更加绚丽多彩。所以你们还应当很好地研究历代的军事思想，像孙武、吴起、尉缭子、诸葛亮、李世民等。这些人物的军事思想都是有代表性的，对编写条令有益处。"

叶剑英又喝了一口茶，说："你们还应该研究有关外国的军事思想，外国军队的作战经验及条令、操典等。"

听到这里，周世忠插话："50年代我们在南京军事学院搞教学，对苏联红军的作战经验有过一些研究，他们组织战斗那一套程序是可行的，只是缺了个脑袋。"

叶剑英："你是指缺乏灵魂和思想？"

周世忠点点头。

叶剑英："所以我们不能照搬照抄嘛，要吸取其适合我国国情、我军军情的有益东西。你们还应当注意当今军事技术的发展。技术的发展决定战术的变化，这就是为什么我们在训练步骤上，提出先技术后战术的依据。我们写条令不注意这一点，写出的条令再好也是落后的。还有就是把指挥问题放在突出的位置，指挥离不开司令机关，参谋工作就不能忽略了。"

赖春锋："我们一定按叶帅说的去做。"

叶剑英看看表，说："我就说这些，不知对你们有没有用处。"

周世忠："很有用处。"

叶剑英："那好，今天是星期天，正好可以劳逸结合，请大家在这儿吃顿便饭，我就用你们辛勤劳动的成果招待你们，再喝点酒。"

张竭诚："还是叶帅钓得多，我们是借光尝鲜。"

赖春锋："周世忠还有点酒量，我和张竭诚两人都不会喝酒。"

叶剑英："不能多喝，就少喝两杯嘛！"

一行人边说边向餐厅走去。

33. 主管全军教育训练

1959 年以后，叶剑英不但担任军事科学院院长兼政委，还是高等军事学院的院长兼政委，同时任全军军事训练和军事学术研究委员会主任，也就是说，他肩负着全军军事学术研究、院校和部队训练任务。这些都是经常性工作的中心，又是关系到建设现代化军队的大事，不但责任重大，而且十分忙碌。因此，他到处奔走，为院校教育和军事训练而宣传、组织、解难。

1962 年 6 月，是南京气温正高的酷暑季节，叶剑英又一次来到南京军事学院。

这时，部队的军事训练步履维艰，军事院校的教学则更困难，除了经费、教员等方面的问题之外，还有个教学方针上的不同见解。1958 年反教条主义的重点就在军队院校，它所留下的阴影仍然笼罩在人们的心头。

可又有什么办法呢？叶剑英负责领导的就是军事训练和军队院校，想躲也躲不开。何况，建设一支优良的现代化的军队，干部训练是个重要环节，如果不培养具有高度政治觉悟和现代科学技术的军政和技术干部，就不可能满足建军和未来战争的需要。所以，叶剑英用很大精力进行军事院校的建设。

这之前，叶剑英已经考察了他任院长的北京高等军事学院，围绕教学思想、教学制度、教学内容、教学方法、教学作风等方面进行了详细认真的研究，发现不少亟待解决的问题，他想再多掌握一些第一手的材料，从中找出解决的办法。

对叶剑英的到来，军事学院政委王平和副院长张震是十分高兴的。他们敬重叶剑英的文武兼备，更知道他不但重视军事院校建设，更有着办院校的丰富经验，同时，他们也有许多弄不清的问题要向叶剑英汇报，听取他的指示。

汇报是在叶剑英的住处进行的。王平和张震首先汇报和请示的是学制问题，也就是学员以学习多长时间为宜。

叶剑英说："军事学院的学制，完成系至少两年，速成系至少一年。"

看着叶剑英的神情，王平、张震没有吭声。

稍稍沉默一会儿，叶剑英说："在现代战争中，指挥员要善于掌握新式武器，能组织和发挥新武器的综合能力。不论陆、海、空军还是防空军，都要在同时、同地发挥力量，以歼灭敌人。没有强健的体质，不能忍受这样大的杀伤和破坏；

没有现代知识，不能掌握和发挥新武器的综合力量。不具备所有这些，就不能成为现代条件下的军官。而培养这样的军官，是需要一定的时间的。在这里，时间就是质量。"

张震："叶帅讲的教育方针非常对，就是要从未来战争需要和我军实际出发，培养合格的军事人才。我们在研究制定学院的教育方针时，有的同志提出，为了强调把着眼点放在打未来战争上面，学院的教育方针应该提'立足未来，照顾现在'8个字。这是一个重大问题，我觉得把握不大，请叶帅指示。"

叶剑英思考一会儿说："还是提'立足现在，着眼未来'好。立足现在，就是脚踏实地。未来当然重要，但毕竟还只是设想。如果把这句话倒过来，'立足未来，照顾现在'，岂不是站在虚的地方，而只是'照顾'现实需要了吗？如果用这样的指导思想培养出的干部，再用这样的指导思想去领导训练，将是危险的。"

张震："叶帅的话，体现了我军有什么武器打什么仗，对什么敌人打什么仗的光荣传统，对军事教育很有指导作用。"

王平："'立足现在，着眼未来'，这个提法好，很辩证，也很明白，还是叶帅站得高。"

叶剑英："你这个王平，是给我戴高帽子吧。"

王平："我可不敢。再说，我的高帽子对你也没有分量。"

张震："看来，我们得加强这方面的研究。"

叶剑英："你们军事学院是培养高级军事人才的，要把科学研究放在重要位置。我国古代的军事遗产十分宝贵，应该用以丰富和充实教育训练的内容。"

张震："我也想过这件事，可不知从哪里着手。"

叶剑英："在我们中华民族悠久灿烂的文化宝库中，有着极其丰富的军事典籍和军事学遗产。我们要吸取其精华，批判地继承下来，使我们无产阶级的军事科学更加绚丽多彩。你们可以组织些力量译注古代兵法，编写兵器发展史、中国历代战争战略问题探讨以及中国历代战争年表、中国历代战争地图集等书籍，可先着手编写《从戈矛到火器的演变》一书。"

这之后，张震按照叶剑英的指示，很快组织人员编写出从东周以来我国古代著名战例选编，并派人带上初稿赴京向叶剑英汇报。

叶剑英不但专门听取汇报，还对每个战例的编写方法提出了详尽的意见，并指派军事科学院战史部的人参加研究和修改。几十年之后，张震在谈到这些时还说："叶帅的指示，在当时对我军的教育训练工作，对促进我军革命化、现代化、正规化建设曾起过指导作用，今天看来，仍然有着重要的意义。"

叶剑英经过调查研究，于 9 月 30 日给中央军委送上一份《关于改进高等军事院校和军事学院教学工作的报告》，针对存在的主要问题，提出了改进意见，建议明确训练任务、内容和学制；加强教员工作，逐步调动教员的积极性；在科学研究的基础上，逐步改进教材，提高教材质量；加强学术领导，严格教学要求，发扬教学民主，健全教学制度等。

1963 年 1 月，中央军委批准了叶剑英的这个报告，转发全军执行。但是，毛泽东没有同意叶剑英提出的关于学制时间的建议。

深秋，叶剑英位于北京西山脚下的住所 2 号楼小院里，枫叶摇红，仿佛飘动的火焰，燃烧的生命，放射出亮丽的光华。叶剑英弯腰捡起一片落到地上的枫叶，久久地凝视着。

叶剑英特别喜欢枫叶，并以此比喻赤诚之心和壮烈气节而写进诗中。1940 年他在重庆读到方志敏烈士写于狱中的手稿，深情地赋诗道："血战东南半壁红，忍将奇迹作奇功。文山去后南朝月，又照秦淮一叶枫。"正是处于这样的心境，每到秋风吹落枫叶时，他都会捡拾一些放在写字台上，权作书签之用。

叶剑英手拿枫叶走进办公室，将它夹进一本刚刚读过的书里，久久地看着想着。突然，他意犹未尽地拿过一支笔，在书的封面上写下 4 句话："翠松围深院，红枫傍小楼。开书见红叶，留下一年秋。"他将这首诗题名为《二号楼即景》书赠给老同学秦元帮时，把第三句"开书见红叶"改为"书丛藏红叶"。

当看到堆放在写字台上的文件，叶剑英的思绪马上走出了诗的境界。写诗毕竟不是他的职业，元帅的头衔以及肩头担负的工作，使他不能沉醉在诗里，尽管这一年他写了多首诗。1 月，他视察广东新会县时写了《圭峰》。3 月，他游览桂林写了《游桂林七星岩》，参观韶山写了《观光韶山》。6 月，他在北京接见著名昆剧演员岳美缇时以《题画竹》的扇面相赠。9 月，他写了《水调歌头·刘少奇主席访朝述感》，真可谓激情涌动，诗兴大发。

一坐到写字台前，叶剑英的注意力就全部集中到了文件上。此时，呈现在他眼前的是《军训通讯》的 1 期增刊，专门介绍了南京军区第 12 军第 100 团 2

连战术训练的经验，还配有该连副连长郭兴福任班长的单兵进攻战术作业笔记，以及刊物编辑的专论《既严又活》。

这是时任第12军军长的李德生亲自抓的训练典型，即后来的郭兴福教学法。

那是李德生带着军、师、团联合工作组到第100团2连蹲点时，发现战士们练兵热情很高，但组织训练时缺乏灵活性，有的甚至马马虎虎走过场，感到这样"练射击，磨肚皮"，练战术"走起来一条线，卧倒一大片"，"进攻满山跑，防御没事干"的做法，练出来的兵不能拉到活的战场上去打仗。就在事先不打招呼的情况下，突然命令2连到5公里外的三角山"消灭空降敌人"。当连队跑过5公里后，又命令其改变方向追击敌人。2连翻过10多个山头、涉过3道河流，立即实施对36个靶子的射击，结果只打了个及格。

李德生和2连负责训练的副连长郭兴福进行了一个下午的交谈，决心以战术训练为突破口，探索新的训练方法。他和军的其他领导及有关部门总结经验，坚持不懈，在教学上形成一套有效的办法。这个方法不但在南京军区范围内进行推广，还应邀到广州、武汉、沈阳等军区作过数十场表演，受到了广泛的好评。

叶剑英被这个训练法吸引住了。新的战斗条令已经过毛泽东批准下发部队，苏军的一套训练方法不能照搬，但怎样以毛泽东军事思想为指针，以符合我军实际的方法进行军事训练呢？还没有总结出有用的经验。像郭兴福这样严肃、认真、灵活的训练单兵和战斗小组的方法，是一个方向一个榜样，既体现了我军传统的练兵方法，也符合实战的要求，不正好可供其他单位借鉴吗？

好像发现了一个宝贝，叶剑英当即对他的秘书、办公室主任兼军事训练和军事学术研究委员会办公室主任莫阳说："你马上带一个工作组到南京军区及第12军去考察，看他们究竟有什么经验，可不可以在全军推广。"

1个多月后，叶剑英亲自来到郭兴福所在的第12军。

他12月23日到南京，第二天到镇江。总参谋部正在那里召集郭兴福教学方法现场表演，南京军区推广郭兴福教学法涌现出的优秀教练员和先进分队的8个课目也同时表演。

表演现场设在镇江张高山的野地上。这里视野开阔，能清楚地观看单兵进攻战术的表演，但却异常严寒。嗖嗖的冷风，携带着沙尘和枯叶吹来，扑打着人们身上的棉军衣。叶剑英站在寒风中，双手举着望远镜，目不转睛地看着。

呈现在眼前的，俨然是一个拼杀的战场。

隆隆的炮声过后，浓浓的硝烟弥漫开来，散发出呛人的气味。硝烟中一个身材魁梧的人端着上了刺刀的步枪，大喊一声"杀啊"，带头向前冲去。

李德生指着那人向叶剑英说："他就是2连副连长郭兴福。"

叶剑英点点头。

顿时，10多个战士跟着他向前猛冲，如同一柄锋利的宝剑，闪电似的向"敌人"砍去。

叶剑英熟悉这样的场面这样的气味，甚至还夹杂缕缕迷恋。他看着，不时提出一些问题：战士的负荷有多重？戴上防毒面具对射击、战术动作有没有大的影响？他们都是哪些人？多大年龄？战士入伍多长时间，什么文化程度？

旁边的人都一一作了回答。

眨眼间，部队冲上了"敌人"的堑壕。郭兴福左右开枪，打死了两个从两面扑上来的"敌人"，接着猛一转身，用刺刀捅倒了从后面追上来的一个"敌人"，然后高声问战士："对敌人要不要狠？"

"要狠！"

"怎么办？"

"坚决消灭！"

"对！"郭兴福说着一枪刺穿了草靶。

"杀！"战士们齐声高喊着向前边的草靶刺去。

郭兴福问："刺刀断了怎么办？"

"用枪托打！"

"枪断了！"

战士们回答：

"石头砸！"

"手掐！"

"牙齿咬！"

郭兴福作了示范，又详细地讲解之后，战士们便两人一组开始演练起来。

战士们都像郭兴福一样，一边向山上飞奔，一边连续射击、投弹。

图为1963年12月，叶剑英会见郭兴福时的情景。

只见一个战士勇猛冲击，飞身向前，奔跑中一扬手将两枚手榴弹甩进了"敌人"的堑壕。

"他叫什么名字？"叶剑英问。

"叫叶铁虎。"旁边人答。

叶剑英赞扬地说："真像一只小老虎！"

其他的战士也是快如闪电，猛似疾风，仅10多分钟就通过近百米的距离，冲到山顶上。这时，硝烟还未散去，火光还在闪耀。

叶剑英放下望远镜，边鼓掌边说："大开眼界！大开脑筋！这充分说明群众是真正的英雄，群众的创造力是无穷无尽的！"

随后的3天里，叶剑英听取南京军区领导的汇报，与主管军事训练和郭兴福式的教练员座谈。

听过南京军区领导关于郭兴福教学法产生、发展和推广过程的汇报，叶剑英说："这几年我们部队由低到高，从小到大开展郭兴福教学法，是我军传统练兵方法的继承和发扬，是领导培养、群众支持和他个人努力的结果。"

当汇报到第 12 军从 1960 年就开始研究、总结，才创造出郭兴福教学法，叶剑英说："郭兴福教学法在连队里生根发芽，军的各级党委首长加肥，南京军区党委和首长又追肥，现在到 1963 年，经过总参军训部推广，在全军范围内有了第一次收成。"

叶剑英对郭兴福说："你真正领会了军委的训练思想，想了很多办法，把思想、政治、作风、技术、战术结合起来，扎扎实实地练好了单兵动作、技术动作、战术动作，是我们全军的模范。"

叶剑英对主管训练的人和郭兴福式的教练员说："郭兴福同志的教学方法，是我们几十年来战斗中、训练中形成的优良传统作风的综合和具体运用，运用得很好。现在全军公认郭兴福教学法是个好方法，不管哪个军种兵种的基层连队，还是全国的民兵，只要都认真按郭兴福教学法来训练部队，我们部队的战斗力就会大大的提高。"12 月 27 日会议结束的当天，叶剑英就给中央军委写了一份报告：

> 我于 12 月 23 日到南京，24 日到镇江参加总参军训部召集的郭兴福教学法现场表演会，看了郭兴福以及南京军区推广郭兴福教学方法以后所涌现的许多优秀教练员和先进分队的 8 个课目的表演（总共 19 个课目）。看了以后，大开脑筋，大开眼界。充分说明群众是真正的英雄，群众的创造力是无穷无尽的。
>
> 郭兴福教学方法是军委号召在全军学习毛主席著作，官兵掌握了军委正确的方针、原则以后必然的产物。早在 1960 年郭兴福教学方法已经有了萌芽，1961 年首先经过 12 军领导干部的亲自培养并在军的范围内推广，1962 年南京军区开始抓，连续在杭州、镇江等地召开了几次现场会议，并组织巡回表演，逐步在全军区部队、学校中推广。事实证明，一抓就灵，南京军区的训练工作从此活跃起来，出现了一片欣欣向荣的新气象。1963 年郭兴福又应广州、武汉、沈阳军区的邀请，在上述 3 个军区作了数十场表演，参观见学的干部，数以万计，普遍获得了好评。3 个军区的首长看了以后，都立即下决心在部队、学校中推广。其他军区亦相继要求郭兴福去表演和传授他的方法。这次现场会议就是为了适应这种形势的需要而召

开的。

郭兴福的教学方法，是我军传统的练兵方法的继承和发扬，是领导培养、群众支持和他个人努力的结果。归纳起来，郭兴福教学方法有几个突出的特点：

一、善于在教学中抓思想，充分调动战士练兵的积极性，并能够发扬教学民主，集中群众的智慧，实行官兵互教，评教评学；

二、把练技术、练战术、练思想、练作风紧密结合在一起，把兵练得思想红、作风硬、技术精、战术活，而且身强力壮，一个个都像小老虎一样；

三、采取由简到繁，由分到合，情况诱导，正误对比的方法，逐步加深认识，掌握要领；

四、把言教与身教，苦练与巧练结合起来，使战士百听不厌，百练不倦；

五、严格要求，一丝不苟，循循善诱，耐心说服。

上述这些方法，不仅适合于部队，而且适合学校；不仅适合步兵，而且适合各军种、兵种。

这次参加镇江现场会议的有10个军区部队和学校的干部共400多人。大家一致公认，郭兴福的教学方法是一个好方法，学习的决心都很大。除了参观表演以外，还专门用了3天时间进行摸、爬、滚、打。

总之，郭兴福教学方法已为广大群众所公认，自动要求学习郭兴福教学方法已自下而上的酝酿了很久，有几个军区已经正式作出了决定，条件已经成熟，建议军委发一个指示，在全军中加以推广，号召各军区，各军种、兵种部队和学校及至民兵，结合本身的特点，学习郭兴福的教学方法，发扬我军传统的练兵方法，培养郭兴福式的教练员，借以掀起一个军事训练的高潮，进一步使军委有关训练方针、原则落到实处，大大提高训练的质量。结合最近中央号召各行各业普遍开展"比、学、赶、帮"的群众运动，以及贯彻中央关于"加强相互学习，克服故步自封、骄傲自满"的指示来看这一问题，就更为必要。是否妥当，请考虑。

叶剑英的报告很快就被送到了毛泽东的面前。

在中南海丰泽园的书房里，毛泽东仔细地阅读着叶剑英的报告。当读到"把练技术、练战术、练思想、练作风紧密结合在一起，把兵练得思想红、作风硬、技术精、战术活，而且身壮力壮，一个个都像小老虎一样"时，情不自禁地在下面画了一条杠，说："这一条我最感兴趣！"

当看到"郭兴福的教学方法，是我军传统的练兵方法的继承和发扬"时，毛泽东高兴地说："不仅是继承，而且是发展。"

看完报告后，毛泽东对军委秘书长、总参谋长罗瑞卿说："叶帅找到了一个好方法！"

毛泽东的赞扬就等于是批准。进入1964年的第三天，中共中央军委转发了叶剑英的报告，号召全军立即行动起来，掀起一个学习郭兴福教学法的运动。这个月底，罗瑞卿代表中央军委在南京军区主持召开全军训练会议，部署了深入学习郭兴福教学法开展全军大比武的运动。

这时的叶剑英，时而在广州观看推广郭兴福教学法的表演，认真研究成功的经验，整理制定出《连队基础训练方法二十二条》，使之在普及的基础上提高。时而观看北京军区夜间训练"尖子分队"的表演，指出培养尖子、搞样板是对的，但目的是练好战斗中的硬本领，不是为了夺锦标，不要搞那种舞台式的杂技式的表演。这些，都推动了郭兴福教学法运动的健康发展，全军的大练兵、大比武运动也进入了前所未有的高潮。

毛泽东对此十分关注，在一次会议上说："你们搞的大比武怎么不让我看看？"

毛泽东要看比武，这当然是军队的领导求之不得的。中央军委于1964年6月组织北京军区、济南军区的尖子分队，在北京西山进行了技术、战术汇报表演，毛泽东、刘少奇、周恩来、朱德、董必武、邓小平、贺龙、陈毅等人都前往观看。

但是，叶剑英却没有观看。此时的他，正在广州研究总结怎样普及郭兴福教学法的问题。

毛泽东的兴致极高，对每一项精彩的表演都带头热烈鼓掌。在观看的过程中，他不时说：

"要注意多搞夜战、近战，训练部队晚上行军，晚上打仗。"

"敌人越凶越不要怕他，蒋介石过去不凶？美国不凶？具体到每个战斗的打法就不同了，就要重视它。军队无非是要学会两个东西，一个是会打，一个是会走。会打、会走，军队都要学会。打就吃它一口，吃不了大的吃小的，吃了一口再吃一口。"

"练武还要练文，注意学文化。战士的身体要很好，体力要好。连队人数一定要充实，人少就合并，也要充实。"

"部队是不是可以大规模地搞游泳训练？游泳训练夏天完全可以搞。部队要学游泳。单靠游泳池不行，要学会在江海里游。不经过大风大浪不行。"

10多天后，毛泽东又在一次会上说："看了北京、济南军区的'尖子'部队的表演，很好。要在全军中普及，光有'尖子'是不够的。普及要很快布置，要抓紧这个工作。"

此后，叶剑英把主要精力和时间都用在了"尖子"的普及上，同时对个别单位中存在的锦标主义、弄虚作假、搞花架子等偏向，作过多次批评，还报告军委向部队发出纠正这些不良偏向的指示。

11月10日，毛泽东听取了中央军委关于全军大比武情况的汇报。

12月29日，林彪作了《关于当前部队工作的指示》，说"大练兵冲击了政治"，"犯了路线错误"。

叶剑英不同意林彪的说法，他不但在不同场合以委婉的语言表达了他的看法，而且有一种不祥的预感。1965年，他写了《无题》《重读毛主席〈论持久战〉》《纪念王杰同志》等3首诗，"岂知东海有长城""眼底吴钩看不休""为花欣作落泥红"等诗句，所表达的不仅仅是他的壮志豪情，也隐隐透出了他当时复杂的心绪。

第9章

在激流中

34. 为了军队稳定

1966 年 1 月 8 日，叶剑英被任命为中央军委副主席。

这时的中国的政局出现了错综迷离的形势。

1965 年 11 月 10 日，姚文元的《评新编历史剧〈海瑞罢官〉》公开发表；11 月 18 日，林彪提出"突出政治"的 5 项原则；11 月 30 日，林彪派叶群带着他的信到杭州向毛泽东告状，说罗瑞卿"反党反毛主席""逼林彪让贤"。12 月 8 日，毛泽东在上海主持召开中共中央政治局常委扩大会议，会议决定以"反对突出政治""篡军反党"等罪名对罗瑞卿实施隔离审查。

1966 年 3 月到 4 月，中共中央政治局召开两次常委扩大会议，毛泽东号召对资产阶级学术权威进行切实地批判，说北京市"针插不进，水泼不进""中宣部是阎王殿"，号召地方造反，要求各地多出些孙悟空"大闹天宫"……

叶剑英似乎并没有十分在意这些，而是一心扑在军队的工作上。2 月 7 日，他和总政治部主任萧华在广州听广州军区关于华南地区设防规划的汇报；2 月 24 日，他和代总参谋长杨成武视察上海地区的战备工作；3 月 8 日，他和贺龙到广州军区医院看望在海战中负伤的战斗英雄麦贤得……

243

这期间，总政治部副主任刘志坚向叶剑英汇报了部队文艺工作座谈会的情况。

1966 年 1 月 21 日，江青从上海赶到苏州，和林彪谈"文艺革命"。1 月 22 日，林彪给总政治部下达指示："江青同志到苏州来，和我谈了话。她对文艺工作方面在政治上很强，在艺术上也是内行，她有很多宝贵的意见，你们要很好重视，并且要把江青的意见在思想上、组织上认真落实。"刘志坚奉命到上海参加 2 月 2 日到 22 日召开的座谈会。会后写出的《林彪同志委托江青同志召开的部队文艺工作座谈会纪要》，提出文艺界自新中国成立以来"被一条与毛主席思想相对立的反党反社会主义的黑线专了我们的政，这条黑线就是资产阶级的文艺思想、现代修正主义的文艺思想和所谓 30 年代文艺的结合"，这就是后来所说的"黑线专政论"，强调"文艺战线两条道路的斗争，必然反映到军队内部来"。

这个《纪要》以中共中央文件下发后，叶剑英听了刘志坚的汇报，他明确地说："部队执行的是无产阶级的文艺路线，17 年来作了大量的工作，成绩是主要的，效果也是好的！"

1966 年 5 月 4 日至 26 日，中央政治局扩大会议在北京召开。5 月 16 日通过了毛泽东主持制定的《中国共产党中央委员会通知》（即《五一六通知》），宣布设立中央文化革命小组，由陈伯达任组长，江青任第一副组长，号召全党"高举无产阶级文化革命大旗，彻底揭露那批反党反社会主义的所谓'学术权威'的资产阶级反动立场，彻底批判学术界、教育界、新闻界、文艺界、出版界的资产阶级反动思想，夺取在这些文化领域中的领导权。而要做到这一点，必须同时批判混进党里、政府里、军队里和文化领域各界里的资产阶级代表人物"。

就是在这次政治局扩大会议上，叶剑英被增补为中央书记处书记兼军委秘书长，主持军委日常工作。

叶剑英的心情想必是很矛盾的，他知道自己面对的是怎样的政治形势，肩负的是怎样艰难的任务。

《五一六通知》发出之后，中共中央改组北京市委，新的北京市委改组北京大学党委，播发了北京大学聂元梓等 7 人的大字报。

8 月 1 日，中共中央召开八届十一中全会，会上印发了毛泽东写给清华附中红卫兵的信，对他们的造反行动表示热烈的支持；8 月 5 日又公开发表了毛泽东

《炮打司令部——我的一张大字报》；8 月 8 日通过了《中国共产党中央委员会关于无产阶级文化大革命的决定》（即"十六条"），毛泽东还在天安门广场检阅了红卫兵……

从此，"文化大革命"开始了。

和许多身居要职的领导人一样，叶剑英并不能理解这场运动，心里感到迷茫以及由迷茫产生的痛苦，但他又十分崇敬和相信毛泽东，努力想使自己的思想和行动跟得上毛泽东的部署，其矛盾的心情是可想而知的。

作为主持军委日常工作的副主席，叶剑英深感责任重大，想尽一切办法稳定军队。军队是国家的柱石，无论社会怎么乱，军队不能乱。

基于这样的思想，叶剑英和徐向前、聂荣臻、陈毅、贺龙以及萧华、刘志坚等人多次研究，适时制定了稳定军队的规定和措施。从 5 月到 9 月，先后发出了通知，规定在连队和一般机关干部中着重进行正面教育，要"点名批判"的人，由各大单位党委批准；《关于部队开展文化大革命运动几项措施的请示报告》，规定军队不准上街游行，不参加地方批判大会，军内"文化大革命"在宣传、文化等少数部门进行。下发关于军队"文化大革命"的 6 条指示，要求军队院校不搞大鸣、大放、大字报、大辩论。在《文化革命动态》上加批语，指出军队的"文化大革命"只限制在 23 所高等技术院校进行。不能随便批斗、处理干部，不能不经过批准查阅军委和总部机关档案，不准军队院校到北京串联，各大军区目前重点应抓好部队工作，保持正常秩序……

所有这些绞尽脑汁的良苦用心，却没有能够稳定住军队。

1966 年 10 月 1 日，照例举行庆祝中华人民共和国成立的活动。在天安门城楼上，第二军医大学"红色造反纵队"的一个头头向毛泽东、林彪告状，说军队院校镇压群众运动，与地方做法不同，搞了许多条条框框，限制太多。

这实际上告的是叶剑英。此前，在"中央文革"小组的一次会上，陈伯达说：军队已经跌到了修正主义的边缘！江青质问列席会议的总政治部负责人：你们军队为什么按兵不动？对军队那些走资派为什么不揪？我看就是有人压着。其所指，就是主持军委日常工作的叶剑英。

林彪从天安门城楼下来，就命令全军"文化革命"小组立即发一个紧急指示，让军队院校的"文化大革命"完全按地方的做法搞。于是，《关于军队院校无产阶级文化大革命的紧急指示》于 10 月 5 日发往全军，《紧急指示》上说：

"根据林彪同志的建议，军队院校的文化大革命运动，必须把那些束缚群众运动的条条框框取消"，并且明令取消了军委、总政原先作出的规定。

这个《紧急指示》发出后，各军事院校彻底乱了，教师和学生踢开党委，打倒干部，纷纷外出串联，不断冲击总部和各军区机关，揪斗许多负责干部，使本来还较平稳的军队极大地混乱了起来。

面对如此局势，叶剑英感到极为痛心又极为无奈。不能按照他的办法去做，出现的混乱局面却要他去收拾，这是一种怎样的处境啊！

事态的发展越来越严重。到1966年11月，125所军队院校的20余万学生拥进北京，一些人冲到国防科委的顶层，要求抓人，到国防部大楼前静坐，要揪斗总参谋部的领导人，甚至冲击中共中央和国务院所在地中南海。

叶剑英决定动员军事院校师生员工回到学校去，但他指示总政治部起草的《关于各总部、国防科委、军兵种机关必须经常保持战备状态的通知》，却被"中央文革"的陈伯达等人扣压不发。

经毛泽东批准，总政治部于11月13日在北京工人体育场召开军队院校和文体单位10万来京人员大会，邀请周恩来、陶铸、贺龙、徐向前、陈毅、叶剑英、萧华、杨成武等人出席。

周恩来、陶铸因要参加其他会议，和学生们见面后就退场了。陈毅、贺龙、徐向前、叶剑英参加会议并讲话。

这是一个非常的时代。

陈毅第一个讲话，他不得不首先声明："我今天在这里讲话，我就不是'我'字当头，如果'我'字当头，最好我不要来讲。""大家不是要作路线斗争吗？我们完全欢迎大家来作路线斗争，但要学会来搞，不要乱搞。""在你们青年人面前，我犯错误比你们多，我这一点有资格讲话，你们没有犯过我这么大的错误。"

第二个讲话的是贺龙。这个一把菜刀杀盐局的元帅，正被诬陷为"土匪""搞兵变"，所以只是照着预先写好的讲话稿，赞扬"文化大革命"，要求军事院校师生在大串联中要做好样子，推荐空军17航校学生的10点建议，诸如"不加入不干涉地方的文化大革命""不谈论军队机密"等。

第三个讲话的徐向前说："希望你们从国家最高利益上，从大局出发，考虑到他们担负着重要任务。你们要很好地安排他们的时间，使他们很好地指挥军队，进行正常工作，你们要充分注意这一点。你们从白天到深夜，从黑夜到白天缠住他们，这怎么得了！要从国家的安全考虑！这样的领导机关怎样领导你们！要考虑到敌人袭击我们。一刻也不要忘记我们周围还有着强大的敌人，我们必须经常保持警惕，不容丝毫的松懈。"

　　叶剑英讲话时，则首先"检讨"了前一年的院校整风问题，不厌其烦地讲述了要掌握党的政策，说真理是有限制的，跨越一步就成了谬误，批评一些单位揪斗领导干部，外出串联，搞打砸抢，败坏军队的名声等错误行为；劝说对老干部要有感情，他说："毛主席讲过要允许人家犯错误，允许人家改正错误，允许人家革命。不顾老干部心脏病发作，不管人家死活，硬把人家拉去批斗，

图为叶剑英在北京工人体育场召开的军队院校和文体单位的10万人大会上讲话。

247

就没有无产阶级感情，不是无产阶级的军人！大家要警惕少数别有用心的人，不要被坏人利用。"

在师生员工们的眼里，元帅们的形象不再高大了，话也不可信了，都成了他们要造反要打倒的人。

正在叶剑英讲话时，解放军兽医大学的一个学员将一张纸条传给会议主持人萧华，纸条上写的是："这个大会林副主席批准没有？你们4位副主席的讲话是不是林副主席批准的？"

叶剑英看过纸条上的话，立即当众宣读，并气愤地向全场发问："同学们，他怀疑我们的大会是偷偷开的，同学们相信不相信我们？"

"相信军委！"台下绝大多数人回答。

"我代表军委全体同志感谢同志们信任我们，请同志们信任我们！"叶剑英的目光扫视过全场，提高声音说，"今天总理和陶铸同志都来了！这能说是背着军委开会吗？过去有一出戏叫'三娘教子'，现在的"文化大革命"是子教三娘。儿子教育老子，教育爷爷，但儿子、孙子也得接受教育！"

叶剑英平静了一会儿，念了一段毛泽东的话："这种批判，应该是说理的，有分析的，即不应当是粗暴的。"然后大声问："解放军打解放军，这是历史上没有过的。我们是毛主席的军队，自己反而打自己人，这是帮助了谁？"

台下齐声回答："帮助了敌人！"

叶剑英："对，帮助了敌人！"

这次10万人大会是在一片掌声中结束的，而6天之后在同一体育场召开的10万人大会就完全不同了。会场上贴满了大字标语，内容都是说陈、叶上次的讲话有"严重错误，必须彻底批判"。口号声、背语录声此起彼伏。

这种来者不善的场面，叶剑英已有所预料。上次10万人大会后，有人就说他和陈、贺、徐的讲话违背了中共中央的"十六条"和林彪的《紧急指示》，是"镇压群众运动"，是"资产阶级反动路线的猖狂反扑"，今天的会，就是对着他们来的。

也许正因为如此，陈毅开门见山地说：他11月13日的讲话是有意识得罪一批人的。光讲好话，不给犯错误的人以帮助，就不够一个共产党员的资格。他大声说："如果光在这里讲恭喜发财啊，讲天气很好啊，伟大伟大呀，万岁万岁呀，没有帮助。有什么帮助啊？那是扯谎！表示这个人不老实，心里有话不讲出来。"

陈毅还公开亮明他的观点，他反对把工作中有缺点、错误的领导干部当成走资本主义道路的当权派，反对"文化大革命"影响国民经济生活，反对把打击面搞得太宽……

叶剑英讲话先念了几张台下递上来的纸条，对提出的问题作了一一解答。

这时有人提出："要为上次递纸条的同学恢复名誉！"

叶剑英针锋相对地说："我没有破坏他的名誉，也根本谈不上为他恢复名誉！上次的大会是报告伟大领袖毛主席批准召开的，他怎么能怀疑呢？"

会场上出现了短暂的宁静，人们听得出这软中带硬的话里蕴含的分量。

叶剑英："我给大家背诵一段话：'因为我们是为人民服务的，所以，我们如果有缺点，就不怕别人批评指出。不管什么人，谁向我们指出都行。只要你说得对，我们就改正。你说的办法对人民有好处，我们就照你的办。'同志们，这是谁讲的呀？"

"毛主席讲的！"师生们高声喊。

叶剑英："对，我是考考你们。问题就是这样，言者无罪啊！毛主席讲过这句话没有？"

师生们高喊："讲过！"

叶剑英："对！我和大家一样，都是解放军的工作人员。我把我的意见讲一讲，也许明天又来大字报了，来大字报也不怕，我还要讲一讲。"

会场又一次平静下来，叶剑英接着讲了毛泽东对青年一代的希望，讲了军队院校学员应起的表率作用，强调说："我们的军队是伟大的，我们院校的绝大多数师生是好的，但也有少数人是不好的。有那么一些人坐上火车就不管别人了，还有人跑到上海要住大房子，要坐小汽车，要吃好的，把解放军的光荣传统忘了。我们的最高统帅是毛主席，军委主席也是毛主席，但是一些人煽动一部分群众到毛主席办公的地方猛冲、猛打。这行吗？这些人如果不改，就是废品，将来不能用的。"

师生们听着，有人小声议论起来。

叶剑英的声音有些激动："有人可能会说我这是挑动群众斗群众。不是。这样的人不是群众，是废品，要洗刷！"

会场上很静，10万余人的眼睛集中到叶剑英的身上。

叶剑英大声问："有人冲我们的国防部，这是个大错误。还有比这更严重的错误吗？你们说是不是啊？"

师生们高喊："是！"

叶剑英："我们允许大家犯错误，允许大家改正错误。只要他认识错误，改正错误，就和大家一样，就欢迎他，希望他们改正。这不是群众斗群众，我是苦口婆心劝同学们回到学校去闹革命，不要受某些别有用心的人的欺骗了。"

又一次会议结束了，叶剑英很满意。陈毅讲得解气，他自己也讲得痛快。

回到住处，秘书向他报告："有些人对军博保存的一些中央领导人的文物提出疑问。"

叶剑英知道指的是谁，明确说："历史就是历史。你告诉军博，要保留刘少奇和邓小平在各个革命历史时期的照片。"

秘书走后，叶剑英坐到写字台前，沉思了一会儿，喊来秘书，说："你请陈、贺、徐、聂4位副主席和三总部主要领导及有关人员，参加明天的军委常委会，听取张震寰关于导弹核武器试验情况和今后试验工作的安排。"

35. 二月抗争

如果说，叶剑英和其他几位元帅在工人体育场对军队院校师生的两次讲话表达了对"文化大革命"的不满，那么在京西宾馆和怀仁堂则是公开的对抗。

1967年1月19日下午，京西宾馆驶来了许多小轿车，从车上走下来的，有中央军委副主席叶剑英、聂荣臻、徐向前等人，还有江青、陈伯达、康生等"中央文革"的成员。此外，还有各总部、各大军区、各军兵种的主要负责人。将要在这里召开的是军委扩大的碰头会，主要讨论军队开展不开展"四大"（即大鸣、大放、大字报、大辩论）的问题。

会议一开始，出现了3种意见。

江青等人说：军队要支持革命群众开展"四大"，和地方一样搞文化大革命，不是世外桃源，不能特殊，要和地方一样开展"四大"。

有人主张：军队要开展"四大"，但又要保持稳定。

叶剑英等人坚决反对在军队开展"四大"。

这不仅仅是叶剑英一个人的态度。1个多月前，他和刘伯承、陈毅、徐向前、聂荣臻等元帅一起谈论形势，都认为应当稳定军队。

陈毅说："把军队和国家都搞乱了，政权还能保得住吗？"

刘伯承："我的眼睛看不见，现在外边是个什么样子了？"

陈毅："现在看不见最幸福，看见了更是糟心！"

叶剑英热泪盈眶地握住刘伯承的手："这样搞，把我们的老传统都搞乱了，军队无论如何不能乱！"

10多天前，在军委的一次会议上，叶剑英说："他们主张越乱越好，什么党、政府、军队，他们一概否定，都要推倒重来，说这是无产阶级向资产阶级夺权。我们的各级干部，他们给扣上走资派、黑帮、反动权威或其他什么罪名，企图一律加以打倒，说这才是毛主席的无产阶级革命路线。这怎么行呢？这怎么会是毛主席的思想和路线呢？"

在一次中央政治局会议上，他拿着全国军分区以上单位受冲击的统计表给江青看，说："地方越乱，军队越要稳。不然，敌人乘虚而入怎么办？现在空军指挥部只好转移到战备工事中去。如果全军空中有什么事，指挥中断，事情谁去办？内忧必然引起外患，稳定军队是党和国家的根本利益！"

这一次，叶剑英强调的也是这一点，他说："军队是无产阶级专政的柱石，战备任务很重，负有保卫党中央、保卫毛主席、保卫社会主义祖国的重大责任，军队稳不住，一旦敌人入侵，就无法应付。"

陈伯达："军队也不能离开党的领导。"

叶剑英："坚持党对军队的绝对领导，是毛泽东军事思想和建军路线一个根本问题。"

康生："现在的问题是要执行毛主席的无产阶级革命路线。"

叶剑英："纪律是执行路线的根本保证。如果开展'四大'，必然发生无政府主义，什么个人服从组织，下级服从上级，都将变成一句空话。这样搞下去，怎么能执行党的路线？怎么能打仗？怎么能担负起保卫社会主义祖国的重任？军队没有铁的纪律，松松垮垮，命令不服从，打起仗来'放羊'，军队就不成其为军队了。"

两种意见争论激烈，谁也不可能压倒谁。

江青看到驳不倒叶剑英，就转而向总政治部主任萧华说："你是刘志坚的黑后台，部队执行中央文革指示不彻底，是你萧华在打马虎眼！"

陈伯达立即说："你萧华是绅士，不是战士，你想把人民军队变成资产阶级军队。"

叶群从口袋里掏出一张纸念起来："萧华反对林副主席，破坏文化大革命，是反党、反社会主义、反毛泽东思想的'三反'分子，必须向群众作出检查。"

江青指着萧华的鼻子质问："今晚就在工人体育馆召开10万人大会，你敢不敢去？敢不敢到会上去说清问题？"

萧华始终没有吭声。沉默是最大的蔑视，也是最有力的反抗。

江青突然又说："我提议，由徐向前同志主持总政工作。"

徐向前是一星期前由毛泽东批准、担任改组后的全军"文化革命"小组组长的。江青的用意自然很明白，徐向前的身体不好，她这样做既可以拉拢徐向前，又能控制军队。

徐向前心里是有数的，他坚决反对江青的提议，其他人也都不表示态度，会场上出现了短暂的寂静。

萧华看着江青说："你们说完了没有？我参加革命几十年，以共产主义为最高信仰，毛主席始终是我热爱的领袖。如果说工作中有缺点有错误我承认，但是说我是'三反'分子，我坚决不接受……"

没等萧华说完，江青就打断他的话，说："你别说了，晚上到工人体育馆，当着10万革命群众说去。"

叶剑英和聂荣臻对此十分气愤，提前退出了会场。叶剑英还立即将会议情况报告了毛泽东和周恩来。

毛泽东说："这么大的事为什么不报告？赶快制止，总政治部主任是能随便乱批的吗？"

周恩来在电话上说："剑英，告诉他们，没有我的命令，萧华不能去大会检查。"

尽管这天会议结束时徐向前宣布会议内容严格保密，但还是传了出去，北京军区战友文工团等单位的"造反派"连夜去抓萧华。萧华事先得到消息，从后门跑出，到了叶剑英家里。

叶剑英一边让人把萧华保护起来，一边愤怒地连声说："胡闹！胡闹！"

第二天继续开会。会议一开始，已经知道夜里发生事情的徐向前对秘书说："你去查清楚，昨天会议是谁做的记录，是谁走漏了会议的内容。"

坐在叶剑英左侧的江青却问："总政治部主任失踪，到哪里去了？"

萧华不作回答。

江青："要查清楚！"

陈伯达："看来一定有人保护你了，是谁呀？"

"是我！他昨天半夜跑到我那里去了，是我把他收留下来的，如果有窝藏之罪，我来担当！"叶剑英大声说着，愤怒地猛拍桌子，茶杯和碟子跳落到地上，他的右手掌骨远端骨折。

在这之前，徐向前也拍了桌子。江青、陈伯达等人看到两位元帅发了这么大的脾气，一时都被镇住，不再质问了。

元帅们发脾气起到了作用。第三天，毛泽东在人民大会堂接见了参加军委扩大的碰头会的高级将领，特意让叶剑英坐到他的身边，并询问了碰头会上的情况。叶剑英简要地谈了自己的意见，一些人也诉说了领导干部受到残酷斗争的情形。

毛泽东表示了他的态度：军队要抓紧战备，要稳定，要团结，不要你搞我，我搞你，不要闹分裂。

但是，10多天后叶剑英等人在怀仁堂的类似举动却闯下了大祸，受到毛泽东的严厉批评。

那是在怀仁堂召开的中央政治局碰头会上。

碰头会的办法，是周恩来鉴于刘少奇、邓小平、陶铸、陈云、贺龙等人被取消出席政治局会议资格，为了在非正常状态下继续保持一种相当于政治局会议的形式。这一次政治局碰头会议是2月11日下午召开的。周恩来坐在桌子的中间，一边是叶剑英、陈毅、徐向前、聂荣臻、李富春、李先念、谭震林、余秋里、谷牧等，另一边是陈伯达、康生、张春桥、姚文元、王力、关锋等。

会议一开始，陈毅等人就提出3个问题："文化大革命"运动要不要党的领导？老干部应不应该都打倒？军队要不要稳定？由此展开了激烈的争论。

叶剑英第一个发言。他站起来指着坐在桌子另一边的陈伯达、康生、张春桥等人说："你们把党搞乱了，把政府搞乱了，把工厂、农村搞乱了。你们还嫌不够，还一定要把军队搞乱！这样搞，你们想干什么？上海夺权，改名上海公社，这样大的问题，涉及国家体制，不经政治局讨论，就擅自改变名称，又是想干什么？"

陈伯达立即说："无产阶级夺资产阶级的权，怎么是错误？不要忘记，马克思高度赞扬了巴黎公社的原则，这些在马克思著作里都有详细论述。"

叶剑英指着陈伯达质问道："我们不看书，不看报，也不懂什么是巴黎公社的原则。请你解释一下，什么是巴黎公社的原则？革命，能没有党的领导吗？能不要军队吗？"

关锋说："要这样讲我还有许多话要说哩……"

徐向前没让关锋讲下去，说："军队是无产阶级专政的支柱，这样把军队乱下去，还要不要支柱啦？"

陈毅不住点头。

徐向前："刘志坚不是叛徒，有大量事实为证，应该为这个冤案平反。"

陈伯达："刘志坚的叛徒案已经定了，再不能改变。"

聂荣臻："你们把干部子弟和许多青少年说成是反动保守分子，进行打击迫害，纵容一些不明真相的青年人批斗他们，有的还关押起来，这种'不教而诛'的做法是极其错误的！你们不能为了批倒老子，就揪斗孩子，株连家属。残酷迫害老干部，落井下石，这就是不安好心！"

叶剑英："请地方同志注意保护一下我们军队！"

当晚，叶剑英向毛泽东汇报说："今天和陈伯达打了一仗。"

毛泽东说："此事我已经知道了，你的对！"

第二次会议是 2 月 16 日下午召开的。

谭震林坐下就责问张春桥："陈丕显同志从小参加革命，是红小鬼，他究竟有什么问题，你们揪住不放？几个大区书记、许多省委书记都有什么问题？为什么不让他来北京？"

张春桥："群众不答应啊！这些事都要和群众商量，我们得尊重群众意见嘛！我们回去同群众商量一下。"

谭震林："什么群众？老是群众群众，还要不要党的领导，一天到晚老是群众自己解放自己，自己教育自己，自己搞革命，这是什么东西？这是形而上学！你们的目的，就是要整掉老干部，把老干部一个一个打光。"

李先念："现在这样搞，团结两个字还要不要？老干部都打倒了，革命靠什么？现在是全国范围内的大逼供信。"

陈毅："在延安整风运动时，有人整老干部整得很凶。那个抢救运动搞错了多少人？有人除了整人还能干什么？就是靠整人起家的嘛！这个历史教训，不能忘记！历史不是证明了到底谁是反对毛主席的吗？以后还要看，还会证明。斯大林不是把班交给了赫鲁晓夫，搞了修正主义吗？"

叶剑英："老干部是国家的财富，对犯错误的干部为什么要一棍子打死？要治病救人嘛！不能动不动就打倒！照这样下去，人身安全还怎么保障？还怎么做工作？"

谭震林："这一次，是党的历史上斗争最残酷的一次，超过历史上任何一次。照这样下去，你们干吧，我不干了，不跟了，砍脑袋，坐监牢，开除党籍，我也要跟你们斗争到底！"

谭震林说着站起身，夹起皮包向外走去。

主持会议的周恩来连忙劝阻。

陈毅说："不要走，要留在这里斗争！"……

当夜 9 时许，陈毅在接见归国留学生代表时，慷慨激昂地讲了 7 个小时："中央的事，现在动不动就捅出去，弄一些不懂事的娃娃在前面冲！""八大的政治报告是政治局通过的嘛，怎么叫刘少奇一个人负责呀？""历史上就是'朱毛，朱毛'，现在说朱老总是军阀，要打倒，人家不骂共产党过河拆桥呀！""贺龙是元帅、副总理，怎么一下就成了大土匪？这不是给毛主席脸上抹黑吗？""我不是乱放炮，我是经过认真思考的。要我看，路线斗争要消除后果要很长时间。现在的文化大革命的后遗症，10 年 20 年不治！"

第二天，谭震林给林彪写信，说："江青真比武则天还凶"，"手段毒辣是党内没有见过的"，许多高级干部被"弄得妻离子散，倾家荡产"，"我想了很久，最后下了决心，准备牺牲。但我绝不自杀，也不叛国，但绝不允许他们再如此蛮干。"林彪把谭震林的信送给了毛泽东。

谭震林的信，林彪的信，连同张春桥、王力、姚文元整理的《二月十六日怀仁堂会议》材料，同时摆到了毛泽东的面前。

毛泽东于 2 月 18 日晚到 19 日凌晨召开中央政治局会议，严厉批评谭震林等人。

这个事件被定名为"二月逆流"，从 2 月 25 日到 3 月 18 日，受到了连续 7 次批判。周恩来也作了检讨。

叶剑英边作检讨，边工作。

红色岁月　红色历程　红色史诗　红色经典

图为 1967 年 2 月的一天，叶剑英在北京住所思考国家大事。这个时期，正是林彪、江青等人打击迫害叶剑英的时期，把他和其他老同志对"文化大革命"的抵制诬陷为"二月逆流"。

2 月 18 日，中央军委发出《重申切实执行军委二月八日通知》，要求各单位外出串联人员限时返回本单位；

2 月 27 日，中央军委又发出《关于军以上领导机关文化大革命的几项规定的补充规定》；

3 月 2 日，中央军委同国务院联名发出《关于部队所属国防施工、基本建设、科研、设计等单位不准串联的通知》……

1968 年的春天来得特别晚，已经进入 3 月下旬，天气还非常寒冷。院中的树虽然鼓起了芽苞，可却迟迟不肯吐叶，花儿更是不敢绽放似的无精打采，只有那些松树，绿色如故，经冬不凋，倔强地在寒风中挺立着。

叶剑英坐在他的办公室里，透过窗子，看着院中的景象，不由得想到陈毅的《青松》诗："大雪压青松，青松挺且直。要知松高洁，待到雪化时。"心头的一点轻松立即如云烟一样飘散，代之而起的，是沉重的无奈。

是啊，贺龙被加上"二月兵变"的罪名，正在接受审查；朱德被诬为"旧军阀""黑司令"，赋闲在家里；彭德怀被"老账新账"一起算，经受着残酷的迫害；陈毅被打成"老机""老右"，经常挨批斗；聂荣臻在他领导的国防科委被纠缠不休；徐向前因领导过全军的"文化革命"，被勒令作检查；刘伯承一直身患重病，也躲不过风暴的袭扰。康生虽然说"二月逆流打响第一炮的是叶剑英"，但毛泽东还是又一次地保护了他，让他继续主持军委工作。

怎样工作啊？处处掣肘，步步维艰。但叶剑英又不敢退缩，也不允许他退缩，只得忍辱负重地坚持着。多日来，他出席第二炮兵的党委扩大会议，接待外国的国防部长并签订军援协议，听援越的高炮部队介绍经验，听工程兵司令员陈士榘汇报北线设防……表面上看去威风凛凛、生气勃勃，实际上心中委屈，神力憔悴。可他还是得和林彪、江青、陈伯达等人巧妙地周旋和斗争，尽最大的努力制止混乱，千方百计地稳定军队。

秘书进门的脚步声，打断了叶剑英的思绪。他抬起头，抛出询问的目光。

"卫戍区傅司令员来电话，让速去人把文珊接回来。"秘书说。

傅司令员是北京卫戍区司令员傅崇碧，文珊是叶剑英的小女儿，她正在卫戍区总机班当兵。

"怎么啦？"叶剑英不解地问。

秘书说："说她跟班长吵了架，团结不好。"

1967 年 7 月 20 日，武汉一部分军人和群众"围攻""中央文革"小组副组长王力，被定为"七二〇反革命事件"。林彪、江青等人不但抓武汉军区司令员陈再道，还提出"打倒带枪的刘邓路线""打倒军内一小撮走资本主义道路的当权派"，各地的军事机关都受到了冲击。江青又在中央的一次会议上说叶剑英"要搞兵变"，叶剑英当即予以严厉的驳斥。可是没几天，有一伙人竟抄了叶剑英的家，北京的街头上也出现了"打倒叶剑英""斩断叶剑英的黑手"等大标语，他的几个子女、亲属甚至保姆都被加上各种"罪名"关进了监狱，逼迫他们栽赃陷害叶剑英。

形势更加严峻了。叶剑英一方面作了最坏的思想准备，一方面把没被抓走的 17 岁的女儿文珊交给了傅崇碧，让她到卫戍区当了一名通信兵。他是在以防不测，设法保护这个小女儿。

这事被江青知道了，便把傅崇碧叫去，大声说："叶剑英的女儿怎么能守总机呢？在这样的机密部门工作，走漏了消息怎么办？要把她抓起来！"

傅崇碧不能硬顶江青，又要保护叶剑英的女儿。叶帅把女儿交给他，他不能让他们把她抓起来。于是就想出了这样一个借口。

叶剑英当时自然不知道这个内情。

秘书见叶剑英没讲话，就说："傅司令员怎么能在这个时候这样做呢？"

叶剑英："很可能是傅崇碧在救文珊。"

秘书："怎么办？"

叶剑英："那就去把她接回家来吧。"

秘书："家里也不安全呀！"

叶剑英沉思了一会儿，说："既然北京不安全，就到远处去吧。你和韩先楚说一下，让文珊到福建去当兵。那里是海防前线，他们暂时还不敢动。"

秘书走后，叶剑英久久地望着漆黑的夜空，在心里准备可能到来的更坏结果。

3天后，发生了所谓"杨、余、傅事件"，杨成武、余立金、傅崇碧都被关押起来，说叶剑英等人是"后台"。广州军区司令员黄永胜调任总参谋长并取代叶剑英主持中央军委的日常工作。

36. 疏散的日子

在1969年4月1日至24日召开的中国共产党第九次全国代表大会上，叶剑英虽然被选为政治局委员、中央军委副主席，也经常在一些公开场合露面，但仍然是无事可做。

但是，这样的日子并没有持续多久，刚到10月，林彪在总参召开的会议上说："要用战备的观点观察一切，衡量一切，检查一切"，并于10月17日发布了准备打仗的"1号命令"。

据说，当这个"1号命令"送到毛泽东面前时，他不高兴地亲自划燃火柴烧掉了，但在"紧急战备"的名义下，却迫使许多老同志离开了北京。董必武、朱德去广东，陈云去江西，陈毅去石家庄，徐向前去开封，聂荣臻去邯郸，叶剑英去的是长沙。毛泽东对他说："把你放在湖南，有事好同你会合。"

紧急战备，准备打仗，却把最富有指挥打仗经验的人打发走，其目的当然是非常明白的。当时康克清就问过朱德："真的要打仗吗？"朱德淡然一笑，说：

"战争又不是小孩子打架,凭空就能打起来的。打仗之前,总会有很多预兆、迹象。现在根本看不到任何战争的预兆、迹象嘛。'醉翁之意不在酒'啊!"

叶剑英虽然没说什么,但他一定看出来了,这是想把他们赶出北京,实行隔离监视,分而治之。可他没有办法,甚至连晚走两天都不行,只得坐上一架"伊尔-14"老式飞机,飞了4个多小时到达长沙。

深秋季节的长沙,湘江水不舍昼夜地流淌,岳麓山上尽染的丛林无言地沉默。城内的第一师范、清水塘等处,则以它曾经有过的辉煌,诱惑着前来的人们。

往日,中共中央政治局委员、中央军委副主席的到来,对当地的党政军领导都是一件大事,人来人往,热情非凡。可这次,叶剑英遇到的却是冷面孔,除当地驻军的军长黎原和副政委李振军,再没有人踏进他住的蓉园1号。

对此,叶剑英没有在意。几年来,他已习惯了各种各样的冷遇。他把自己关在住处,或者踱步凝思,或者埋头读马列、毛泽东著作,还有平时喜欢的古典文学,如《范文正公集》《楚辞》等。把逆境当作顺境生活,是需要胸怀的。

但是,身体却不像心理那么争气。阴冷潮湿的环境,使72岁的叶剑英常患感冒,并引发肺部感染。随行人员找到当时长沙军医大学校长赵宴宏,请他从学校派去医生和护士,买了些急需的药品,才控制住病情的发展。

长沙的冬天,也是很冷的。天空阴沉沉的,冷风中弥漫阵阵寒意。

叶剑英复发的肺病还没有恢复。卧床休养时,他又一次阅读《聊斋志异》。他很喜欢这部书,多次读过,每次都有不同的感受。《恒娘》一篇,写女狐向邻妇朱氏传授如何向夫君献媚、变憎为爱的办法。《庚娘》一篇,写美丽而贤淑的尤太守之女庚娘,亲手杀掉害死她丈夫又想奸淫她的仇人王十八。

叶剑英读了这两则故事,深有感触。恒娘太柔弱,只想献媚取悦于人;庚娘才是刚烈女丈夫,适时奋起还击,杀死仇敌。对付敌人,不能学恒娘,要像庚娘那样。由这两则故事,叶剑英想到了北部边境。去年的这个时候,苏联军队入侵珍宝岛,制造了严重的流血事件。一年时间过去了,苏联仍在中苏边境陈兵百万,外敌的威胁并没有解除,军队却不能稳定,战备工作受到扰乱,多么可怕啊!想到此,叶剑英拿起笔写下了四句诗:"病阅聊斋事可伤,恒娘读罢又庚娘。敌军压境魔侵肺,心在边疆身在床。"

真是战马思边草,良将忧国家啊!

一天，王震来了。他住进招待所就对管理员说："你报告叶帅，我去看他，搞点好吃的，我要陪他吃饭！"

管理员也知道王震是个天不怕地不怕的人物，湖南不少领导干部都是他的部下，哪里敢怠慢，急忙答应了。

叶剑英见到王震，紧紧握着他的手说："王胡子，你怎么跑来了？"

王震也是被疏散到江西去的，因为他没有失去自由，可以随便走动，听说叶剑英在长沙，就跑来了。此刻，他久久打量着叶剑英，看到他消瘦的面孔上呈现着病容，说："叶帅，我想念你，就来看你了。"

叶剑英点点头，感激地说："看，这个时候许多人都害怕，你还来看我！"

王震说："怕什么！我看他们猖狂不了多久！"

叶剑英笑了。还是那个王胡子，天不怕地不怕。"文化大革命"开始后，王震心里不顺，就常常"骂娘"，即使住进医院里也在骂。毛泽东听到后说："王胡子赤膊上阵了！"一次，毛泽东在天安门城楼上见到王震，说："听说你天天骂娘，他们要打倒你？"王震说："我不怕！"毛泽东说："不要怕，我保你！"

看到叶剑英在沉思，王震说："我不但来看你，还要和你一起吃饭。"

叶剑英歉意地说："胡子呀！到这里来共进晚餐，可是要艰苦奋斗呀！"

王震："我已让管理员做点好吃的了。"

叶剑英笑着说："还是你王胡子行啊！"

王震："我有个老部下在长沙管事。"

果然，这顿饭吃得很好。

吃饭时那位老部下来了，边敬礼边问候："老首长好！"

王震："好什么好！现在是坏人整好人，我们能好得了吗！"

老部下说："首长，小声点。"

王震："我不怕！无非是取下乌纱帽嘛，我现在已经没有乌纱帽了，不像你们。"

"只要老首长能出气，你就骂吧。"老部下说。

叶剑英："你王胡子就知道骂人！我们这些人都没有办法，他们又能如何？"

王震质问道："叶帅的伙食标准为什么这么低？"

老部下说："这是上面定的。"

王震："上面定的？你们就不会灵活一点！"

饭后，王震陪叶剑英在院里散步，想到了在北京那次饭后散步的情景。王震看到地上贴的"打倒叶剑英"的大字报，就想绕过去，叶剑英满不在乎地说："胡子呀，从上面走吧。打倒在地，踏上一只脚，永远不得翻身！"

过了好大一会儿，王震说："叶帅，到岳阳去吧，那里会安静些。"

叶剑英："覆巢底下岂有完卵！"

王震："原在广州军区负责接待工作的安文华调到岳阳军分区当参谋长了，我去找他，他会照顾您的。"

叶剑英点了点头。

冒着12月的冷风，叶剑英和秘书许卓庭在驻军保卫处长赵福和陪同下到了岳阳。

岳阳，位于湖南省东北部洞庭湖与长江汇合口处，距长沙140多公里。叶剑英参观了城陵矶造纸厂、渔场、3517军工厂、榨糖厂和橡胶厂，看望了群众。对于混乱的形势，对于人民贫困的生活，他的心里既难受又无可奈何，只能暗暗地叹气。

岳阳楼是与黄鹤楼、滕王阁齐名的江南三大名楼之一。在前往岳阳楼的路上，叶剑英的兴致很高，不时向随行人员说，你们知道吧，这楼最早是三国时吴将鲁肃训练水师的阅兵台，所以鲁肃的墓就在这里，东吴都督周瑜的夫人小乔死后也葬在岳阳楼的东北。正因为岳阳的风景优美名胜古迹众多，历来为诗人文士所景仰……

但是，出现在叶剑英面前的，却是一片破败的景象。到处油漆剥落，台阶塌裂，一窝一窝的白蚁群蛀着楼柱。他摇摇头，叹息一声。

叶剑英登上二楼的明廊，凭栏眺望洞庭湖水，不由得吟诵道："昔闻洞庭水，今上岳阳楼。吴楚东南坼，乾坤日夜浮。亲朋无一字，老病有孤舟。戎马关山北，凭轩涕泗流。"

随行的许秘书心里一动，杜甫的诗句，和眼前元帅的心境多么相似啊！他不但身处逆境，而且也在患病，儿女们都散在各地，甚至有的被关在监牢里，有的致残，没有一个在身边，怎么能不让他触景生情呢？

当叶剑英登上三楼时，展现在他眼前的是八百里洞庭湖水，烟波浩渺，无际无涯地铺向远方，冷风卷起的千叠大浪，汹涌澎湃。君山，在茫茫湖水中若隐若现，仿佛讲述着娥皇女英、柳毅龙女的神话传说。

　　叶剑英默默地看着，脑海里涌现出的是范仲淹的《岳阳楼记》，那篇他读过不止一遍的名文。他由文想到人，被诬陷的滕子京集资修建岳阳楼，因上书讥切时政遭贬后为安定北宋西北边境立下大功的范仲淹写的楼记。他又由人想到文，那篇《岳阳楼记》写得太好了，印象太深刻了。

　　叶剑英手抚栏杆，纵目观望，心里默诵道："嗟夫！予尝求古仁人之心，或异二者之为。何哉？不以物喜，不以己悲。居庙堂之高，则忧其民；处江湖之远，则忧其君。是进亦忧，退亦忧，然则何时而乐耶？其必曰：先天下之忧而忧，后天下之乐而乐乎。噫！微斯人，吾谁与归！"

　　是啊，对忠诚的贬责，就是对奸邪的褒奖。忠诚一旦被误解，是最沉重的打击。然而，古人能说到的，能做到的，今人更应该做到，而且应该做得更好。

　　叶剑英顿觉胸怀开阔起来，心情也愉快了许多。

　　可现实怎么也不让叶剑英心情愉快。他刚到岳阳一周时间，岳阳军分区司令员、政委就受到省里的指责，安文华还作了检查，叶剑英决定返回长沙。上火车之前，军分区司令员、政委到招待所告别说："我们刚从省里开会回来，还要开会传达贯彻，就不到火车站送首长了。"

　　叶剑英会意地点点头，说："不必了，难为你们了。"

　　1970年元旦，叶剑英牙痛，提出回北京治疗，但没得到允许，周恩来便批准他去广州。

　　广州方面同样十分冷漠，不让他住留园5号，而是住在小岛8号。

　　年初一那天，军区来了18个人给叶剑英拜年，但只站在台阶下而不进屋。

　　叶剑英在广州补好牙，就又回到了长沙的蓉园1号。

　　叶剑英哪里知道，蓉园1号也不是他久住的地方。没过多久，湖南省委通知叶剑英搬到湘潭去住。

　　临行前，传来一个不好的消息，叶剑英被下放某农场劳动的二儿子手臂被卷进机器受伤，还未脱离危险。他要求晚走一天，进一步了解二儿子的伤势，却未被获准。

　　到了湘潭，叶剑英住在军队的一个招待所里，连电话也没有。经过要求，从湘潭军分区接过来一条长途电话线。他想通过这部电话给在上海治伤的二儿子通话，但却听不清，他请电话员想办法，又被呵斥了一顿。

　　1970年的端阳节，叶剑英就是在这里度过的。那天，他手捧《离骚》，北望汨罗江，读着屈原政治失意后用血和泪写的浪漫主义史诗，品味"长太息以掩涕兮，哀民生之多艰"的爱国思乡情怀，写下了一首诗："泽畔行吟放屈原，为伊太息有婵娟。行廉志洁泥无滓，一读骚经一肃然。"

37. 重新主持军委日常工作

1971年12月27日晚上，北京已落过第一场雪，嗖嗖的冷风使劲摇动树的枝条，不时扬起雪屑沙尘。

在三座门那座古式的建筑内，新成立两个多月的军委办公会正召开会议，主持会议的是中央军委副主席叶剑英。

一年前的8月23日，中共九届二中全会在江西庐山召开，叶剑英是7月从湖南回到北京，然后上庐山参加会议的。开幕那天，周恩来宣布会议开始后，林彪突然发表讲话，大赞大颂毛泽东是天才，陈伯达等人不但宣讲恩格斯、列宁论"天才"的语录，而且坚持设国家主席，引起毛泽东的震怒，会后宣布叶剑英协助周恩来审查陈伯达，其他人也作了检讨。林彪自感不妙，于1971年9月13日凌晨从山海关机场起飞，在蒙古人民共和国的温都尔罕机毁身亡。

10多天后，中共中央决定军委副主席叶剑英主持军委日常工作；20天后，中共中央决定撤销原先的军委办事组，成立由叶剑英主持的军委办公会，负责处理军委的日常工作。

这又是受命于危难之际。深知责任重大的叶剑英别无选择，只有按照毛泽东的要求，肃清林彪多年搞的形式主义的东西，对军队进行认真整

图为重新主持军委日常工作的叶剑英在1971年的"八一"建军节招待会上讲话时的情景。

顿，严格训练，随时准备打仗，并根据毛泽东的指示，筹备召开一次中央军委扩大会议。今晚，他就是和军委办公会成员一起研究这方面问题的。

10点多钟，江青突然来了。她戴着皮帽子，穿着黑披风，进门就大声说："叶帅啊，不得了啦，八一厂竟然有人揭发《红灯记》！我求求你支持我，要把这个反革命事件查清楚。"

会场上顿时沉默了。

叶剑英说："请你坐下来慢慢说。"

江青没有坐，仍旧站着说："我们现在就到八一厂去！"

军委办公会成员、总政治部主任李德生说："天太晚了，八一厂有的干部住在城里，马上找人来不及，是不是明天上午去？"

江青坚持说："不行！就是要马上去，就是要突袭！"

叶剑英看看其他人，说："好吧，我现在就陪你去八一厂。八一厂是总政管的单位，军委也要管，请李先念、纪登奎、李德生、华国锋同志和我们一起去。"

早在"文化大革命"初期，江青就说八一电影制片厂是文艺黑线专政，坏人掌权，厂领导要改组，支持一些人夺权，把厂领导和许多艺术骨干诬陷为反革命集团。李德生当总政治部主任后，调军政治部主任彭勃担任厂领导，抓内部团结，抓政策落实，采取了一些恢复正常秩序的措施和做法。江青对此不满意，接到《红灯记》摄制组一个人写给她的信，就连夜跑来找叶剑英。

冷风呼啸，寒夜寂静。叶剑英、江青等一行人到达八一厂时，已是半夜时分。厂里正在召集人，他们就在厂办公室等待着。

看到彭勃进来，江青手指着他说："彭勃，说轻一点，你是宗派主义，说重一点，你是反革命。《红灯记》是我搞的，你揭发《红灯记》，就是揭发我，揭发我就是反对毛主席，就是反革命。"

彭勃被问得莫明其妙，又看到来了这么多重要人物，不知如何是好。

叶剑英皱了皱眉头，一句话没说。

写信的人被叫来了，江青问他："你说，是谁揭发的？"

这个人因为对一件事不满意写的信，看到来了这么多领导人，就紧张得出了汗，边脱棉衣边打战。

李先念说："不要脱了，天气冷，小心受凉。"

江青看到其他人都不说话，转而说："屋子这么冷，你们是不是想把我冻死！"

换到一间暖和的屋子后，江青又发了一通火，最后说："明天由国务院文化组派人来调查。"

叶剑英一直沉默着，始终没说一句话。

这是 1973 年 10 月 18 日。

一架直升机从北京起飞，向张家口方向飞去。飞机上坐着中共中央两位副主席叶剑英和王洪文，他们是去看北京军区的军事演习的。

直升机越过长城，缓缓地飞行。叶剑英瞥了一眼窗外，微闭双目，陷入思考。

自从 1971 年 10 月重新主持中央军委日常工作后，叶剑英始终把训练和战备作为军队工作的中心。这不但是执行毛泽东"严格要求、严格训练"的指示，也是纠正林彪"突出政治"对军事训练冲击的需要。中苏关系很紧张，苏联在中国北方边境当面陈兵百万，如何防御外敌入侵，加强国防建设，是关系到国家安全的大事，叶剑英感到肩负的责任重大。

为此，叶剑英在时时操心。他一方面陆续恢复了一些军事院校，另一方面要求全军大办教导队。他亲自听取南京军区的汇报，指出要以师为单位办好教导队，两年内把连、排长轮训完；他召集各大军区、各总部、各军兵种、军事科学院、军政大学等单位的负责人开会，讨论军队革命化、现代化建设问题；他观看全军反坦克武器展览和汇报表演；他陪同周恩来、朱德视察某部装配运载火箭的车间；他视察海军的舰艇和造船厂……

几天前，当中共中央副主席、总政治部主任、北京军区司令员李德生向他报告北京军区的军事演习时，他就坚持亲自到现场看一看，可周恩来却担心他的身体和安全，直到李德生说"叶帅去一下好，安全问题由我负责"时，周恩来才同意了。

直升机在张家口以北一块平地上降落，叶剑英、王洪文从机上走下来，在李德生陪同下来到一个小山包上。中共中央的 3 位副主席同时出现在看台上，十分引人注目。

这是北京军区针对未来战争中可能出现的情况，由司、政、后机关配合组织的反空袭、反坦克、反空降，打飞机、打坦克、打伞兵和诸兵种协同作战的阵地防御作战，以及有空军、民兵参加的打敌集群坦克研究性战术演习。

10月中旬的张北，已是严冬季节。呼啸的冷风，穿透厚厚的军用皮大衣，直侵肌肤；厚厚的大头鞋，抵挡不住冰冻地面的凉气；手上脸上，如同针刺一般。叶剑英稳稳地坐在看台上，目光直视前方。一边是李德生，一边是王洪文。

先是隐隐的轰鸣声传来，随即是飞机临空。"敌人"在突然空袭，进行疯狂轰炸，溅起股股浓烟；接着投下伞兵，飘浮在空中。而我方，空中机群英勇拦截，地面炮火猛烈射击，做好准备的部队和民兵们，等待着消灭降落下来的伞兵……

叶剑英全神贯注地看着，不时拿起面前的望远镜，凝神地观察着。每当这时，李德生就转身给他讲解。

几乎与"敌"机飞临的同时，"敌"坦克也出动了。一个师的坦克群，成横列向前开进，隆隆的响声，很远就能听到，碾轧起的尘土，遮蔽了天空。这些坦克在越过壕沟时受到阻滞，遭到我军反坦克手的打击，过了一会儿才又继续开进……

右前方升起了绿色的信号弹，反坦克小分队出动了。

叶剑英手中的望远镜转向了那里。

1000米外的山坡上，战士们沿着弯弯曲曲的交通沟，猫着腰快速行进，时隐时现。他们利用手中的武器，反击着向阵地靠近的敌坦克……

叶剑英看着，脸上浮现出一丝笑容，转过脸对李德生说："搞得不错，体现了人民战争思想。要在现有基础上提高，再搞一些大规模合同战术演习。还必须增强部队的反坦克武器，狠抓打坦克训练。"

李德生点头。

叶剑英："应该加强常规武器和部分尖端武器的研制。我们既不是'唯武器论'，也不是'唯无武器论'。毛主席说要准备打仗，我们就得准备打胜仗。"

这天下午，叶剑英接见了参观演习的人员和部队代表，并发表题为《打敌集群坦克是我军在今后战争中的一个主要课题》的讲话。

进入1974年后，有两件事最引中国人注目。

1月11日，中华人民共和国外交部发表声明，重申中国对南沙、西沙、中沙和东沙群岛的领土主权，对南越当局侵占中国西沙、南沙群岛中一些岛屿的行径提出严重警告；

1月12日，王洪文、江青给毛泽东写信，要求把北大、清华"大批判组"汇编的《林彪与孔孟之道》转发全国，真正用意是批周恩来、叶剑英等人。

1月17日，叶剑英鉴于南越当局在西沙群岛一带的频繁挑衅，指示总参谋部立即组织班子，加强值班，准备打仗；命令海军部队立即派出舰艇进至永乐海区，监视敌人，保护渔民；派武装民兵进驻琛航、广金、晋卿三岛。

1月18日，经毛泽东同意，中共中央向全国转发了《林彪与孔孟之道》的材料，标志着"批林批孔"运动的开始。

一边是南国海疆的安危，一边是气势汹汹的政治压力。叶剑英处在了外患内忧的境地。

1月19日凌晨，叶剑英接到敌情报告，先立即给广州军区打电话，然后向周恩来报告：南越当局突然派兵强行登上琛航、广金两岛，首先向中国民兵开炮，中国守岛民兵英勇进行还击。

周恩来说："立即组织领导6人小组，由你负责，到总参谋部指挥作战！"

这个领导小组，是1月18日在周恩来主持的中央政治局会议上成立的，叶剑英牵头，成员有王洪文、张春桥、邓小平、陈锡联、苏振华，共6人，任务是处理中央军委的大事及紧急作战事项，职权是大事视情况或直接报告毛泽东，对内对外不行文，一律以军委名义下达。

邓小平是1972年2月由下放劳动的江西回到北京的，此时已是中共中央政治局委员、中央军委委员、国务院副总理，参加中央和军委的领导工作。陈锡联是北京军区司令员、军委办公会成员。

早上7点多钟，满脸倦容的叶剑英第一个到达总参谋部作战指挥室，一进屋就问："前边怎么样了？"

参谋人员回答："我南海舰队编队辖4艘猎潜艇、两艘扫雷艇，在舰队航空兵支援下，已进至永乐群岛海域巡逻。敌16号驱逐舰、10号护航炮艇正向我巡逻舰艇接近；敌4号、5号驱逐舰正向琛航、广金两岛接近。"

叶剑英："告诉他们，提高警惕，一旦敌人动手，就迅速还击。"

不一会儿，邓小平、陈锡联等人也来到了作战指挥室里。

　　参谋人员报告："7 时 40 分和 49 分，敌 40 余名武装人员在琛航、广金两岛登陆，均被守岛民兵在舰艇编队配合下逼退或击退。"

　　作战指挥室紧张而肃静，人们的目光集中在巨大的军用地图上，上面不同色彩的箭头标示着敌我双方的态势，参谋人员在旁边，准备随时回答指挥员的提问。

　　"报告叶帅，10 时 22 分，敌人 4 舰向我 271、274 号猎潜艇和 396、389 号扫雷舰攻击，我舰队已给予还击。"

　　叶剑英知道我参战的舰艇比敌舰艇小得多，装备也不如敌人，但他相信官兵们勇敢、不怕死的精神，于是对参谋人员说："要参战舰艇狠狠地打，坚决消灭敌人！命令 281、282 号猎潜艇立即加入战斗！"

　　这个命令立即传到前线，变成了参战官兵们的杀敌行动。

　　1 小时 37 分钟后，传来了捷报：我军民击沉敌 10 号护航炮舰，将敌 4 号、5 号、16 号驱逐舰击伤。

　　叶剑英："打得好！立即报告毛主席和周总理！"

　　作战室内，一片欢快的气氛。

　　叶剑英和邓小平等人商量前线的情况。

　　不一会儿，叶剑英对参谋说："命令我舰艇立即疏散，防止敌人报复袭击。敌人再来，迅速集中，继续打击！命令在民兵守卫的岛屿上，抓紧构筑防御工事，若敌人再犯，坚决回击！"

　　中午时分，在人们的劝说下，一直没有休息的叶剑英走进旁边的一间办公室，那里放着一把椅子，是让他在这里休息的。

　　可没过多久，值班参谋收到一份紧急情报，不得不敲门报告叶剑英。

　　正在打电话的叶剑英接过参谋递过来的情报：支持南越当局的美国政府派出的一支舰艇编队，正从菲律宾附近海域向南海方向驶去。他立即对着话筒念了一遍，说："总理，我建议立即派出一支舰队南下，以应付可能发生的意外。"

　　从下午到晚上，叶剑英和邓小平一直守在作战指挥室里，他们根据实际提出建议，报告毛泽东批准，向前线发出了新的命令："坚决收复甘泉、珊瑚、金银三岛！"

　　20 日 9 时 35 分，我陆军由海军舰艇和 402、407 号渔轮输送、掩护，向甘泉、珊瑚、金银岛上的敌人发起反击，至 13 时 45 分，先后攻克三岛，全歼敌军，收复了西沙群岛中的永乐群岛。

战斗胜利了，叶剑英脸上浮现缕缕疲惫的笑容，可当他看到中共中央 1974 年第 1 号文件，也就是转发的王洪文、江青送给毛泽东的《林彪与孔孟之道》，心里顿时又开始沉重起来。

果然，西沙海战的硝烟还未散尽，江青就派人将《林彪与孔孟之道》送给参加西沙之战的全体军民。此前，即 1 月 13 日、22 日，江青就以个人名义给空军、海军领导及 20 军防化连写信、送材料，要求部队讨论，开展"批林批孔"运动。

这引起了叶剑英的深思。

就在西沙之战胜利后的第四天，即 1 月 24 日，一封信又被送到叶剑英的面前。这是江青以她个人名义写给叶剑英和军委领导人的，信上讲的还是那些材料，要部队大力开展"批林批孔"运动，并要求召开军队驻京机关"批林批孔"大会"，由迟群和谢静宜报告。迟、谢是紧跟江青等人的两个干将和打手。

慢慢读过之后，叶剑英猛地将信摔到写字台上。她在军队没有任何职务，却总想插手军队的事！一个普通的政治局委员，竟然不经过中央，把自己凌驾于国务院、中央军委之上，到处指手画脚，还想来指挥军队，究竟安的什么心？这太不正常了！

但叶剑英很快又冷静了下来。"批林批孔"是中共中央文件转发的，何况她以特殊身份打着毛泽东的旗号，必须慎重对待，如果不顾一切地硬顶，将会带来更坏的效果，要讲究策略。开就开吧，看她又能搞出什么名堂。

1 月 24 日下午，以总政治部名义在北京首都体育馆召开了军队系统的"批林批孔"报告会，军队驻京的 14 个单位 1.8 万余名官兵把体育馆坐得满满的。

叶剑英坐在主席台上，看着全场的官兵们，心里有一种说不出的滋味。但他是报告会的主持者，不得不宣布道："现在开会，由迟群、谢静宜同志做批林批孔的报告。"

接着，迟群、谢静宜便宣读了江青给全军指战员的信，然后大讲江青对全军指战员的关心，对"批林批孔"的"伟大贡献"，并以联系实际为名，指责部队"批林批孔"态度不积极，批评部队某些领导干部子女走后门入学、当兵等，言辞激烈，盛气凌人。

叶剑英听得出来，这些都是影射攻击他的，因为是他在主持军委的日常工作。他也知道，迟、谢所讲都是江青的授意，否则，他们不会有这么大的胆子。而且，江青还插话说到他的女儿当兵的事，逼着他表态将女儿送到农场去劳动，令他感到难堪和震惊。

会前，秘书给叶剑英起草了一个简短的讲话稿，但在报告会结束时，他只说了两个字："散会！"

这次会后，江青又到部队的一些单位去，大讲"军队最难办""要放火烧荒"，并要将迟群、谢静宜的讲话录音下发到部队去。

6天之后，即1月30日，叶剑英给毛泽东写了一封信，表示接受江青等人在"批林批孔"运动中对他的"帮助"，以及下发录音的问题。

2月15日，毛泽东在叶剑英的信上批示："剑英同志：此事甚大，从支部到北京牵涉几百万人，开后门来的也有好人，从前门来的也有坏人。现在，形而上学猖獗，片面性。批林批孔，又夹着走后门，有可能冲淡批林批孔。小谢、迟群讲话有缺点，不宜向下发。我的意见如此。"

张春桥愤愤地说："用检讨办法来告状，这也是一大发明。"

38.军委扩大会议

1974年秋天，中国政治局势进入了一个新的阶段。

从10月份开始，高层领导人就开始了四届人大紧张的筹备工作。已经10年没开人大会了，四届人大将在宪法的规定下，完成国家机构的组织和人事安排，因此非常引人注目。以周恩来、叶剑英为代表的老一辈革命家，以江青、张春桥为代表的"四人帮"，为此展开了尖锐激烈的斗争。

此时，身患癌症的周恩来虽然躺在病床上，仍然频繁地找人谈话，了解政治局的情况，思考着具体的安排。

10月25日，叶剑英来到了305医院周恩来的病榻前。

自从周恩来住进医院，叶剑英已不知有多少次走进这间病房。他还亲自听取医疗组的汇报，参与制定医疗方案，四处打听治疗膀胱癌的药方。周恩来每次手术，他都守候在手术室外。他多么希望周恩来的病情能够得到控制啊，然而，现实总是不遂人愿。

叶剑英坐在周恩来身边，心里有许多话要说，可看到洁白床单映着的清癯瘦削脸庞，就什么也说不出来了，只是默默地望着，心里十分难受。

周恩来："对四届人大，你想得怎样了？"

叶剑英明白周恩来问的是人事安排，说："请总理放心，我坚决支持邓小平同志出任第一副总理，在您治病期间主持中央和国务院的日常工作，即使日后有人作乱，也不用害怕，因为有几百万军队作后盾。"

周恩来的脸上露出了笑容，头无力地靠在枕头上，安然睡熟了。

叶剑英守在病房里。他静静地坐着，不发出一点声响。

不知过了多长时间，周恩来醒来，看到叶剑英还没走，苍白的脸上露出歉意的笑容，说："我想，事关重大，还是要面见主席，请他敲定。"

叶剑英："根据形势发展和您的身体情况再决定吧。"

周恩来之所以作出这个决定，是因为时任中共中央副主席的王洪文，背着政治局和周恩来到长沙去见了毛泽东。

各种不同的人对权力的需求是不一样的。有些人得到权力是为国家和人民谋福利，而有些人则是为了满足自己的私欲。张春桥属于后一种，他已盯上了总理这个位子，想取周恩来而代之。江青也想通过这次组阁，进一步争夺在国家、政府和军队中的权力。所以，在频繁召开的政治局会议上，王洪文、张春桥、江青等不但争吵，还让王洪文去找毛泽东。

周恩来决定带病去长沙面见毛泽东。临行前，医务人员发现他的大便里有隐血。

叶剑英很犹豫，他真想让周恩来取消此行，或者由别人代替前行。然而他又考虑到目前正是关键时刻，除了周恩来，谁也不能胜任此行。为了保证周恩来的安全，叶剑英找医疗专家制定了切实可行的医疗方案，叮嘱随行的医疗小组人员说："你们要采取一切措施，保证总理的安全，这是政治任务。"

从长沙回来，周恩来的心情非常好。因为毛泽东在这之前严厉批评了前去找他的王洪文，同意了周恩来关于四届人大的人事安排，保证了四届人大的按时召开。

1975 年 1 月 13 日，中华人民共和国第四届全国人民代表大会第一次会议正式召开。周恩来抱病作《政府工作报告》，重申中国要实现四个现代化的宏伟目标。大会选出朱德为全国人大常务委员会委员长，周恩来为总理，邓小平为第

图为 1975 年 1 月，叶剑英与周恩来在四届人大主席台上。

一副总理，叶剑英为国防部长，继续主持中央军委日常工作。

一切仿佛都已尘埃落定，然而斗争却并未结束。

四届人大之后，周恩来病情加重，住进了医院，邓小平先主持国务院的日常工作，立即抓了国民经济和社会各个方面的整顿。1975 年 7 月后又同时主持中共中央的日常工作。叶剑英作为主持军委日常工作的中央军委副主席、国防部长，协助邓小平对军队进行了认真的整顿。

怎样整顿军队呢？叶剑英又想到了召开军委扩大会议。

早在 1971 年 10 月初，毛泽东召集军委办公会成员谈话时，就提出了要召开一次军委扩大会议，说这是整军建军的重大问题。

遵照毛泽东的这一指示，叶剑英曾做过积极的筹备，打算通过这次会议解决全军存在的方针政策问题。为此，他让军委办公厅、三总部和军事科学院分别组织专门小组，研究、准备有关的文件和材料，特别要写好会议的主报告和决议两个文件。他还亲自征求各大军区、各军兵种的意见，并将有关材料送给刘伯承、徐向前、聂荣臻等元帅，听取他们的意见。在此基础上，起草了《在军委扩大会议上的报告》《中共中央军委扩大会议决议》。可是，由于政治形势等原因，会议未能开成。现在条件成熟了，时机也很好，军委扩大会议可以召开了。

叶剑英的想法，得到了中共中央和毛泽东的批准。

6 月 24 日至 7 月 15 日，中央军委扩大会议在北京召开。会议由叶剑英主持。

邓小平在会上讲话。他切中时弊地指出，军队建设中要克服"肿、散、骄、奢、惰"，军队领导班子中要解决"软、懒、散"的问题。

叶剑英在总结讲话中首先分析了国际形势，论述整顿军队、加强战备的重要性，强调当前首先要解决好精简整编和安排超编干部的问题以及原则和办法。他特别强调要发扬我们党的理论联系实际的传统作风，严厉地批判资产阶级派性，提出要抵制资产阶级思想作风的影响和腐蚀，自觉改造世界观，坚持执行三大纪律八项注意。他还说："军队要高度集中统一，决不允许资产阶级派性的存在，要使广大干部战士认识资产阶级派性的危害性，警惕阶级敌人浑水摸鱼，乘机进行反革命破坏。"

会议中间，叶剑英一个军区一个军区、一个军兵种一个军兵种地分别找高级干部谈话，把毛泽东批评"四人帮"的事透露给他们，说：大家要谨慎从事，少说话，别"授人以柄"，要注意形势，坚定立场，稳住部队，充分发挥骨干作用。

在小组讨论会上，叶剑英有针对性地提醒人们说："有个别中央领导人，不通过组织，自己发指示搞运动，这是不正常的。中央军委是毛主席领导的。你们要注意，今后不论谁，凡不经过军委直接向部队发指示、送材料，你们都有权力抵制，都可以不执行。我们一定要听毛主席的话！"

军委扩大会结束了，叶剑英很兴奋，他觉得这次会议比较好地统一了高级干部的思想，对今后斗争是有利的。可没过多久，他的心里又沉重起来，一是周恩来的病情更重了，二是又出现了"评《水浒》""批投降派"的运动。

"评《水浒》"让叶剑英感到太突然。

原来，毛泽东在听别人给他读《水浒》时，说了一些评价的话："《水浒》这部书，好就好在投降。做反面教材，使人民都知道投降派。《水浒》只反贪官，不反皇帝。摒晁盖于一百零八人之外。宋江投降，搞修正主义，把晁盖的聚义厅改为忠义堂，让人招安了。宋江同高俅斗争，是地主阶级内部这一派反对那一派的斗争。宋江投降了，就去打方腊。"

姚文元经过策划，让《红旗》杂志发表了题为《重视对〈水浒〉的评论》

的短评。江青说："评论《水浒》的要害是架空晁盖，现在政治局有些人要架空主席。"《人民日报》不但转载了《红旗》杂志的短评，还发表了社论《开展对〈水浒〉的评论》，说是我国政治思想战线上的又一次重大斗争。

许多人都看出了"评《水浒》"的矛头，是指向周恩来、邓小平等人。有着政治经验的叶剑英，当然也看得很清楚。

秋天，本该是收获的季节，却有许多愁事伴着秋风秋雨涌入叶剑英的心中，他常常一个人独坐沉思默想，有时星期天也是如此。

工作人员和孩子们虽然不能完全理解叶剑英的心境，但还是看到了他忧心忡忡的样子，就有意识地拉他去钓鱼或打乒乓球等。

又是一个星期天，孩子们要和叶剑英打乒乓球，他答应了。

已经70多岁的人，动作还是很灵活的，那推挡抽杀，虽然不猛烈，却很有力。不一会儿，他的额头上就沁出了汗水。

正打着，警卫参谋走过来，说："首长，江青同志来电话，请您到北海公园的'御膳'用餐，说特意准备了宫廷的糕点。"

"好呀，又是看望，又是照相，又是请吃饭！"有个孩子说。

那是一个星期天的下午，江青突然打电话，说要去看望叶剑英。叶不好拒绝，就让其他人回避，只留下那次被整去劳动的小女儿在身边。

江青进门就亲热地说："孩子们不是回来了吗？今天特意来看看。"

叶剑英介绍了小女儿，说："谢谢你的关心，她在那里接受'教育改造'得很好！半年回来一次。"

小女儿也讲了一些劳动的情况。

江青尴尬地说："那好嘛，劳动劳动也好嘛！"

眼看话不投机，江青坐了一会儿就走了。

有一次在钓鱼台国宾馆会见外宾，江青要给叶剑英照相。因为有外宾在场，叶剑英只得让照了。但当江青把放大的照片送来时，叶剑英便放进了写字台的最底层。

这次又玩什么名堂？叶剑英心里想着，嘴上没说出来。

有人从旁说："这人不好惹，是不是去应付一下。"

叶剑英皱皱眉头，对警卫参谋说："你告诉她，我的身体不适，不能去了。"

警卫参谋走后，叶剑英挥了一下乒乓球拍，说："继续打球！"

第 10 章

粉碎"四人帮"

39. 思考

1976 年元旦,《人民日报》《红旗》杂志《解放军报》照例联合发表社论,题目是《世上无难事,只要肯登攀》,同时还发表了毛泽东的两首词:《水调歌头·重上井冈山》《念奴娇·鸟儿问答》。

在小翔凤院内的一间屋里,叶剑英穿着深蓝色的便衣,独自坐在办公桌前,阅读这篇元旦社论和毛泽东的词。

叶剑英很喜爱毛泽东的词,但一时不理解为什么这时发表两首 10 年前写的词。但当他读到社论中"批林批孔""评论《水浒》""反击右倾翻案风"等话语时,心里就明白了,好像感到有一股强大的冷风在向他靠近,一股莫名的寒意袭上心头。

晚上,叶剑英走进 305 医院,看到周恩来正在听护士给他读毛泽东的那两首词:

久有凌云志,重上井冈山。千里来寻故地,旧貌变新颜。到处莺歌燕舞,更有潺潺流水,高路入云端。过了黄洋界,险处不须看。

风雷动，旌旗奋，是人寰。三十八年过去，弹指一挥间。可上九天揽月，可下五洋捉鳖，谈笑凯歌还。世上无难事，只要肯登攀。

鲲鹏展翅，九万里，翻动扶摇羊角。背负青天朝下看，都是人间城郭。炮火连天，弹痕遍地，吓倒蓬间雀。怎么得了，哎呀我要飞跃。

借问君去何方？雀儿答道，有仙山琼阁。不见前年秋月朗，订了三家条约。还有吃的，土豆烧熟了，再加牛肉。不须放屁，试看天地翻覆。

周恩来看到叶剑英，消瘦的脸上露出了笑容，说："好词啊，好词！"

叶剑英也说："确实是好词！"

周恩来显然累了，微微闭上眼睛。

"还有社论呢，太长了，您不要听了，休息吧！"叶剑英双手握住周恩来的一只手，小声劝说，并简要地介绍了社论的内容。

周恩来吃力地睁开双眼，嘴角掠过一丝苦笑，长时间望着叶剑英，被握住的手动一下，摇了摇头。

元旦过后，周恩来的病情急剧恶化。

1月7日深夜，周恩来从昏迷中醒来，看到叶剑英还在守着他，就一再催促他和其他人回去休息，而后又对医生说："我这里没有什么事了，你们还是去照顾别的生病的同志，那里需要你们。"……

叶剑英是含着泪水走出病房的，他没有想到，这是与周恩来的诀别。

1976年1月8日9时57分，周恩来在北京305医院逝世。

巨星陨落，整个中国大地都沉浸在一片悲痛之中。

叶剑英忙着料理丧事，连续几天都未合眼。看着他心神憔悴，过度悲伤，身边的工作人员都劝他保重身体。可他怎么也睡不着，望着周恩来的遗像陷入沉思。他想写一首悼念周恩来的诗，可是思绪无论如何也集中不起来，饱蘸墨汁的笔一个字也写不出来。

叶剑英找出几张周恩来早年在广州和上海的珍贵照片，久久地看着，然后派人送到《人民日报》社，并指示报纸最近一个时期要多登反映周恩来革命生涯的图片和文章。报社随即送印刷厂制版付印。姚文元知道后大发雷霆，勒令报社撤下了照片。

然而，人心是压制不住的。天安门广场人民英雄纪念碑周围放满了花圈，四面的松树上缀满了白花。1月11日，数百万人民群众冒着凛冽的寒风，自发地伫立在长安街的两旁，目送载着周恩来遗体的灵车缓缓地驶向八宝山公墓。

周恩来走了，中国高层政治风云发生骤变。

叶剑英感到乌云正浓浓地笼罩着北京城以至整个中国大地，他走进了邓小平的住所。丰富的政治经验和敏锐的洞察力，使他们预感到一场更大的政治风暴就要来临，也都在思考着应急的对策。

叶剑英："这伙人欺人太甚，步步紧逼。他们趁总理去世，主席有病，越闹越厉害，下一步还不知道要搞出什么鬼名堂，我们要赶快采取对策。"

邓小平："没有什么好怕的！我早做好思想准备了，无非是第二次被打倒，遗憾的是还有许多事没有做完，经济没有根本好转，许多同志还没有解放。"

叶剑英："现在最大的问题是主席听不得我们的意见，江青几个人唆使毛远新在他那里告状。"

邓小平："是的，也不完全是。去年底，我几次到毛主席那里单独谈。有一天晚间，我还特意问主席，这一段工作的方针政策怎么样？他还作了肯定。后来主席让毛远新找我谈，说我翻'文化大革命'的案，我提出自己的看法，再三解释也没有用！"

叶剑英心里是明白的，说到底是对"文化大革命"的评价问题。问题恰恰出在这里。

叶剑英："我们还是再去找找主席吧，只要有一线希望，我们就应该力争，不能让大权落在那伙人手里。"

邓小平："实际上政治局已经停止了我们的工作，我估计，主席的决心已定，很快就要'换马'了。"

叶剑英也想到了这一点，但他又不相信毛泽东真的会把大权都交给江青、张春桥等人。

2月2日，中共中央发出1976年"1号文件"：

经伟大领袖毛主席提议，中央政治局一致通过，由华国锋任国务院代总理。

在这个"1号文件"里，还有一项引人瞩目的内容：

在叶剑英同志生病期间，由陈锡联同志负责主持中央军委的工作。

图为 1977 年叶剑英与邓小平在广州时的合影。

对于这突如其来的"生病"挂职的正式通知，叶剑英早有思想准备，然而使他庆幸的是，毛泽东终于没有把大权交给江青等人。

叶剑英的被"挂职"，有些人不放心。有人常打电话来问候，有人亲自上门看望。

一天晚上，空军副司令吴富善悄悄地来了，见面就问："叶帅，你真的病了？"

叶剑英拍拍胸脯，说："你看，还不是好好的？"

吴富善："为什么不让首长干了？"

叶剑英摇摇头，两手一摊。

吴富善："还记得南昌起义失败后，你带着教导团南下路过吉安的情形吗？"

叶剑英："怎么不记得呢？"

吴富善："那时有多困难啊！吉安暴动失败，我们都转入地下，一听说你叶师长又回来了，可把我们高兴死了！"

叶剑英："可那时国民党军队多，我们受包围，只能偷偷地见你！"

吴富善："现在，我也是偷偷来看首长的。"

叶剑英："怎么是偷着来呢？"

吴富善："当年你这个师长坐着8人抬的轿子，好威风！现在当了元帅倒不行了！"

叶剑英："谁说的？他们不要我干，我偏干！谁也不能剥夺我工作的权利！"

吴富善："是啊！你还是当年的革命师长，还是我们最信赖的老帅，我永远听从你的指挥！"

吴富善走了，耿飚、黄华、王炳南来了，谷牧、熊向晖也来了。

有一天，张春桥也打电话说"要来看望叶帅"。

叶剑英立刻回电话说："我没有病，身体很好，不需要你来看。"

这事引起了叶剑英的警觉，他告诉身边工作人员："以后再有人问病，要统一口径：'中央文件都说生病了嘛！'"

40. 民心

3月的北京，气候还很冷，风卷起的沙土漫空飞洒，天空阴沉沉的。

从3月下旬开始，北京街头上出现了这样内容的传单："起来！起来！战斗！战斗！全国人民紧急行动起来，以实际行动向叛徒、野心家、阴谋家张春桥、江青、姚文元之流进行坚决斗争！"

南京等地也出现了类似的传单。

紧接着，在福州、杭州、贵州、重庆、太原、西安、广东等地都贴出了大字报、大标语和上书毛泽东的信，以及各种批判"四人帮"的文字……

人民群众长久压抑的愤懑，终于转变成高声的怒吼。

3月30日，天安门广场人民英雄纪念碑南侧贴出了第一张悼念周恩来、声讨"四人帮"的悼词，接着越来越多的人群拥向天安门广场，诗词、传单、标语、花圈、小字报，如同雪花飞舞一样……

叶剑英虽然置身于小翔凤自己的家里，但却十分关注天安门广场发生的情况。身边的工作人员和子女把了解的一些消息带给他，把那些诗词抄录下来带给他。有时他也会问这问那，每一次听过消息看过诗词，叶剑英都在屋里或院中走来走去，时而停脚凝思。

4月1日，天安门广场出现了一首诗："欲悲闻鬼叫，我哭豺狼笑。洒泪祭雄杰，扬眉剑出鞘。"当晚，中共中央政治局开会，向全国发出电话通知，说人民群众悼念周恩来的活动是"分裂以毛主席为首的党中央，扭转大方向的政治事件"。

4月2日，中国科学院109厂的职工将4个大花圈和4个巨型诗碑送到广场；北京重型机械厂制作了一个铁花圈；游行的人更多了。

4月3日，在淅淅沥沥的小雨中，来自天津、湖北、安徽、陕西、辽宁、黑龙江等地的人拥进天安门广场，人群、诗词、传单、花圈如山似海。

4月4日是清明节，又是星期天，200万人拥向天安门广场，他们中间有北京人，也有外地人，有诗人、有作家、有科学家、有工人、也有老将军，他们亲手制作了花圈、白花。庄严雄伟的人民英雄纪念碑四周环绕着许多花圈和横幅，周恩来的巨幅画像安放在中间……

公安部门出动了更多的人，人群中布满了"便衣"人员，拍照、跟踪、绑架、抓人……

听到这些情况，叶剑英沉默了很久，说："我一定要去看一看。"

其实，叶剑英早就想到广场上去看看，都被人们劝阻住了。现在叶剑英又要去，警卫人员首先表示不同意："不能去，那里太不安全了。"

叶剑英："哪里安全？这院子就安全吗？"

秘书："你的身份不合适去。"

叶剑英："什么身份不身份，不管它！我一定要去亲眼看一看！"

眼看阻止不住叶剑英，工作人员只得妥协，并作了周密的安排。

汽车驶出小翔凤的院子，来到天安门广场。叶剑英坐在后排，两边是两个警卫，他们一是保卫他的安全，二是防止被人发现，所以叶剑英只能隔着车窗向外观看。

那是怎样的景象啊！熟悉宽阔的天安门广场，成了人流的海洋，花圈的海洋，诗词的海洋，拥挤而有序，肃穆而热烈……

叶剑英被感染了，喊着司机的外号："拉非克，停车！"

司机不敢听从元帅的命令，但又十分理解叶剑英的心情，便减慢了车速，让他能多看几眼。

汽车缓缓驶离广场，叶剑英从车窗回望，嘴里不停地说："人心不可欺，历史潮流不可逆转！"

就在这天晚上，中共中央召开在京的政治局委员会议，决定采取行动。

4月5日凌晨1时，天安门广场的花圈被200辆大汽车运往八宝山销毁，通往广场的路口和纪念碑被封锁，数千名民兵和公安人员当场逮捕了100多人……

4月7日晚，中央人民广播电台播放了中共中央的两个文件，一个是《关于华国锋任中国共产党中央委员会第一副主席、中华人民共和国总理的通知》，一个是《关于撤销邓小平党内外一切职务的决议》。

从2月2日以后，叶剑英和邓小平都没有参加过政治局的会议，对这样的决定一点也不知道。当他从广播里听到这些消息时，很久很久难以入睡。

深夜里，叶剑英坐在写字台前，默写了他少年时的启蒙老师、南社诗人李小白的《洞箫曲》：

余韵悠悠拂紫冥，

群峰无语隔江青。

波涛蓦地横空卷，

应有蛟龙出水听。

41. 酝酿

1976 年，是中国多灾多难的一年。

1 月 8 日，周恩来逝世。

7 月 6 日，朱德逝世。

7 月以后，毛泽东的病情更加恶化。

9 月 5 日，毛泽东开始进入病危，华国锋、王洪文、张春桥、汪东兴等 4 个政治局委员担任常务看护，轮流守在毛泽东的住处。

9 月 8 日，中共中央政治局委员都聚集到毛泽东的卧室。

叶剑英迈着沉重的脚步走到毛泽东面前，看着往日高大魁伟的身躯变得那么瘦弱，往日表情生动的脸庞变得蜡黄发灰，那双深邃睿智的眼睛也已黯然失神。

此时的毛泽东还是清醒的，当他看到叶剑英时眼睛一亮，睁得大大的，想抬起手臂，可是没有抬起来，他已经力不从心了。

叶剑英泪水模糊的眼睛没有看到毛泽东的这一异常举动，站了一会儿就走出病房，来到外面休息室。

这时，毛泽东仍然以手示意，招呼叶剑英。一位工作人员马上跑到休息室，对叶剑英说："首长，主席在招呼您呢！"

叶剑英急忙转身回到病房，见毛泽东睁着眼睛，嘴唇抽搐着，想要说什么，可什么也没有说出来。叶剑英仔细辨别着从毛泽东口中吐出的每一个音符，但是没有用。

叶剑英双手握住毛泽东那只逐渐变凉的手，泪水夺眶而出，哽咽着说："主席……主席……"

离开病房后，叶剑英的眼前还晃动着毛泽东微微张开的嘴唇：他为什么特意招呼我呢？他到底要说什么呢？他还有什么要嘱托吗？……

毛泽东的意识再也没有被唤醒，9 月 9 日零时 10 分，一颗伟大的心脏停止了跳动。

北京西郊的钓鱼台，原是金代权贵的钓鱼处，元、明、清代是王公贵族的游乐场所。新中国建立后，这里作为迎住外宾的国宾馆。1966 年"文化大革命"开始后，"中央文革"小组在此办公。江青住 10 号楼，在 17 号楼办公；王洪文住 16 号楼，张春桥住 9 号楼，姚文元也在这里办公。

毛泽东逝世后，钓鱼台 17 号楼里灯火通明，王洪文、张春桥、江青、姚文元等人在这里分析形势，认为邓小平被打倒了，李先念休息了，华国锋又刚刚上台，根基还不稳固，叶剑英就成了他们的一个很大的障碍。

这个分析有一定的道理。

叶剑英虽然被宣布"生病"，处于"半打倒"的状态，但他中共中央副主席、军委副主席的职务并没有被免去，没有完全失去对军队的指挥权，因而继续与三总部的一些重要机关以及各军兵种、各大军区一些靠得住的领导保持联系，随时可以下达命令。同时他也能直接或通过别人传话，知道邓小平、陈云、李先念、邓颖超、徐向前、聂荣臻等人的想法和意见。因而，叶剑英的言语和行动有着举足轻重的作用。

早在毛泽东逝世后的第一次政治局会议上，江青首先发难："今天会议我们忽略了一件头等大事，就是要继续批邓，这是主席临终前一再嘱咐的大事，是关系到党和国家变不变颜色的大问题，不抓这件大事，就是对主席的不忠，如果让邓小平复辟了，无产阶级文化大革命的成果就保不住了！"

张春桥、王洪文、姚文元也赞同江青的态度。

华国锋说："对邓小平当然要批下去，但是现在首要的是研究治丧问题……"

江青打断华国锋的话，说："治丧当然要搞，但是批邓决不能停止，批了快一年了，批而不倒，很不得力！我建议现在就研究邓小平问题，政治局作个决定，立即宣布开除邓小平党籍，以绝后患！"

这突如其来的建议使许多政治局委员感到意外，把目光投向了叶剑英。

叶剑英说："江青同志，请你放冷静一些，好不好？毛主席走了，我们都很悲痛。毛主席的丧事是国丧，一定要安排好。现在我们要办的事很多，但是第一位是治丧。毛主席不在了，我们处在最困难最严峻的时刻，在这种时候，最要紧的是要加强团结，要团结在以华国锋为首的党中央周围！"

华国锋说："主席逝世了，我们要更好地团结在一起，度过这个困难时期！"

毛泽东的追悼会是 9 月 18 日召开的。追悼会后，江青等人步步紧逼华国锋。

9 月 19 日，江青打电话要华国锋开政治局常委会，并指定参加人员，把叶剑英排除在外，提出把毛泽东的文件、书籍交给她和毛远新；随后，又借口不让她保存毛泽东的文件而不参加关于保存毛泽东遗体的会议。

会后，叶剑英打电话给汪东兴，说："毛主席生前，你保卫了他的安全，主席去世了，请你看管好他的文件档案，暂时来不及清理，也一定要好好封存起来，千万不能遗失，这是关系到党和国家机密的大事。"

汪东兴照叶剑英的话办了。

9 月 21 日，中央办公厅清查文件时，发现江青借走两份文件，逼她交还了。

这天晚上，华国锋找到李先念家里，说："先念同志，还是请你上西山走一趟，转告叶帅，就说我的意见，务必请他想个办法解决。"

也是这天晚上，聂荣臻让杨成武转告叶剑英："要有所警惕！这几个东西是一伙反革命。他们什么坏事都干得出来的，要防止他们先下手，如果他们把小平暗害了，把叶帅软禁了，华国锋也除掉了，那就麻烦了。他们几个依靠江青的特殊身份，经常在会上耍无赖，蛮横不讲理。采取用党内斗争的正常途径来解决他们的问题，是无济于事的，只有我们先下手，采取果断措施，才能防止意外。"……

在西山住处，叶剑英一遍又一遍思考着解决"四人帮"的方法。

这时，一幕又一幕情景闪现在他的眼前。

那是毛泽东逝世之前，一次王震来看望，问道："为什么还让他们这么猖狂？把他们弄起来不就什么问题都解决了吗？"

叶剑英没有直接回答，而是先伸出右手，握紧拳头，竖起大拇指，向上晃两晃，然后把大拇指倒过来，往下按了按，意思是说，毛泽东还在世，不宜轻举妄动，要等待时机。

现在时机到了。

这一天，邓颖超来到了叶剑英的住处，叶剑英没等她开口，就说出了自己最近的想法。

邓颖超："最难办的是那个'演员'，这个人最会演戏，她会利用主席的关系扮演角色，演出一场'贺后骂殿'。她还会利用群众对主席的感情，倒打一耙，嫁祸于人！"

叶剑英："是的。不过，解铃还须系铃人。毛主席生前不是多次严厉批评过她吗？只要把事实真相公布于众，她的戏就演不下去了。"

邓颖超："还有那个'眼镜'，诡计多端，也很难对付。"

叶剑英："'秀才造反，三年不成'，这个话要重新解释。我担心的则是上海的'第二武装'，还有北京的民兵指挥部。清明节在天安门广场已经表演一次了。不过，只要三军不动，他们那一点'御林军'是成不了什么气候的。"

邓颖超："你说力争合法，这是上策。要合法，有一个人首先需要站出来。"

叶剑英："请你放心，这个人的工作，我正在做，估计到时候会站出来的。"

邓颖超："早在地震期间，地震棚在一个院子里，我就向他打过招呼，人家在搞鬼，要他提高警惕。"

他们说的这个人，就是华国锋。他是中共中央第一副主席、国务院总理，毛泽东去世后，他是最高领导者，他如果能站出来解决"四人帮"的问题，自然是合法又合理了。

其实，叶剑英早就开始接触华国锋，因为华国锋是毛泽东选定的接班人，应该了解他、帮助他。

周恩来逝世后，叶剑英到华国锋家里去过。华很客气，提前在门口恭候，亲自开车门，迎进房间，连声说："请叶帅帮助！"

叶剑英："我老了，身体又不好，可能帮不了你什么忙。"

华国锋："你是 8 亿人民的老帅，德高望重。听说身体欠安，我不敢去打扰，今后请多指点。"

叶剑英："主席身体越来越不好，不知中央和国务院对人事有什么考虑没有。"

华国锋："没有什么新的考虑，一概不动。军队的情况怎么样？"

叶剑英："军队还比较稳定，训练、战备也不错，请你放心。不过，你对民兵有何看法？"

华国锋："这方面我没有经验，请叶帅指点！"

叶剑英："我们还是要按照主席的一贯教导，坚持野战军、地方军、民兵三结合的武装力量的传统体制，要紧紧依靠解放军，不能搞什么'第二武装'。"

华国锋点头表示赞同。

毛泽东逝世后，叶剑英又和华国锋单独谈过一次，从毛泽东的丧事，到毛逝世后的形势，从北京到上海，从上海的"第二武装"又说到北京的民兵指挥部。

几天前，叶剑英又和华国锋谈了一次。

叶剑英："国锋同志，现在有几个人尽出难题，干扰太大，政治局的会议有时开不下去，这样不行啊，得想个办法。"

华国锋："是啊，可是主席刚去世，善后工作还没做完。"

叶剑英："等不得了，他们活动得越来越厉害！现在他们不服气，迫不及待地要抢班夺权。主席不在了，你就要站出来和他们斗！"

华国锋没有说话。

叶剑英："最近，我一闭上眼睛就老是想到主席临终的情景，想到他对他们的批评和要解决他们问题的指示，你不要辜负主席的期望，担起领导的责任，团结大家同他们斗争。"

华国锋："你是知道我的底子的，在老同志面前，我是个晚辈，我不是不敢和那几个人斗，就是担心老同志不支持。"

叶剑英："请你放心，我支持你，老同志支持你，只要你站出来，大家都会支持你的！"

即使这样，叶剑英也还在继续思考，他要思考一个最稳妥的方法。

是按照正常的组织程序，立即召开政治局会议或扩大会议，作出决定正式罢免他们呢，是先由少数中央领导人商量决定，对"四人帮"采取果断处置然后再开政治局会议正式通过呢，还是采取突然手段，执行军委领导权，下令逮捕，再依法处置呢？

叶剑英在斟酌、比较，一遍又一遍。

42. 定计

自从毛泽东逝世后，中共中央政治局的会议几乎每次都成了争吵的会议。

9 月 29 日，政治局开会讨论如何过好毛泽东逝世后的第一个国庆节。

会议是夜里 11 点开始的，华国锋刚宣布开会，江青就首先发问："毛主席逝世了，党中央的领导怎么办？你华国锋处理问题优柔寡断，没有能力。"

王洪文附和说："江青同志说得对，现在应该加强集体领导。"

张春桥说："现在应该安排江青的工作。"

叶剑英、李先念等多数政治局委员都看出了他们的真正目的，表示坚决反对。

江青接着又提出第二个问题："毛远新应该留下来，处理毛主席的后事。"

华国锋马上说："你不是说过，毛主席的后事你不参加，毛远新也不参加吗？怎么现在又说毛远新要留下处理后事呢？"

江青不承认自己说过此话。

当时在场的汪东兴马上作证她说过。

王洪文、张春桥没有吭声。

江青大哭大嚷起来："你们要赶我走，我偏不走，我要留下。"

叶剑英心里很清楚，毛远新是毛泽东晚年身边接触最多的一个人，掌握着大量的核心机密，如果留下来，和"四人帮"搅在一起闹事，后果不堪设想。于是他果断地说："我同意国锋同志的意见，毛远新还是回辽宁，文件仍由办公厅负责保管。"

这时，有几位政治局委员也表示同意华国锋的意见。

从 11 点到第二天凌晨，会议还在进行，在一些事上总是纠缠不出个结果。

江青仍是大闹："你们不想讨论了！好吧，有关的留下，无关的都走！"

华国锋被迫说："叶副主席年纪大，先念同志身体不好，两位可以先走，其他同志还是不要走。"

叶剑英心里不满意，站起身愤然走出会场。

江青见叶剑英走了，更加得意忘形，又说毛远新不能走，又说应该由她统管毛泽东的文件，又说要召开三中全会。

等江青说完，华国锋问："你究竟想要干什么？"

江青直言不讳："要讨论起草三中全会的政治报告。"

张春桥说："毛远新不能走，要他准备三中全会的报告！"

华国锋说："会议开到这里，不要再争吵了。我认为毛远新应该回辽宁去，这是政治局多数同志的决定。叶剑英副主席和其他一些委员不在场，关于三中全会的问题不能讨论。即使三中全会要作报告，也应该由我来作，应该由我来准备，至于党中央的人事安排，应该由政治局讨论决定。现在散会。"

叶剑英虽然没有参加后边的会议，但知道了情况，这使他敏锐地预感到，"四人帮"就要行动了，必须很快采取措施。

一天傍晚，陈云来到叶剑英住处，问："现在这个局势怎么办啦？"

叶剑英向陈云概略地介绍了一些情况，然后拿出一份两年前毛泽东在中央政治局会上批评"四人帮"的谈话记录给陈云看。

陈云看得很仔细，同时叶剑英还给他一一介绍了当时的情况，陈云也认真地听着。

最后，叶剑英说："时间紧迫，不能再拖了。毛主席生前就要解决，没有解决，现在到了该解决的时候了。"

陈云知道叶剑英在询问自己的意见，他说："我赞成尽快解决。看来这场斗争是不可避免的。但要采取什么办法，还要再仔细琢磨琢磨。"

叶剑英清楚陈云是指用"合法"的方式解决，他点了点头。

接着，叶剑英又和华国锋商讨了处理"四人帮"的决策。

华国锋提议召开中央政治局会议来解决。

叶剑英认为对付这个反革命集团靠党内斗争不行，因为"四人帮"已经形成了一定的势力，他们想篡夺最高领导权，这已经是一场你死我活的斗争了。

那么，采取武力呢？

叶剑英认为也不妥。毛泽东刚刚去世，中国的高层就动用武力将他的夫人关押起来，似乎让人觉得太不讲情面。另外，尽管"四人帮"没有控制军队，但仍然有一些"效忠"人物，尤其是上海的"第二武装"，更是不能轻视，如果真动用武力，必将出现一个极残酷的局面。他不想看到这个局面的出现。

忽然，叶剑英想起林彪叛逃后处置黄永胜等人的办法。那时叶剑英奉毛泽东、周恩来之命出席有黄永胜等人参加的会议，宣布中央等待 10 天。10 天后，他们还不认错，就在会议上突然宣布其罪名，断然给予处置。

对，就以召开会议的方式，"请"他们到会，宣布对他们实行"隔离审查"。

这个办法得到了华国锋的赞同。

随后，叶剑英又将和华国锋商定的计策告诉了汪东兴。

汪东兴说："我坚决拥护华总理和叶副主席，你们怎么领导，我就怎么干。"

10月4日，《光明日报》在头版头条位置发表署名"梁效"的文章《永远按毛主席的既定方针办》。

原来，毛泽东逝世后，"按既定方针办"就作为毛泽东的"临终嘱咐"广为宣传。10月2日，华国锋在外交部长乔冠华送审的《中国代表团团长在联合国大会第三十一届会议上的发言》上批示："引用毛主席的嘱咐我查对了一下，与毛主席亲笔写的错了3个字。毛主席写给我的和我在政治局传达的都是'照过去方针办'，为了避免再错传下去，我把它删去了。"

对此，"四人帮"不愿意，张春桥不让传达华国锋的批示，江青让人找根据，如今又发表了这篇文章，说："篡改毛主席的既定方针，就是背叛马克思主义，背叛社会主义，背叛无产阶级专政下继续革命的伟大学说。""任何修正主义头子胆敢篡改毛主席的既定方针，是绝对没有好下场的。"

充满于文章中的杀气，许多人都看出来了。

叶剑英也仔细地读了那篇文章，觉得一阵寒气袭过来。看来战斗已经打响了，不能再拖延了。若再耽误下去，不是我们解决他们，而成了他们解决我们了。

叶剑英找来军事科学院领导人粟裕、宋时轮，要他们注意掌握动向，提高战备观念；电话上告诉杨成武和北京军区、北京卫戍区及海、空军、各大军区，要切实加强战备；吩咐办公室主任王守江到空军医院，对住院的空军政委张廷发说："病要治，部队也要管。"

做完这一切，叶剑英站起身来叫警卫参谋："马头！今天晚上提前吃饭，准备车子！"

红旗轿车急速地行驶在黄昏中，最后停在了东交民巷15号院门前。

正在被那篇文章困扰着的华国锋，见叶剑英突然到来，精神立刻振奋了许多。

落座后，叶剑英把近几天从各个渠道了解到的情况，尤其是"四人帮"派人到北京郊区部队活动的情况告诉华国锋。同时，华国锋也将了解到的情况告诉了叶剑英。

叶剑英："国锋同志，看来事态的发展已经到了刻不容缓的地步，他们就要下手了,我们不能再等待了,必须当机立断!"

华国锋:"是啊,原来还想再过几天,恐怕来不及了。"

叶剑英:"军事家最忌讳的是贻误战机。现在要根据情况改变原来的部署,要提前采取行动,我们要'先发制人,以快打慢'!否则会坐失良机,陷于被动。要以快打慢!"

华国锋完全听明白了叶剑英的意思,又询问了一些关于各大军区的情况,说:"叶帅,你看哪一天动手好?"

叶剑英:"根据准备的情况,我提议 6 日或 7 日下决心,一破一立除四害,你看怎样?请你最后下决心!"

华国锋:"那就这样吧,不过不知道东兴那里准备得怎么样了?"

叶剑英:"我这就去东兴那里。"

43.10 月 6 日

10 月 6 日,日历上极普通的一天。

叶剑英像往常一样,起床、用餐、散步、看报、读书……

上午,秘书们依次汇报,送批文件,叶剑英非常关注军事动态,认真听取,细心批阅。

中午,陈郊良汇报国际动态,叶剑英一边吃饭一边听。

一切仿佛都在正常地进行着,时间一分一秒地过去。

下午 3 时 30 分,电话铃突然响了起来,警卫参谋接过电话后,报告叶剑英:"晚上 8 时政治局开常委会,两个议题,第一审议《毛泽东选集》第五卷的清样,第二研究毛主席纪念堂的方案和中南海毛主席故居的安置。请您提前 1 小时到怀仁堂。"

叶剑英:"好,做好准备!"

6 点 15 分,叶剑英穿上灰色的军便服,坐上黑色的红旗轿车直奔中南海。

傍晚 7 时整,叶剑英乘坐的红旗轿车准时停在怀仁堂门前。

叶剑英走下汽车,对随员说:"你们不要随意走动,听指挥!"

叶剑英穿过高大的影壁,扫视了一下周围的环境,沉稳地向正厅走去。

宽敞明亮的正厅,今天完全变了样。原先所有的桌椅都被撤掉,中间一扇屏风将大厅一分为二，对着正门的这一半前厅里，厚厚的红色地毯上只留下两张罩着白色套子的高背沙发，这是叶剑英和华国锋的位子。

华国锋和叶剑英几乎是同一时间到达的。

汪东兴带着警卫隐蔽在屏风后面，以防任何突然的变故。

厅里和院子里静极了，秋虫的唧唧声传来，显得格外清晰。

7 时 55 分，王洪文来了。他走下高级轿车，披着一件军大衣跨进大门。

图为1976年10月，叶剑英在北京天安门广场召开的粉碎"四人帮"庆祝大会上。

行动组的李广银、霍际隆等带着几个卫士从横刺里走过来。

王洪文一看有些不妙，立刻说："我是来开会的！你们要干什么？"

李广银、霍际隆等人上前动手。

王洪文拼命反抗。

李广银、霍际隆等人很快将他制服，带到正厅。

王洪文看到华国锋、叶剑英端坐在那里，便想扑过去，当即被警卫人员按倒在地。

华国锋站起来，宣布王洪文的罪状和对他"隔离审查"的决定。

张春桥一来到就发现不对头，刚到东侧门便被行动组的纪和富、蒋廷贵等人架进了正厅。

华国锋严肃地说："张春桥你听着，你伙同江青、王洪文等反党、反社会主义，犯下不可饶恕的罪行，现在对你实行隔离审查！"

时针指向晚上 8 时 15 分，姚文元夹着皮包匆匆赶到怀仁堂。当他发现行

动组的滕和松等人向他围过来时，就大叫："我是来讨论《毛选》的，你们胆敢……"

对姚文元"隔离审查"的决定，是中央警卫局的一位副局长宣读的。

在这同时，另一个行动小组来到中南海万字廊 201 号。

身着睡衣的江青正在看进口录像片，见到行动组人员出现在大厅时，她大声喝问："你们来干什么？"

行动组负责人、中央办公厅副主任张耀祠向她宣读了"隔离审查"的决定。

江青质问："为什么？为什么？"

张耀祠："你去了就知道了。"

这个消息报到了怀仁堂。

接着，又一个消息传来，毛远新也解决了。

晚 10 时至第二天凌晨 4 时，中共中央在叶剑英住的玉泉山 9 号楼召开了政治局会议。

在这次会上，叶剑英提议华国锋任中共中央主席、中央军委主席，并获得通过……

中共中央政治局会议结束后，天色已经微明。

新的一天开始了。

第 11 章

历史新时期

44. 寿诗抒怀

不论报纸和电视上怎么宣传，人们的心里都非常明白，在粉碎"四人帮"的斗争中起决定性作用的是叶剑英。愈是这样，人们愈加敬重他、爱戴他。

这种敬重和爱戴，在叶剑英 80 寿辰时充分表现了出来。

1977 年 5 月 14 日，是北京花红树绿、杨柳婆娑的季节。和暖的微风轻轻吹拂，明丽的阳光照着小翔凤的庭院。这一天，在北京的一些元帅和将军们都相约赶往这里。

他们在关键时刻支持了这里的主人，关键时刻这里主人的举动也救了他们。

王震夫妇来了。

王震把拐杖挂在一只小臂上，双手握住叶剑英的手，说："80 大寿，应该好好祝贺！"

叶剑英和王震的夫人王季青握手时，说："我本来是不愿意祝寿的，可大家都要来聚一聚，我就不能拂朋友们的好意了。"

王季青说："应该为您祝寿！叶帅，您的身体好吗？"

叶剑英拍拍自己的额头说："很好！这里还能思考问题。白天吃得下饭，夜里也睡得着觉。"

余秋里来了，他立正恭敬地说："祝叶帅80大寿！"

杨成武来了，他敬了一个军礼，说："祝贺叶帅身体健康，生日快乐！"

秘书进来报告："首长，柯麟同志来了。"

叶剑英连声说："快请进，快请进！"

柯麟一跨进屋内就说："祝老帅生日快乐，健康长寿！"

"谢谢！谢谢老友的吉言！"叶剑英站起身，握住柯麟的手问，"你住在那里怎么样？生活上有什么困难没有？"

叶剑英和柯麟是1924年认识的，当时叶剑英是讨伐陈炯明的东路军第8旅参谋长，柯麟是广东省公立医科专门学校的学生、共产主义青年团员。后来，他们又同在张发奎的第4军里工作过。广州起义时，叶剑英是副总指挥，柯麟负责救护伤员。起义失败之后，叶剑英前往莫斯科进共产主义劳动大学学习，柯麟则在上海、沈阳、厦门、香港、澳门做地下工作。1951年春天，根据叶剑英的提议，中共中央华南分局决定柯麟离开澳门，担任广州中山医学院的院长。1966年后，柯麟被无端加上种种罪名受到批判，处境也十分困难的叶剑英想保护柯麟却无能为力。直到1973年8月叶剑英主持中央军委日常工作时，才借让柯麟治病为名，派人将他接到北京，住进总参招待所。今天，柯麟就是从总参招待所来为叶剑英祝寿的，所以，叶剑英才关切地问到他的生活。

柯麟握住叶剑英的手说："过去就生活得很好，现在更好了。真得谢谢您，要不是您的保护，说不定我早就不在人世了，大家也不会有今天啊！"

聂荣臻和徐向前两位元帅几乎是同时到达的。

叶剑英迎到门前，双手抱拳说："惊动二位大驾光临，实在不好意思！"

聂荣臻也双手抱拳，说："老兄大寿，岂能不来！"

徐向前说："大家高兴呀！要是在去年，想来也不能来啊！"

王震等人附和说："徐帅说得对！"

看着徐向前和聂荣臻，叶剑英的眼睛有些潮润。1955年被授予元帅军衔的共有10人，罗荣桓在"文革"前就去世了，朱德、彭德怀、陈毅、贺龙4人都在"文化大革命"中或含冤或饮憾而逝，唯有林彪出逃摔死，到这时健在的还有4位，而且刘伯承还住在医院里，其余的3人都在这里了，而且都已高龄。

"老兄大寿，无以为贺，小诗一首，聊表情谊。"聂荣臻说着，亮出一首诗。

叶剑英还没看到聂荣臻的诗，就念了两句李白的诗："桃花潭水深千尺，不及汪伦送我情。"

人们展开诗稿，上面写的是：

揭竿羊城五十年，
风雨齐州步履艰。
川西传讯忠心耿，
京华除害一身胆。
行若吕端识大事，
功成绛侯有愧颜。
八秩寿翁犹继志，
旗展神州贺新天。

徐向前也有诗，他的诗是这样的：

吕端当愧公一筹，
导师评论早有定。
当年英，劲倍增，
八秩犹似四十前。
射虎屠龙宿有志，
二三鬼神一扫空。
千秋大业继不坠，
辅佐堪称后者镜。

对老友们热情洋溢的赞美诗句，叶剑英既感到可贵，又感到太过奖了，连声说："惭愧，惭愧，真的不敢当，不敢当啊！"

人们一齐说："当之无愧！当之无愧！"

这时，邓小平和他的家人也赶到了，看到徐向前、聂荣臻，笑着说："老帅们都在这里盛会啊！我也来助兴！"

叶剑英迎上前，大声说："你也是老帅嘛，是我们老帅的领班呢！"

邓小平指着叶剑英，说："我来了，向这位在中国历史重要转折关头为人民建立功勋的战友的大寿表示祝贺！"

叶剑英说："那是大家的功劳，也是他们几个人的罪有应得！"

说着，两双手紧紧地握在一起。

粉碎"四人帮"之后，叶剑英让儿子开车将仍在软禁中的邓小平偷偷接到他的住处，亲自向他传达政治局会议精神。那一次，握手的时候，邓小平重地叫了一声"老兄"。自那以后，叶剑英多次提出尽快把邓小平请出来，恢复他原来的职务，可都未能如愿……这时，他们的手紧紧握在一起，互相摇动着，心自然是相通的，所有的话都在不言之中了。

警卫参谋报告："粟大将来了。"

叶剑英笑着起身去迎接。

夜色降临，人们围坐在一起。巨大的蛋糕上，插着8根鲜红的蜡烛，象征叶剑英的80大寿。

邓小平说："我建议再插一根蜡烛，长久嘛！"

在广东话中，一、二、三、四、五、六、七、八、九、十的发音依次为：押、易、开、死、无、录、差、发、够、时，"九"为"够"，还有吉利的意思。

人们齐声说："好！祝叶帅健康长寿！"

叶剑英没有说什么，笑着和人们一起吹寿烛。

深夜，亲朋好友们离去后，叶剑英虽然感到有些疲劳，但却没有睡意。他独自坐在写字台前，几十年来经过的重大事情，电影镜头似的从眼前一一闪过，心里怎么也无法平静，顺手拿起笔在纸上写道：

> 八十毋劳论废兴，
>
> 长征接力有来人。
>
> 导师创业垂千古，
>
> 侪辈跟随愧望尘。
>
> 亿万愚公齐破立，
>
> 五洲权霸共沉沦。
>
> 老夫喜作黄昏颂，
>
> 满目青山夕照明。

　　叶剑英放下手中的笔，一眼看到了《解放军报》，那上面的评论文章，是根据他 1 个多月前在军委召开的座谈会上的讲话中提出的问题撰写的。

　　座谈会是 3 月间在京西宾馆召开的，参加会议的是各大军区、军兵种和总部机关的高级将领们。

　　3 月 24 日这天，叶剑英发表了讲话。

　　看着坐在台下的将领们，叶剑英的心里也不平静。1 年多前的 1975 年 7 月，中央军委就在这里开过一次扩大会议，他和邓小平都在会上讲了话，讲的都是军队要整顿。不但会议的精神没有得到贯彻，他们的讲话也受到了攻击和批判，以致成为"罪状"。仅仅 1 年多的时间，发生了多么大的变化啊！那些作对的人已从这里消失了，与会的将领们也有了改变。现在，他讲的话可以得到落实了。

　　叶剑英讲了国内外的形势，讲了军队面对的任务和完成任务的方法、措施。那带有浓重广东口音的话，在大厅里回响。

　　叶剑英的声调并不高，但讲得很激愤，人们听得很清楚："'四人帮'披着马列主义外衣，反对马列主义、毛泽东思想。他们大搞唯心主义、形而上学，反对唯物主义、辩证法，在社会主义革命和社会主义建设的一系列根本问题上肆意歪曲和篡改马克思主义的基本原理，极端敌视和反对毛主席的无产阶级革命路线。他们搞了一套反军乱军的谬论，从根本上反对毛主席的军事路线和一整套建军原则、方针、政策、方法和制度，否定我军的无产阶级性质、光荣历史和优良传统，把人们的思想搞乱了。1975 年的军委扩大会议，由于'四人帮'的干扰和破坏，没有得到很好的贯彻执行，现在一个十分重要的问题，就是要用马列主义、毛泽东思想，把被'四人帮'搞颠倒了的路线是非纠正过来，彻底肃清其流毒和影响。"

　　稍稍停顿一下，叶剑英以问答式的口气说："在军队建设中，有哪些被'四人帮'搞颠倒了的路线是非需要澄清和纠正的呢？主要有以下 10 个问题……"

　　接着，他逐一地讲了这 10 个问题：

　　应该不应该坚持党对军队的绝对领导？

　　应该不应该坚持无产阶级党性，反对派性？

　　应该不应该继承和发扬我党我军的光荣传统？

　　应该不应该整顿军队？

应该不应该严格遵守革命纪律和规章制度？

应该不应该按照接班人五项条件搞好老中青三结合？

应该不应该强调军队要稳定？

应该不应该坚持野战军、地方武装、民兵三结合的武装力量体制？

应该不应该准备打仗？

叶剑英虽然是以提问的方式说出的，但他的态度明确，语言肯定，通过"应该不应该"，把是非说得清清楚楚。

叶剑英手拿《解放军报》，疲惫的脸上浮现出微微的笑容，不由得又吟咏起来：

老夫喜作黄昏颂，

满目青山夕照明

……

45. 第三任委员长

1978 年 3 月 5 日，在中华人民共和国第五届全国人民代表大会第一次会议上，叶剑英被选为第五届全国人民代表大会常务委员会委员长。他是继刘少奇、朱德之后，第三个担任这一职务的人。

从哗哗的掌声中走出来，叶剑英回到他的办公室。一个人静静思考的时候，他越发感到肩负任务的重大。人民代表大会制的政体是中国的根本制度。它的职责就是审议、决定国家的大政方针，制定和颁布法律，选举和决定国家的领导工作人员，监督政府、法院、检察院的工作。人大常委会，是中华人民共和国最高权力机关的常设机构。

一边是权力和权力所赋予的责任，一边是面对的现实：中华人民共和国成立以后，社会主义的法制本来就没有很好地健全起来，又遭到 10 年"文化大革命"的破坏，有着沉痛的教训。作为国家最高权力机构的全国人民代表大会，要在治国安邦中发挥应有的作用，就要集中精力搞好民主和法制的建设。没有充分民主不可能有健全的法制，没有健全的法制也就没有真正的民主。没有民主和法制的国家，是不会繁荣富强的。

1978年3月5日，在五届全国人大一次会议上，叶剑英当选全国人大常务委员会委员长。
图为叶剑英在五届全国人大一次会议上参加投票选举。

叶剑英把他的这些思考，通过新华社记者告诉了全国人民。他对记者说：要使我们的国民经济高速度地稳定地向前发展，就要保持社会的政治安定，而为了持久地保持安定团结的政治局面，就要充分发扬党内民主和人民民主，并要健全社会主义法制。全国人大常委会已经着手组织力量，研究拟定或者修改刑法、刑事诉讼法、民法、婚姻法和各种经济法规等，然后再按照立法程序，分别提请全国人民代表大会或者常务委员会审议，尽快完善我国的法制。

怎样完善我国的法制呢？叶剑英向记者讲出了他经过认真思索的考虑："这种法律和制度必须具有稳定性、连续性，它们是人民制定的，代表社会主义和无产阶级专政的最高利益，人人必须遵守和执行。""它们一定要具有极大的权威，只有经过法律程序才能修改，绝不能以任何领导人个人的意志为转移。""检察机关和法院一定要忠实于人民利益，忠实于法律和制度，忠实于事实真相，一定要保持应有的独立性。""一定要有一批大无畏的不惜以身殉职的检察官和法官维护社会主义的尊严。""一定要保证人民在自己的法律面前人人平等，不允许任何人有超于法律之上的特权。"……

叶剑英用他的努力，使这些考虑不断地变成了现实。在一年以后的五届全国人大二次会议上，通过了关于修改宪法若干规定的决议，通过了7项重要法律，会后即组织力量，进行民法、民事诉讼法、婚姻法、计划生育法、工厂法、劳动法、合同法、能源法、环境保护法等法律的制定工作。

叶剑英关注所有这些法律的制定，但他花费精力最多的，还是《中华人民共和国宪法》的修改。

这时的《中华人民共和国宪法》，是第五届全国人民代表大会第一次会议上修改通过的，叶剑英在会上作了《关于修改宪法的报告》。在第二次、第三次会议上，曾对个别条文作过修改。但它是在粉碎"四人帮"不久进行的，对这之前几十年的经验和教训，没有来得及进行全面的总结，也没有彻底清理和清除"左"的思想的影响以及已经过时的政治理论，特别是不适应党和国家工作重点的转移等。

正因为如此，叶剑英才亲自担任宪法修改委员会的主任委员，亲自主持会议，讲修改宪法的意义、指导思想和采取的方法。随之，就是采取多种形式听取广大人民群众和各方面的意见，反复多次的修改讨论。每一次，叶剑英都花费大量心血，付出辛勤的劳动。

两年之后，即在 1982 年 12 月 4 日召开的五届全国人大五次会议上，通过了叶剑英主持修改、制定的《中华人民共和国宪法》，这是新中国的第 4 部宪法。

有人说，评价政治家的功过，不是看他生前做过什么，而是看他为后代留下了什么。如果以此为标准衡量叶剑英，他任第五届全国人大委员长的几年，正是中国从 10 年"文化大革命"中刚刚走出来，不论政治上、经济上，都需要从破坏中重建。叶剑英主持制定的法律，签署公布的条例、决议，都为中国的法制建设打下了良好的基础。他为后人留下的，是难以估量的无价财富。

台湾，是中国的一个省，被荷兰人占领过，被日本人占领过。1945 年日本帝国主义无条件投降后，才又回到中国。

1949 年 10 月，在中华人民共和国成立的礼炮声中，失败了的蒋介石和他的集团就到了台湾岛上，在美国的支持下继续着他的统治。毛泽东、周恩来曾千方百计地努力实现统一，但均未能实现。

叶剑英就任全国人大常委会委员长之后，国内的情况有了很大的变化，实现国家统一大业的强烈愿望，就进入了他的思考和工作日程。

1979 年 1 月 1 日，新年伊始，万象更新。它既是新一年的第一天，又是中华人民共和国和美利坚合众国建立大使级外交关系的日子。这一天，报纸、电视和电台同时刊播了《中华人民共和国全国人民代表大会常务委员会告台湾同胞书》：

统一祖国这样一个关系全民族前途的重大任务，现在摆在我们大家的面前，谁也不能回避。如果我们还不尽快结束目前这种分裂局面，早日实现祖国的统一，我们何以告慰于列祖列宗？何以自解于子孙后代？人同此心，心同此理，凡属黄帝子孙，谁愿成为民族的千古罪人？

时代在前进，形势在发展，我们早一天完成这一使命，就可以早一天共同创造我国空前未有的光辉灿烂的历史，而与各先进强国并驾齐驱，共谋世界的和平、繁荣和进步，让我们携起手来，为这一光荣目标共同奋斗！

1978年12月18日至22日，中国共产党召开十一届三中全会。这是一次非常重要的会议，确定了把全党的工作重点转移到社会主义现代化建设上来的战略决策，解决了从1957年以来未能解决好的工作重点转移问题。围绕全党工作重点转移这个中心，重新确立了党的马克思主义路线。会后，叶剑英想到要适应当前的形势，多做工作，以促进台湾回归祖国，实现祖国统一大业。于是，他组织起草了告台湾同胞书的初稿，亲笔修改，征求人大常委会委员和政协常委会委员的意见，又经过中共中央政治局的讨论，由叶剑英主持五届人大常委会第五次会议最后通过。

这个文件发表之后，叶剑英就密切关注台湾海峡的局势，当看到出现缓和迹象时，就公开阐明了关于台湾回归祖国、实现和平统一的方针。

1981年9月30日，迎来了中华人民共和国成立32周年和辛亥革命70周年，叶剑英对新华社记者发表了他关于台湾问题的谈话。

（一）为了尽早结束中华民族陷于分裂的不幸局面，我们建议举行中国共产党和中国国民党两党对等谈判，实行第三次合作，共同完成祖国统一大业。双方可先派人接触，充分交换意见。（二）海峡两岸各族人民迫切希望互通音讯、亲人团聚、开展贸易、增进了解。我们建议双方共同为通邮、通商、通航、探亲、旅游以及开展学术、文化、体育交流提供方便，达成有关协议。（三）国家实现统一后，台湾可作为特别行政区，享有高度的自治权，并可保留军队。中央政府不干预台湾地方事务。（四）台湾实行社会、经济制度不变，生活方式不变，同外国的经济、文化关系不变。私人财产、房屋、土地、企业所有权、合法继承权和外国投资不受侵犯。（五）台湾当局和各界代表人士，可担任全国性政治机构的领导职务，参与国家管理。（六）台湾地方财政遇有困难时，可由中央政府酌情补助。（七）台湾各族人民、各界人士愿回祖国大陆定居者，保证妥善安排，不受歧视，来去自由。（八）欢迎台湾工商界人士回祖国大陆投资，兴办各种经济事业，保证其合法权益和利润。（九）统一祖国，人人有责。我们热诚欢迎台湾各族人民、各界人士、民众团体通过各种渠道、采取各种方式提供建议，共商国是。

叶剑英的这次谈话，后来被称作"叶九条"。邓小平后来说，九条实际上就是"一个国家、两种制度"。1982年12月，它写进了第4部《中华人民共和国宪法》。1984年5月，它以"一国两制"的名称确定了下来，成为中国在实现统一大业上的基本国策。

1980年3月9日，一个消息从香港传来，寓居在那里的张发奎去世了，叶剑英心里顿时掠过失去故人的疼痛。

张发奎是叶剑英的老上级。1927年4月，叶剑英因不满意蒋介石，离开驻在江西吉安的第2师到达武汉时，张发奎赏识叶剑英，让其在他任军长的第4军当参谋长。但当叶剑英参与领导广州起义后，又是张发奎以第2方面军总指挥和第4军军长的名义，电调西江薛岳、缪培南、李汉魂、黄镇球、许志锐等部回到广州镇压，使起义军不得不撤出广州。

张发奎又是一个对共产党成见很深的人。抗日战争结束后，美国人出面促使国共达成《关于停止国内军事冲突的协议》，在北平设立军事调处执行部，当执行部派出3人执行小组到广州，要求把中共在广东的东江纵队和海南岛的冯白驹纵队调往北方时，张发奎拒绝调处，说广东方面根本没有中共的部队。马歇尔认为他破坏了调处，便告到了蒋介石那里。但张发奎仍然反对调处，拒绝与美国总统特使马歇尔会面，拒绝见年轻时的同期同学叶剑英，拒绝见一贯称他"张伯伯"的廖承志……

这就是那个年代造成的一些人的特殊关系，曾经的同乡、同学、同僚，甚至上下级等友谊，一旦在政治上分野之后，都全部化为了乌有。

叶剑英始终记着张发奎，曾多次派人做张的工作，希望张回大陆定居，为国家建设做些事情，或者回来看一看，见面叙谈，但都没有如愿。但他对张发奎去世仍很沉痛，很快发出了唁电：

> 香港
>
> 张向华将军家属礼鉴：
>
> 惊悉向华将军逝世，不胜哀悼。乡情旧谊，时所萦怀。
>
> 特电致唁，尚希节哀。

唁电发出之后，叶剑英的脑海中还想着和张发奎的交往，北伐中的相识，在武汉时向张提出的建议，广州起义前对他的保护，广州起义后对他的镇压……

几个月之后，曾经参与镇压过广州起义的李汉魂，从美国回来参观访问，提出想见见叶剑英委员长，他欣然答应了。李汉魂比叶剑英大两岁，参加过孙中山领导的同盟会，与叶挺、张发奎、缪培南、陈克华等人一起就读于广东黄埔陆军小学第6期，后来成为国民党的陆军上将，任过第64军军长、广东省政府主席兼第35集团军总司令、第3战区副司令长官以及总统府参军长等要职，是1949年底随同李宗仁去美国的。

叶剑英是随着中国近代历史发展而前进的人物，早年入云南讲武堂，任教黄埔军校，又有一段时间在国民党军队里工作过，因此和国民党中的许多进步人士共过事、有过接触或者很熟悉。尽管这些人后来有了变化，分属于不同的营垒，有的甚至曾经刀枪相对，但当几十年后他们回国探亲或观光时，几乎都想见到叶剑英。叶剑英虽然年迈体弱、国事繁忙，但仍把他们作为故人、朋友，总是不拒绝。当然，叶剑英真诚地对待他们，除了旧日的情谊，也是想争取更多的人为统一祖国的大事工作。

北京的5月，正值春末夏初，花红绽香，树绿吐翠。31日这天下午，李汉魂偕同夫人吴菊芳及子女们走进了叶剑英的住处。

见到李汉魂一家，叶剑英高兴地说："将军好！欢迎老朋友一家远道而来！"

"叶帅好！"李汉魂说："今天我和夫人带着子女特来拜访您，祝您健康长寿！"

"谢谢！我也祝老兄健康长寿！"叶剑英说，"我记得您比我还大两岁呢。"

"叶帅的记忆真好！"李汉魂说。

"我们是老朋友了嘛。"叶剑英说。

叶剑英握着吴菊芳的手，说："我知道你们是1932年结婚的，你是一位受新时代思潮影响的新女性。"

"不敢当，不敢当！"吴菊芳说。

叶剑英："我听说，在李将军主政广东期间，你协助他做过不少有益的工作。"

吴菊芳："尽我所能，在那样的条件下，能做什么呢？"

落座之后，叶剑英说："老朋友相见，特别愉快，随便叙叙旧。"

"是的。"李汉魂说着，似乎有些不好意思，"有一段时间，我可是对不起你啊，比如 1927 年在广州。"

李汉魂指的是他镇压广州起义的事，叶剑英摆摆手说："都是过去的事了，咱们不是还一起抗击过日本侵略军，在南岳游击干部训练班上共过事吗？再说，你也是服从咱们那位老上级的命令。可惜，他去年仙逝了。"

李汉魂："您还发了唁电，真是胸怀宽大。张夫人刘景荣女士非常感激，敬佩您不忘过去的友情！"

"友情是不应该忘记的。"叶剑英说，"鲁迅有一首诗说，'渡尽劫波兄弟在，相逢一笑泯恩仇。'我们都这么大年纪了，还不是希望国家统一、富强吗？"

"当然！当然！"李汉魂说，"绝大多数海外华人都有这样的愿望。"

李汉魂的话是真心的，侨居海外的许多华人包括曾经担任过国民党高官的人，都是这样的。

李汉魂的话，使叶剑英想到了商震。商震是国民党的二级陆军上将，在蒋介石的政府中历任过军政及外交要职，1947 年年初奉派去日本任"同盟国对日委员会"中国代表团团长，1949 年 3 月，因不满蒋介石的内战政策而辞去这一职务，加入爱国华侨的行列，后又坚决谢绝去台湾任职。1974 年 10 月他第一次回国访问，叶剑英就会见他，说："欢迎你到祖国来，叶落归根嘛。想回来的人，都可以劝他们回来看看，你是他们的带路人。'山不厌高，海不厌深，周公吐哺，天下归心。'"

尽管商震对当时的政治形势不满意，但仍真诚地对叶剑英说："我早就想回国看看，希望在有生之年，为祖国做点事，争取立功。"

叶剑英说："你想立功，做点事，才回来，那不一定。能做多少就做多少。你对台湾有影响，这次回来震动很大，就是一功。你有什么安排和打算，都可以对我们讲。几十年了，过去我们共同作战对付日本，是打日本的老战友。现在国家的情况，你看得很清楚。回来，可以把自己的力量用在祖国建设上，你还有力量，要有一分热，发一分光。"

商震非常感动，去世后将骨灰安放在北京八宝山公墓。

真诚的相待，能换得真诚的归来。

想到这些，叶剑英对李汉魂说："那就请他们多回来看看。我们几十年没见了，现在相会，感到特别愉快，希望你们以后也多来。"

"会多来的。"李汉魂说着朝向他的子女们,"我老了,他们也会常来的。"

吴菊芳女士将一张他们的全家合影送给叶剑英:"请叶帅留作纪念!"

叶剑英双手接过照片,看了一会儿,兴奋地说:"祝你们全家幸福!"

送走李汉魂,叶剑英又想到张学良。他曾多次托人给张学良带话,希望他回来看看。遗憾的是,一直未能见面。

还要再托人带话请张学良回国观光。叶剑英久久注视着照片。

46. 请退

1983 年年初,第六届全国人民代表大会即将召开。这就是说,作为第五届人大常务委员会委员长,叶剑英的任期将满。

北京的早春仍是寒意浓重。叶剑英坐在他办公室宽大的写字台前,透过玻璃窗,长久地望着院中的青松和枫树。青松翠绿,枫树还未吐叶。

季节在交替之中。叶剑英的思绪在流淌。

一个念头从叶剑英的心中涌起:从领导岗位上退下来。

其实,这样的想法叶剑英早就有了。

1979 年,中共十一届三中全会后,叶剑英便逐个找中央政治局常委做工作,要求退出中央领导岗位,但没有能够如愿。在 1982 年召开的中共十二大上,他又提出来,仍未被接受。

这次一定要退下来。社会主义法制建设已经走上正轨,在指导思想上已经转移到了经济建设上,国防建设、军队建设、精神文明建设等,都已稳步前进,自己完全可以放心地退下来,不要再等了。

2 月 25 日,叶剑英的一封信送到了第五届全国人大常委会。信是这样写的:

敬爱的同志们:

我担任第五届全国人民代表大会常务委员会委员长已经五年了,任期将满。第六届全国人民代表大会即将召开。为社会主义事业奋斗到底,这是我的夙愿,但毕竟年迈多病,力不从心。值此换届之际,请求这次常委会会议考虑我的实际情况,在六届人大选举中,向各选举单位建议,不再提名选我为全国人民代表大会代表,当然六届人大也就不再将我列为人大常委会委员长候选人。我诚恳地希望这个请求能够得到批准。

我们社会主义祖国的形势越来越好，政治安定，经济繁荣，文化进一步发展，外交取得很大成就，又有成千上万的中青年优秀干部被选拔到各级领导岗位上。在和人大常委会的同事们行将告别之际，我内心极感欣慰。

在去年召开的五届全国人大五次会议上，制定了一部能保障和促进我国社会主义现代化建设的新宪法。古代人们曾把法律铸在铜器上，以昭信守，以垂久远。我们应当继续深入宣传新宪法，使它铭刻在每个人的心上，成为人民群众手中捍卫社会主义制度和人民民主的有力武器，使新宪法得到彻底实施。这是我衷心的祝愿！

叶剑英

1983 年 2 月 25 日

叶剑英这封请退信的意义所体现出的，不仅仅是他伟大的胸怀，更是一个良好的开端。在此之前，在中国共产党历史上，还没有哪一个最高层的领导人健在而且威望正隆的时候，自己要求从象征权力的领导岗位上退下来，叶剑英是第一个。

这是一个行动的表率。从此以后，才有一批批为新中国建立和建设勤恳奋斗的老同志，自愿请求退出领导岗位。

有一首名为《老松》的诗对此赞颂说：

　　这是一棵蟠虬的老松

　　在潇洒的春雨里

　　在肥沃的土壤中

　　挺拔高洁苍翠

　　经受过寒流冰雪

　　绿遍过千山万水

　　在它们站立过的地方

总有鲜花在月光下陶醉

有多少曲折就有多少辉煌

有多少脚印就有多少智慧

可它们却退出了热闹的树林

让出一个个向阳的空间

还有甘甜的流泉

喷洒隐隐的芳菲

使一棵棵新松绿色葱茏

在轻风细雨中伸展双臂

所以尽管老去了一批批青松

大森林仍不会崩溃

一代代拥抱灿烂的霞光

以及霞光映照的壮美

第五届全国人大常委会经过认真地讨论，终于同意了叶剑英的请求，并给他复了信：

敬爱的叶剑英委员长：

我们认真阅读和讨论了您的来信，大家同意您提出的要求，决定向各选举单位建议，在人大代表的选举中，不再提名选举您为第六届全国人大代表。

您在长达半个多世纪充满艰难险阻的革命斗争中所建立的丰功伟绩，您在粉碎"四人帮"这场严峻的斗争中所作出的重大贡献，使您受到全国人民高度的爱戴和信赖。我们和全国人民一起，都希望您继续领导全国人大常委会的工作，同时，考虑到您年事已高，理应得到更好的休息，增进健康，延年益寿，更多为国为民造福。因此，我们怀着崇敬的心情，同意您来信中提出的要求。

过去五年，第五届人大常委会在您的领导下，胜利地开展了拨乱反正、治国安邦、振兴经济等重大工作，完成了全国人民委托的各项任务。特别是您亲自担任宪法修改委员会主任委员，领导完成了宪法修改工作，制定了本届人大五次会议通过的《中华人民共和国宪法》。您还领导制定和公布了《刑法》《刑事诉讼法》《民事诉讼法〈试行〉》等十六个法律。宪法和各项法律的制定，使我国法律逐步完备，法制日趋健全，初步实现了人民多年来盼望的"有法可依，违法必究"的局面，人民极为高兴。新宪法的实施，将从根本法的地位上，保障我国社会主义制度进一步巩固和发展，保障我国国民经济沿着中国式的现代化道路前进，保障全国人民享有充分的民主权利而不受侵犯。您在来信中提出的深入宣传并彻底实施新宪法的远见卓识，我们相信今后必将得到坚决执行。

您为了实现争取包括台湾在内的祖国统一大业，于1979年1月亲自主持全国人大常委会通过发表了《告台湾同胞书》，指出"实现中国的统一，是人心所向，大势所趋"，并提出在海峡两岸"发展贸易，互通有无，进行经济交流"和"双方尽快实现通航通邮"的方针。您于1981年9月30日又发表了著名的《关于台湾回归祖国，实现和平统一的方针政策》的谈话，进一步提出了实现祖国统一的九项具体政策。这两个文件表达了包括台湾人民、港澳同胞以及国外侨胞在内的全国各族人民的热烈愿望，对促进祖国统一大业产生了巨大的积极作用。

您在担任第五届人大常委会委员长期间的明智领导，辛劳而有成效的工作，对社会主义建设事业作出了卓越的贡献，我们表示深切的感谢，人民将永志不忘。您在领导工作中坚持民主作风和谦虚谨慎的态度，使我们深受教育。您作为国家领导人所表现的革命政治家的风范，将激励我们不断前进。我们相信，下届全国人大常委会将遵循新宪法所规定的任务，更加奋发努力，取得更大的胜利。

衷心祝愿您健康长寿！

第五届全国人民代表大会常务委员会

1983年3月5日

　　1985 年 9 月，在中共十二届四中全会召开前夕，叶剑英又辞去了他在中共中央和中央军委的所有领导职务。

　　这一切，是永远的昭示。

尾声

——

绵绵无尽落红情

叶剑英慢慢睁开眼睛。从窗子射进的阳光，使他感到有点刺痛。他想活动一下，但身子很沉重，不那么听使唤。这时他才意识到，自己患着病，已经卧床 1 年多时间了。

1980 年，叶剑英患了帕金森氏病，但他没怎么重视。生老病死是自然规律，年龄大了，有病是正常的，只有用乐观的态度去对待，别无他法。所以，他照常坚持工作。一息尚存，一息不停止奋斗。

但是，帕金森氏病所引起的并发症，特别是常常发生的肺部感染，却不时地折磨着叶剑英。1982 年后，叶剑英的肺部感染的次数越来越频繁，感染的程度也一次比一次严重。

叶剑英的目光透过窗子，看到了院中的树木，尤其是那株枫树上的叶片，已经变黄，透出浅浅的红色。他想起了"书丛藏红叶，留下一年秋"的诗句，脸上漾起憔悴的笑容。

护士轻轻推门走进来，说："首长，该打针了。"

叶剑英微微一笑，说："打吧。"

护士慢慢地挪过那个金属架，将配好药的玻璃瓶挂在上面。

为了有效地控制肺部感染，专家们反复讨论，认为最好的办法是静脉滴注抗生素，但又怕叶剑英不适应。叶剑英听了后，便鼓励医务人员，说："你们就大胆穿刺吧，不要因为是给我打针就紧张。"

一个护士说："首长，您平常不是最害怕打针吗？怎么真要打针的时候，又不害怕了呢？"

叶剑英笑了："这个道理很简单，当你们决定要打针治疗的时候，我就得配合你们。我若是紧张，你们不是更紧张了吗？你们一紧张，会影响穿刺的成功率。"

医生说："感谢首长支持我们的工作。"

叶剑英说："应该感谢的是你们！我们这些老年人战胜疾病，健康长寿，除了依靠你们这些医护人员，更重要的是病人本身的更好配合。"

护士轻捷、准确地为叶剑英扎好针，调整过液滴的速度，又认真地观察了一会儿，才边收拾医疗器具边说："首长，有什么不舒服就告诉我们。"

叶剑英："谢谢你！"

进入 1986 年 10 月，叶剑英的病情开始恶化，医务人员进行紧张忙碌的抢救。

室内室外，脚步轻轻，身影匆匆，娴熟的动作不发出一点声响，敏捷的目光在交流。他们都尽着最大的努力，与死神争夺敬爱的叶帅。

叶剑英静静地躺在床上，处于昏迷状态，苍白的脸上，满布着痛苦和憔悴。他的体温超过 39 摄氏度，呼吸急促，心律、血压都不正常。看得出来，病痛正无情地折磨着他。

杨尚昆来了，心情沉重，脚步却很快。他走到病床前，想再说几句话，但叶剑英已经处于弥留之际，什么话也不能听什么话也不能说了，甚至连一个手势、一点表情也没有了。

王震赶来了，他顾不得人们忧虑的脸色，径直走到病床前，双手握住叶剑英的一只手，轻轻地抚摸着。

总参谋长杨得志默默地站在病床前，久久地注视着熟悉的面孔。

总政治部主任余秋里站到叶剑英的病床前，举起仅存的一只手敬了一个标准的军礼。

中共中央办公厅主任王兆国也是闻讯后赶到病房来探望的。

夜更深了，时针跨过零时指向 1 时。

叶剑英的病情不但没有好转，反而更严重了。

病房内外静极了，人们屏声敛气地看着，看着叶剑英，看着抢救的医务人员的脸色，看着心电图机屏幕上曲线的变化。

突然，心电图机屏幕上的曲线消失了。

一颗伟大的心脏永远停止了跳动。

这时，是 1986 年 10 月 22 日 1 时 16 分。

10 月 29 日，叶剑英逝世的第七天。

这一天，北京天安门、新华门、外交部、各省、自治区、直辖市人民政府，中国所有边境口岸和对外海、空港口，人民解放军各总部、各军兵种、各大军区，中国驻外使馆，都降半旗，向叶剑英致哀。

上午 9 时 30 分，5000 多人聚集在人民大会堂的中央大厅，送叶剑英远行。他们中有胡耀邦、邓小平、李先念、陈云、彭真、徐向前、聂荣臻等。

庄严肃穆的布置，烘托出庄严肃穆的氛围。进门处高悬黑底白字的横幅："伟大的无产阶级革命家、政治家、军事家叶剑英同志永垂不朽！"叶剑英的巨幅画像悬挂在会场的正中，水晶棺四周，鲜花、翠柏相簇拥，象征着绚丽与高洁，持枪的解放军战士守卫在两边。

主持追悼会的是邓小平。他心情沉痛地宣布追悼会开始。

在向叶剑英的遗像默哀之后，胡耀邦致悼词："今天我们怀着极其沉痛的心情，深切悼念久经考验的共产主义忠诚战士，伟大的无产阶级革命家、政治家、军事家，中国人民解放军的缔造者之一，长期担任党和国家重要领导职务的卓越领导人叶剑英同志。半个多世纪以来，叶剑英同志把毕生精力奉献给了中国人民解放事业和社会主义建设事业。他是中华人民共和国德高望重的开国元勋之一，是我们党、国家和军队的一位杰出领袖，在中国革命和建设漫长的充满艰难险阻的道路上建立了卓越功勋，因而赢得了全党、全军和全国各族人民的衷心爱戴和尊敬。他的逝世是我们党、国家和军队的巨大损失……"

哀乐低回，催人泪下。人们迈着缓慢的脚步从叶剑英安卧的水晶棺旁经过，向他投去敬爱和惜别的目光，心里都在默默地说：走好，叶帅！

广州市的红花岗，有一座广州起义烈士陵园，是为纪念 1927 年 12 月中国共产党人张太雷、叶剑英等人领导的广州起义中牺牲的烈士修建的。陵园正门的门座以白色花岗岩为基础，汉白玉石上配以橙红色瓦顶，两边的汉白玉石上刻有周恩来的题名："广州烈士陵园"。陵园内最高点的烈士墓，高10米，直径40米，环绕着它的白色花岗岩墓墙正面，刻着朱德的题字："广州公社烈士之墓"。

叶剑英的墓就坐落在广州起义烈士墓右侧东南面。这是根据叶剑英亲属的意见，将他的骨灰葬于这里的。

简朴的墓前，矗立着一尊叶剑英石雕胸像。他身着元帅服，神态安详，似默默沉思走过的征程，似注目眼前的红花绿树，似眺望远方的丽日蓝天……

旁边的褐色卧碑上，镌刻着中国共产党中央委员会署名的碑文：

叶剑英同志是中国人民解放军的缔造者、中华人民共和国的开国元勋之一，我们党、国家和军队的卓越领导人。他由一个正直的民主主义者转变为彻底的共产主义者，在漫长的充满艰难险阻的革命道路上，在复杂斗争的转折关头，面临危难，无私无畏，表现了非凡的革命胆略，为中国人民的解放事业和社会主义建设事业奉献了毕生精力，建立了丰功伟绩。他盛德若愚，雄才经纶，谦虚谨慎，风范长存。"矢志共产宏图业，为花欣作落泥红"，概括了他光辉的一生。

每天清晨，太阳从东方冉冉升起，万道霞光投进广州起义烈士陵园，洒在叶剑英的陵墓上。

附：参考书目

《叶剑英传》 《叶剑英传》编写组 当代中国出版社

《叶剑英选集》 人民出版社

《叶剑英军事文选》 解放军出版社

《青年叶剑英》 范硕著 广东教育出版社

《叶剑英在 1976》 范硕著 中共中央党校出版社

《叶剑英诗词探胜》 范硕著 广东人民出版社

《新北平首任市长叶剑英》 广东叶剑英研究会 广东叶剑英基金会
　　　　　　　　　　中央文献出版社

《中国人民解放军战史》 军事科学院军事历史研究部编著
　　　　　　　　　　军事科学出版社

《毛泽东年谱》 中共中央文献研究室编
　　　　　　　　　　人民出版社、中央文献出版社

《毛泽东军事文集》 军事科学出版社、中央文献出版社

《周恩来年谱》 中共中央文献研究室编
　　　　　　　　　　人民出版社、中央文献出版社

《朱德年谱》 中共中央文献研究室编 人民出版社

《彭德怀年谱》 王焰主编 人民出版社

《老帅在长征中》 星火燎原编辑部编 解放军出版社

《历史的回顾》 徐向前著 解放军出版社

《萧劲光回忆录》 萧劲光著 解放军出版社

红色岁月　红色历程　红色史诗　红色经典

《李德生回忆录》 李德生著　解放军出版社

《曾生回忆录》 曾生著　解放军出版社

《蓝色三环》 纪学、曾凡华著　解放军出版社

《方方》 张开明著　解放军出版社

《民国高级将领列传》 解放军出版社

本书使用图片选自长城出版社（解放军画报社）出版的《中华人民共和国元帅／叶剑英》画册

《中华人民共和国元帅／叶剑英》摄影：

（已查出的作者，排名不分先后）

丁家祺　万兆雄　王福全　车　夫　邓守智

刘　峰　刘　漫　齐铁砚　农国英　伊文思

李书良　李夫培　李秋蔚　杨运芳　严教民

吴寿庄　何炳富　张　鸿　张友林　张宗尧

张健昌　林　扬　孟昭瑞　赵凤武　胡宝玉

段继文　胥志成　梁伯权　童小鹏　隋希东